전쟁과 평화의 역사,
최대한 쉽게 설명해 드립니다

전쟁과 평화의 역사, 최대한 쉽게 설명해 드립니다
전쟁은 왜 일어나는가? 평화는 왜 어려운가?

초판 1쇄	펴낸 날	2019년 3월 1일
초판 2쇄	펴낸 날	2019년 5월 31일

지은이	게르하르트 슈타군
옮긴이	장혜경
발행인	육혜원
발행처	이화북스
등 록	2017년 12월 26일(제2017-0000-75호)
주 소	서울시 양천구 신정로 13길 3, 1315호
전 화	02-2691-3864
팩 스	02-2065-0626
전자우편	ewhabooks@naver.com
편 집	이양훈
디자인	책은우주다
마케팅	임동건
ISBN	979-11-965581-2-3 (03900)

이 도서의 국립중앙도서관 출판예정도서목록(CIP)은 서지정보유통지원시스템 홈페이지 (http://seoji.nl.go.kr)와
국가자료공동목록시스템(http://www.nl.go.kr/kolisnet)에서 이용하실 수 있습니다.(CIP제어번호: CIP2019005947)

• 이 책은 저작권법에 따라 보호받는 저작물이므로, 저작자와 출판사 양측의 허락 없이는
   일부 혹은 전체를 인용하거나 옮겨 실을 수 없습니다.

• 책값은 뒤표지에 있습니다.

전쟁은 왜 일어나는가? 평화는 왜 어려운가?

전쟁의 역사에서 평화를 배우다

전쟁과 평화의 역사

최대한 쉽게 설명해 드립니다

게르하르트 슈타군 지음

장혜경 옮김

이화북스

왜 세상은
전쟁이 끊이지 않는가?

우주에서 바라보는 지구는 평화롭기 그지없다. 검은 우주를 배경으로 희고 푸른 진주처럼 빛나고 있다. 지난 수십억 년 동안 이 아름답고 둥근 우주선은 제 궤도를 잃지 않고 태양을 중심으로 공전해 왔다. 대단히 오랜 시간이었다.

우리의 태양계에는 지구 말고도 일곱 개의 행성이 있다. 그것들 역시 아름답다. 그중에서도 부드러운 고리를 허리에 걸친 특이한 모양의 토성이 가장 눈에 띈다. 그러나 지구 외에는 모두가 죽었다. 그 행성들 전부 승객이 없는 빈 우주선이다.

우주에 관해서 현재 우리가 알고 있는 지식수준에 따르면 지구의 생명력은 엄청난 예외 현상이라 할 수 있다. 우주의 기적이다. 지구-그와 더불어 지구에 살고 있는 인간과 동물, 식물-는 아주 특별한 존재다.

인간은 자신의 유익을 위해서라도 지구라는 우주선을 소중히 여기고 아껴야 한다. 때문에 지구 우주선의 승객들이 평화롭게 지내며 서로를 돕고 공동체를 위해 각자 최선을 다하리라고 기대하는 것은 지극히 당연한 일이다. 모든 사람이 타인과 공동체를 위하겠다는 마음을 가져야만 지구 우주선은 아무 탈 없이 운항할 수 있다. 이 우주에서 지구를 대체할 우주선을 찾지 못했고, 설령 있다 하더라도 그곳으로 옮겨 갈 방법이 아직은 없기 때문이다.

인류는 지구라는 우주선과 불가분의 관계를 맺고 있기에 승객들은 서로 화목하게 지내야 한다. 우주의 심연 곳곳에는 엄청난 위험이 도사리고 있다. 우주는 사실 생명에 극도로 적대적이다. 그러므로 하나밖에 없는 유일한 우주선을 생명에 적대적인 공간으로 만드는 것보다 어리석은 일은 없다.

그런데 비극적이게도 지구라는 우주선에는 지구의 아름다움과 가치, 지구가 단 하나밖에 없다는 사실을 인정할 줄 모르는 승객들이 타고 있다. 우주선을 잘 보존하고 안전 시스템(예를 들어 대기 오염 문제)을 점검하는 데 힘을 쏟기보다는 파괴하고 망치는 데 혈안이 된 한심한 승객들이다. 스스로를 죽음으로 내몰고 동족을 말살하려는 승객들이 우주선에 타고 있는 셈이다. 그것도 모자라 지구의 승객들은 한시도 쉬지 않고 계속 다툰다. 무시무시한 살인 행각도 서슴지 않는다. 인간들은 그 잔혹한 행위에 이름까지 붙였다. 바로 '전쟁'이다.

전쟁이라고는 단 한 번도 경험해 본 적 없는 외계인이 지구에 도착했다고 상상해 보자. 우리는 그들에게 이 괴상망측한 행위를 어떻게 설명할 수 있을까? "왜 전쟁을 하죠? 무엇을 위해서?"라고 그들은 물을 것이다. 우리는 할 말이 없어 입맛만 다시며 계면쩍은 표정을 지을 수밖에 없을지도 모른다. 평화를 사랑하는 외계인은 서둘러 지구를 떠날 것이고 다시는 찾아오지 않을 것이다. 우리는 어떻게 하면 전쟁 없이 살 수 있는지 그 방법을 배울 기회를 놓치고 말 것이다. 어쩌면 창조주가 건망증이 심해서 그들에게 공격 본능을 심어 주지 않았을 수도 있다. 공격 본능이 지능과 결합하면 아주 위험한 칵테일이 된다. 동물들은 서로를 공격하지만 전쟁을 하지는 않는다.

전쟁은 인간의 전매특허인 것 같다. 역설적이게도 인간은 그 완벽한 비인간성을 통해 완벽하게 인간적이다. 인류 역사의 상당 부분은 전쟁의 역사다. 물론 다행스럽게도 인류사 전체가 피로 쓰인 것은 아니지만, 인간이 할 수 있는 최고의 선행과 미덕도 전쟁을 통해 저지른 만행에 비한다면 금세 빛이 바래고 만다. 전쟁을 통해 인간은 서로에게 할 수 있는 가장 추악한 짓거리들을 저질러 왔다. 전쟁보다 나쁜 것은 없다. 전쟁은 인간이 인간에게 할 수 있는 가장 잔혹한 파괴 행위다.

그렇다면 왜 전쟁을 할까? 이것이 이 책의 기본 질문이다. 우리는 자연이라는 통로를 거쳐 이 질문에 접근해 보고자 한다. 자연은 전쟁을 알까? 인간에게 내재한 호전성은 자연으로부터 물려받은 것일까? 나아가 이 책은 놀이와 운동 경기, 예술을 통해 드러나는 전쟁의 문화적 변형들을 살펴보고, 전쟁과 종교의 불행한 결합을 관찰해 보고자 한다. 사랑과 평화를 역설하는 종교들이 오히려 이 세상에 증오와 불화를 안겨 준다는 사실은 참으로 비극적인 모순이 아닐 수 없다.

또 이성의 시대, 계몽주의와 더불어 전쟁을 학문으로 승격시키고

자 했던 인간의 노력을 살펴볼 것이다. 전쟁을 '이성적'으로 치러 승리를 거두려면 과연 어떻게 해야 할까 하는 오랜 고민을 들여다본다. 그다음으로 식민지 전쟁, 내전, 테러, 모든 파괴 세력의 경계가 허물어지는 전면전全面戰 등 전쟁의 다양한 형태를 알아볼 것이다.

세 번의 '깊이 읽기'에서는 유럽 역사상 세 차례에 걸쳐 일어났던 전면전을 구체적으로 들여다볼 것이다. 30년 전쟁, 제1차 세계 대전, 제2차 세계 대전이 바로 그것이다. 무엇이 그 전쟁들을 일으켰는지, 왜 그 전쟁들이 그토록 참혹했는지를 상세하게 알아볼 예정이다.

끝으로 향후 전쟁의 발전상을 예상해 보면서 쓸데없는 희망은 접고 냉철한 시선으로 다시 한 번 미래를 바라보고자 한다. 인류의 '영원한 평화'가 정말로 실현될 수 있을 것인지, 그에 대한 대답으로 이 책을 마무리할 것이다.

한 가지만은 분명하다. "왜 전쟁을 하는가?"라는 물음에 궁극의 대답은 있을 수 없다는 사실이다. 희망적인 대답이라면 더더욱 그렇다. 그러나 그 때문에라도 인간에 내재한 전쟁의 요인을 탐구하고, 전쟁을 인간 스스로 책임져야 할 악행으로, 또 피할 수 있는 행위로 파악하는 것이 중요하다. 그럴 때만이 이런 바보 같은 짓거리를 멈출 수 있을 테니까.

게르하르트 슈타군

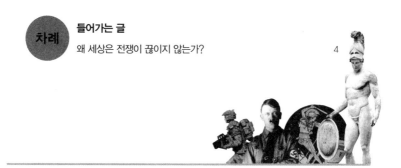

1　인간은 폭력을 좋아하는 걸까?

2　놀이와 예술로서의 전쟁

6 인간을 위한 전쟁은 없다

7 테러와 내전

8 미래의 전쟁은 어떤 것일까?

9 정말 평화로운 미래가 올 수 있을까?

1

인간은
폭력을 좋아하는
걸까?

자연은 전쟁을 가르치는가?

자연은 선과 악을 모르고, 행복이나 불행도 모른다. 생각하고 배우는 존재, 인간만이 자신의 행동을 이러한 도덕관념에 맞추어 측정할 수 있다. 그 점에서 인간은 자연과 구별된다. 그러나 인간 역시 자연이며 다른 동물과 마찬가지로 자연의 법칙에서 자유롭지 못하다. 인간의 모든 비극은 바로 여기에 뿌리를 두고 있다. 자연의 일부이면서도 자연에 저항하고 자연을 넘어설 수 있다고 생각하는 것이다.

물론 선과 악에 대한 관념은 문화의 발전 과정을 거치면서 크게 변화해 왔다. 그러나 도덕적 행동의 기본 규칙만은 대부분의 문화권에서 크게 다르지 않다. 기독교의 10계명 대부분은 다른 종교에서도 신자가 지켜야 할 규칙으로 통한다. 살생을 금하는 계명도 그중 하나다. 그러나 기독교 문화권에서는 이 계명이 다른 뜻으로 해석된다. 인간을 죽이지 말라는 뜻으로 한정되는 것이다. 거꾸로 말하면 다른 생명체, 즉 식물과 동물은 죽여도 좋다는 뜻이 된다.

투쟁과 살생은 자연에 주어진 숙명이다. 생명은 다른 생명을 먹고 산다. 그리고 생명은 다른 생명과 경쟁하며 살아간다. 투쟁이 자연 어디나 널려 있는 현상이기에 자연은 다양한 종에게 다양한 공격 무기와 방어 무기를 선사했다. 식물조차 잡아먹히지 않기 위해 자신을 방어하려 애쓴다. 인간 역시 이런 자연의 법칙에 복종해야 한다. 인간은 성경의 구절과 달리 하루아침에 하늘에서 떨어진 존재가 아니라 긴 세월을 거치면서 침팬지를 닮은 조상으로부터 진화해 왔다.

인간은 사냥을 했고, 짐승을 죽여 고기를 먹었다. 거꾸로 인간을 먹잇감으로 여기는 위험한 동물들도 있었다. 이 동물들과 싸워 목숨을 부지하기 위해 인간은 무기를 개발했다. 그중에는 투석기, 투창, 활과 화살, 취통(입으로 불어서 쏘는 화살) 등 먼 거리에서 상대를 죽일 수 있는 무기가 많았다. 인간이 다른 동물에 비해 속도가 아주 느렸기 때문이다. 맹수들과 비교하면 인간은 긴 이빨이나 날카로운 발톱 같은 자연의 '무기'가 전혀 없었다. 그러나 누구보다도 큰 뇌를 만들어 낸 뛰어난 지능 덕분에 그런 생물학적 단점을 극복할 수 있었다.

자연에서 목격할 수 있는 투쟁과 살생에는 눈에 띄는 점이 하나 있다. 바로 같은 종끼리는 좀처럼 싸우거나 죽이지 않는다는 사실이다. 동물과 인간의 뇌에는 살생에 대한 타고난 거부감이 똬리를 틀고 있다. 물론 그 거부감이 어디서 연유했는지는 지금까지도 설명이 불가능하다. 자연에는 동족을 죽이는 생명체가 거의 없다. 인간의 경우도 크게 다르지 않았다. 역사적 자료가 입증하듯, 심지어 군인들도 사람을 직접 겨냥하여 총을 쏘는 경우는 많지 않았다. 억울하게 협박이나 구타를 당해도 그 보복으로 당장 상대를 죽이려고 들지는 않는다. 심지어 제2차 세계 대전 때도 적을 죽이겠다는 의도로 총을 발사한 군인은 20퍼센트에 불과했다. 그러던 것이 세월이 흐르면서 그 비율이 서서히 높아지더니 베트남 전쟁 때는 90퍼센트에 달했다.

　　이러한 변화는 무기의 사정거리와 관련이 있다. 일반적으로 살생에 대한 거부감은 무기의 사정거리와 반비례한다. 눈앞에 있는 사람에게는 일말의 폭력조차 가하지 못하더라도 수백 킬로미터 떨어진 곳으로 날아가 수많은 사람들의 살을 찢게 될 로켓의 발사 단추는 쉽게 누를 수 있다. 지극히 평범한 가정의 가장들이 아무런 양심의 가책 없이 폭탄을 퍼붓고 로켓을 발사하는 것이다.

　　나아가 현대의 군은 체계적인 훈련을 통해 군인이 사람을 겨냥할 수 있도록 하는 기술을 개발했다. 전쟁 상황을 사실적으로 재현하여 연습하게 하는 것이다. 실물과 다름없어 보이는 사람의 사진을 붙여 놓은 과녁을 향해 총을 쏘도록 한다. 이런 과정을 반복하다 보면 뇌의 거부감이 점차 약화된다. 그러다가 언제부턴가는 자기도 모르게 방아쇠를 당기게 되고, 결국 아무런 감정의 동요 없이 반사적으로 사람을 죽이게 되는 것이다.

정리해 보자. 자연에도 생존을 위한 투쟁이 존재하지만 그것은 동족을 섬멸하는 전쟁과는 전혀 다르다. 자연에서는 약자들도 무리의 보호를 받으며 생명을 부지할 수 있는 기회를 갖는다. 그런 무리 안에서는 다툼과 경쟁보다는 평화로운 공존이 지배적이다. 다투자면 에너지가 필요한데, 그보다 시급하게 에너지를 쏟아야 할 일들이 있기 때문이다. 먹이를 구하고 자식을 키우며 적을 방어하는 일, 그것들이 더 시급한 현안인 것이다.

동물은 전쟁을 하지 않는다

동물의 경우 자신이 속한 무리 안에서 어떤 행동을 하기 위해서는 규제에 따라야 한다. 개별적으로 이것저것 남다른 기술을 습득할 수는 있지만 그것을 발휘할 때도 정해진 틀 안에서만 가능하다. 예를 들어 구애를 하거나 짝짓기를 할 때는 개체의 자유가 주어지지 않는다. 같은 종의 모든 동물에게서 같은 양상이 나타난다. 동물들의 이러한 상호 행동은 유전적으로 결정된다. 동족을 공격할 때도 정해진 의식을 따른다. 종이 약화되거나 멸종되는 것을 막기 위해서라면 비굴하게 행동하거나 도피하는 것도 마다하지 않는다.

반면에 이성을 갖춘 유일한 생명체인 인간의 경우에는 이러한 규제가 극히 한정된 수준에서만 적용된다. 인간 역시 동족을 살해하는 것에 대해 거부감을 느끼지만 동물만큼 절대적이지는 않다. 인간의 유전자 속에는 동족 살해에 대한 거부감이 동물만큼 또렷하게 새겨져 있지 않은 것이다. 인간은 전해 내려온 계명, 금기, 도덕, 가치관을 통해 동족 살해의 거부감을 습득해야만 한다. 이 말을 달리 해석하면, 동물과 달리 인간에게는 동족을 살해할 수 있는 잔인한 자유가 주어져

❖ — 『성경』에 나타난 인류 최초의 살인 사건을 묘사한 그림이다. 카인은 하느님이 동생 아벨의 제물을 귀하게 여기자 이를 시기하여 아벨을 살해한다.

있다는 뜻이다.『성경』의 기록에 따르면, 인류사의 출발 지점에서부터 카인이 형제인 아벨을 살해한다.

　독일의 나치 시절처럼 인간 사회의 도덕적 가치가 무너지면 대량 학살을 막을 길이 없다. 인류사의 잔혹한 현실인 대량 학살은 오늘날까지도 반복되고 있다. 인간 내면에 잠자고 있는 살인 충동이 거리낌 없이 발휘될 수 있는 모든 상황과 조건이 다름 아닌 전쟁을 통해서 제공되는 것이다.

　동물들도 같은 종끼리는 평화롭게 지내더라도 다른 종의 동물들, 예를 들면 맹수와 그들의 먹잇감이 되는 초식 동물 사이에는 항

상 전쟁이 일어나고 있는 것 아니냐고 반박할 수도 있다. 그러나 이 경우에는 '전쟁'이라는 단어를 쓰는 것이 적합하지 않다. 사자 무리는 누 떼와 전쟁을 벌이는 것이 아니다. 배가 고프면 필요한 만큼만 희생자를 취하는 것이다. 희생자는 대부분 약한 동물일 수밖에 없다. 왜냐하면 사냥꾼 입장에서는 최소한의 에너지를 소비하면서 사냥에 성공하는 것이 가장 효율적이기 때문이다.

자연에서 전쟁과 비슷한 양상을 발견할 수 있다고 해서 전쟁을 신의 산물, 신이 만든 것이라고 주장하는 사람은 자연 – 더불어 신 – 을 잘못 이해한 것이다. 먹잇감을 죽이는 것을 포함한 모든 생존 투쟁을 파괴적 행동으로 해석한 데서 생기는 오류다. 보기에 따라서는 맹수의 사냥이 파괴적인 행동으로 다가올 수도 있고 그런 장면을 보면서 혐오와 충격을 느낄 수도 있을 테지만, 자연 속에서 일어나는 대부분의 살상은 결국 생명을 유지하기 위한 행동이다. 그렇기 때문에 그런 형태의 살상을 보고 얻는 충격은 금세 잊힌다. 어미 사자가 귀여운 새끼들과 함께 먹이를 먹고 있는 장면을 보면서 혐오스럽다고 느끼지는 않을 테니까 말이다. 사자에게 잡아먹힌 누는 자신의 의미를 충족했다. 모든 생명체는 자신과 연결되어 있는 유기체의 욕구를 만족시켜야 한다. 생명은 다른 생명을 먹고 산다. 이것이 창조의 기본 법칙이다.

자연 속에서 일어나는 생존 투쟁은 전쟁이 아니다. 물론 몇 가지 예외는 있다. 침팬지 – 최근에 와서는 꼬리감는원숭이 역시 – 에게서도 전쟁이라 부를 만한 행동 방식이 관찰된 바 있다. 1974년 침

❖ — 제인 구달은 침팬지가 도구를 사용하며 높은 수준의 사회 체계를 갖추고 있다는 사실을 밝혀냈다. 뿐만 아니라 자연 세계에서는 거의 일어나지 않는 '동족 살해'와 '집단 전투'가 침팬지 사회에서 일어난다는 사실도 보고했다. 침팬지의 '전쟁' 양상은 우리 인류에 내재해 있는 폭력적 본성을 돌아보는 계기가 되었다.

팬지 연구가 제인 구달Dame Jane Morris Goodall, 1934~은 가까운 인척 관계인 두 침팬지 집단이 치명적인 전투를 벌였다고 보고했다. 두 집단은 무기까지 동원할 정도로 격렬한 싸움을 벌였고, 15년이나 이어진 학살 끝에 약한 집단이 완전히 멸족한 뒤에야 싸움을 끝냈다. 진정한 섬멸전(殲滅戰, 적대적인 관계에 있는 무리의 구성원이 완전히 사라질 때까지 벌이는 싸움)이었다. 그리고 승리한 집단 역시 다음 해부터는 다른 집단의 공격에 시달려야 했다.

독일 라이프치히에 있는 막스 플랑크 진화인류학 연구소의 생물학자 수잔 페리가 발표한 최근의 연구 결과 역시 이런 내용을 확인해 준다. 그녀의 관찰 대상은 꼬리감는원숭이였다. 동족에 대한 이들의 공격은 항상 똑같은 양상으로 나타났다. 대규모 '가해자' 집단이 다른 집단의 원숭이 한 마리에게 떼로 달려들어 죽이는 방법이다. 이로써 원숭이가 주로 과일을 따 먹고 사는 평화로운 원시림의 주민이라는 기존 이미지는 완전히 깨지고 말았다.

침팬지와 꼬리감는원숭이의 사례를 통해 인간의 폭력성에 생물학적 뿌리가 있다는 결론을 내릴 수 있다. 지구상에서 지능이 가장 높은 생명체, 즉 침팬지와 인간이 체계적으로 동족을 섬멸하기 위한 행위를 한다는 사실은 의아하기 그지없다. 그러니 결국 따지고 보면 전쟁의 진짜 원인은 '지능'이라고 할 수 있다.

오스트리아의 행동연구가 콘라트 로렌츠Konrad Lorenz,1903~1989는 인간의 공격성에 생물학적 본질이 깔려 있다고 말했다. 그는 인간의 공격성이 동물 조상의 유산이며, 공격성을 유발하는 원인 역시 인간과 원숭이가 동일하다고 보았다. 즉 주거 공간, 식량, 물은 물론 명성과 권력 등이 공격성의 주된 원인이라고 생각했다. 그러므로 전쟁은 근대와 현대뿐 아니라 선사 시대의 사냥·채집 문화에서도 존재했다. 사냥 충동과 지능이 결합하여 전쟁을 낳는다. 다만 전쟁의 공격성은 소수의 종에서만 발달되었는데, 다른 종의 경우에는 그에 필요한 두뇌 능력이 부족했기 때문이다. 조직적으로 습격을 하자면 같은 종의 동료와 위험 부담을 나누어야 하고, 그러자면 고도의 사회 지능이 필요하다. 그 정도의 지능은 인간과 유인원을 제외하면 집단생활을 하는 몇몇 맹수들(사자, 늑대, 하이에나)에게서만 발견된다.

수잔 페리의 관찰 대상이었던 꼬리감는원숭이는 유인원에 속하지는 않지만 상대적으로 다른 동물에 비해 뇌가 크다. 이 종의 원숭이는 모두가 사냥 충동을 느끼고 – 배가 고파서가 아니라 권력을 추구하기 위해 – 먹잇감 대신 동족을 공격한다. 원래는 타고난 공격성을 먹잇감을 사냥하는 데 투자했지만 진화 과정을 거치면서 다른 맹수나 동족과 대결할 때도 공격성을 이용하게 되었다.

그러나 자연 속의 일부 종이 보이는 집단적인 공격성으로 인간이 저지르고 있는 전쟁을 합리화할 수는 없다. 어느 시대나 평화로운 인간 사회가 존재했고, 침팬지 역시 모든 그룹이 다른 동족의 집단을 괴롭히는 것은 아니다. 침팬지의 전투적 행동은 더 정확한 조사가 필요한 특정 조건이 있어야만 등장한다.

그러므로 전쟁의 자연권('자연권'은 인간이 태어나면서부터 자연의 질서에 의해 갖게 되는 권리를 일컫는다. '전쟁의 자연권'이란 전쟁 역시 원래부터 자연에 의해 주어지는 권리의 하나라는 뜻이다)이라는 것은 존재하지 않는다. 한동안 찰스 다윈Charles Robert Darwin, 1809~1882의 학설이 전쟁의 자연권을 입증하는 증거로 이용되었지만, 그것은 다른 국가와 민족을 탄압하고 지배하기 위한 정치적 술수에 지나지 않았다. 약 160년 전에 다윈과 더불어 진화론을 발전시켰던 앨프레드 러셀 월리스Alfred Russel Wallace, 1823~1913의 이론에 따르면 자연에서는 최고만이 생존한다. 여기서 말하는 '최고'가 최강을 뜻하지는 않는다. 일반적으로 환경의 조건에 가장 잘 적응할 수 있는 자를 말한다. 신체의 강인함은 수많은 요인들 중 하나에 불과할 뿐, 가장 중요한 요인이 아니다.

그동안 다윈과 윌리스의 섬세하고도 다층적인 학설을 단순화해서 인간 사회에 적용하려는 노력이 거듭되어 왔다. 전쟁을 생존 투쟁의 자연스러운 형태로, 사회·민족·국가·문화 간의 경쟁으로 정당화하려는 노력 또한 그중 하나였다. 그러한 노력을 두고 '사회 진화론(Social Darwinism, 인간 사회의 삶을 생존 경쟁으로 보고, 생존 경쟁에 따르는 투쟁은 적자생존의 지배를 받는다는 사상)'이라 불렸고, 그것의 가장 잔혹한 변형이 바로 국가 사회주의(국가 권력이 적극적으로 개입하여 자본주의의 폐단을 해결해야 한다는 사회주의의 변형으로, 19세기 중반 독일에서 태동했다. 히

❖ — 찰스 다윈과는 별개로 진화론을 정리했던 앨프레드 러셀 윌리스. 그가 주창한 적자생존 이론은 군국주의자들에 의해 다른 민족을 탄압하고 지배하는 파괴적 행위에 정당성을 부여하는 이론으로 둔갑했다.

틀러에 의해 '나치즘'이라는 구체적인 형태를 갖추었다)였다. 국가 사회주의에서 인간은 단 두 그룹밖에 없다. 정복자와 피정복자, 지배자와 노예. 사회 진화론에서 개인은 아무런 가치를 지니지 않는다.

국가 사회주의자들은 자연에서도 종의 생명이 개체의 생명보다 더 중요하다는 근거를 들어 자신들의 이론을 정당화한다. 경쟁과 다툼, 투쟁과 전쟁은 자연으로서는 종을 선별하고 인간으로서는 자기주장을 펼치는 방법이라는 것이다. 그러나 이들은 자연에서는 의미 있는 수단이 인간 사회로 옮겨오는 순간 파괴적 행위가 될 수 있다

는 사실을 간과했다. 인간 사회가 원하는 것과 자연이 원하는 것은 다르기 때문이다.

사회 진화론은 의도적인 날조를 서슴지 않는 불순한 세계관이다. 생물학과 사회학을 합성한 이 사회 진화론은 19세기 말에 태동했는데, 모든 민족은 서로 지속적으로 투쟁하는 관계에 있으며 강자만이 – 다시 말해 가장 잔혹한 자만이 – 살아남을 것이라는 세계관을 낳았다. 이런 세계관을 가진 사람에게 모든 평화 정책은 허약함의 표현일 뿐이며 자연법칙에도 위배되는 것이다.

따라서 전쟁을 민족 간의 정당한 투쟁으로 보는 이념의 창시자는 히틀러가 아니다. 그는 그저 이 불순한 이념을 감사하게 받아들여 급진적으로 발전시켰을 뿐이다. 제1차 세계 대전을 '인종·민족 간 투쟁'으로 본 사람이 적지 않았다. 그들은 자국을 수호하기 위해서는 '생활 공간'을 안전하게 확보하는 것은 물론이고 그 공간을 – 특히 동쪽으로 – 확대할 필요가 있다고 생각했다. 히틀러는 이 세상에서 강자만이 살아남는다고 확신했고, '더 강한 자'가 '인종적으로 더 가치 있는 자'라고 믿었다. 역사의 최종 목표는 '주인 민족'이 세계를 지배하는 것이며 이를 위해 독일이 출정해야 한다고 생각했다. 당연히 그는 모든 인간이 동등하다는 사실을 부정했다.

사회 진화론은 최근에 와서 유전자 연구에 의해서 다시금 학문의 지지를 얻고 있다. 그들의 주장에 따르면 생물의 유전질 속에는 이른바 '이기적 유전자'가 활동 중이다. 동물과 인간의 사회는 먹이를 찾을 때건, 주거 공간을 확보할 때건, 교미 상대를 구할 때건 항상 자신의 이익만을 추구하는 개인의 집합이다. 유전자는 유전질이 다음 세대로 이어지도록 개체들을 부추긴다. 그러나 그것은 타인을 이기고 자신을 내세울 수 있는 개인들에게나 돌아가는 행운이다. 이처럼 유전인자에 이르기까지 투쟁은 계속된다. 현대의 사회생물학자들은 서로 돕는 상호 부조 행위마저도 교묘한 형태의 이기주의라고 해석한다. 상호 부조가 양쪽 모두에게 이익이 되는 경우란 지극히 드물기 때문이라고 주장하면서 말이다.

과연 전쟁이 삶의 일부일까?

사회 진화론은 다윈 이전에도 존재했다. 프로이센의 프리드리히 2세Friedrich Ⅱ, 재위 1740~1786는 자신의 저서에서 전쟁이 '자연권'이라는 견해를 밝혔다. "물론 부당한 전쟁도 있다. 흘리지 말았어야 할 피를, 흘리지 않을 수도 있었을 피를 흘린 전쟁이다. 그럼에도 전쟁이 꼭 필요하고 피할 수 없으며 정당한 경우가 더 많다. 영주는 동맹국이 공격을 받을 경우 지켜 주어야 한다. 또 자국을 지키기 위해 무기를 들고 유럽 열강들 간의 균형을 유지할 필요가 있다. 군주의 의무는 신민들을 적의 공격으로부터 보호하는 것이다."

프리드리히 2세가 말한 전쟁의 자연권이란 국가의 자국 방어권을 말한다. 이를 위해서라면 다른 나라에 대한 공격도 서슴지 않는다. 그리하여 두 차례에 걸친 슐레지엔 전쟁1740~1742, 1744~1745에서 프로이센은 오스트리아가 줄곧 탐내던 슐레지엔을 합병했다. '7년 전쟁'이라는 명칭으로 더 유명한 3차 슐레지엔 전쟁 1756~1763에서 프리드리히 2세는 작센을 점령하면서 대학살을 자행했다. 그러나 프리드리히 2세는 이 대학살을 자국을 방어하기 위한 행동으로 보았고 스스로 정당하다고 믿었다. 러시아, 프랑스와 동맹을 맺은 오스트리아가 프로이센을 공격하려 했던 것이다.

❖ ─ 프로이센의 왕인 프리드리히 2세. 그는 자국과 동맹국에 닥칠지 모를 위험을 제거하기 위한 전쟁이 정당하다고 보았고, 인류 역사에서 전쟁이 끊이지 않았다는 점을 들어 전쟁 상황이 인류 역사의 필연이라고 생각했다.

따라서 프리드리히 2세로서는 선제공격, 즉 예상되는 적의 공격을 앞질러서 급습을 감행했다. 물론 실제로 위협이 있었는지, 아니면 자신의 정복욕을 위장하기 위한 핑계였는지는 불분명하다. 히틀러조차 자신이 일으킨 제2차 세계대전을 자국 방어로 정당화했다. 프리드리히 2세와 히틀러가 생각하기에는 자기 방어권이 개인은 물론 민족과 국가에도 적용되는 일종의 자연권이었던 것이다.

프리드리히 2세는 다른 곳에서도 전쟁이 자연적인 것이라고 강조했다. 여기서 그가 말한 전쟁은 자국을 방어하기 위한 방어전뿐만 아니라 '전쟁' 그 자체를 의미했다. 전쟁은 자연적이며 언제나 존재해 왔기에 어쩔 수 없는 것이라고 말이다. "그대들은 열렬히 전쟁을 반대한다. 물론 전쟁 그 자체는 참혹하다. 그러나 전쟁은 주기적으로 등장하고 지금껏 한 세기도 전쟁으로부터 자유로웠다고 자랑할 수 없기에 전쟁은 세계 질서 안에서 꼭 필요한 것이라고 생각할 수밖에 없는 신의 여타 징벌들처럼 그저 하나의 악에 불과하다. 만일 그대들이 영원한 평화를 이루고 싶다면 내 것 네 것이 없고 군주와 장관과 신하가 모두 합리적이고 이성에 복종하는 이상 세계로 가야만 할 것이다. (…) 그대들은 이 지상에서 우리의 전통이 거슬러 올라가는 한 언제나 전쟁이 있었듯 앞으로도 전쟁이 늘 존재할 것이라는 점을 유념해야만 하기 때문이다."

전쟁은 질병과 죽음처럼 삶의 일부다. 전쟁은 가진 것보다 더 많은 것을 갖고 싶어 하는 인간의 욕망에서 비롯된다. 그리스 철학자 플라톤Platon, BC 428경~348경은 동물들은 가진 것에 만족하기 때문에 전쟁을 모른다고 했다. "가축에게 먹일 충분한 풀과 농사지을 충분한 땅을 원한다면 이웃의 땅을 조금 떼어 내야 할 것이다. 그러자면 전쟁을 하게 될 것이다." 플라톤이 보기에 전쟁은 목표를 이루는 수단이다.

훗날의 사상가들은 플라톤과 달리 전쟁 그 자체를 위한 전쟁도 드물지 않다는 의견을 내놓았다. 전쟁 자체가 전쟁의 목적인 것이다. 흥분, 엑스터시, 도취, 젊음의 열광, 영웅이 될 수 있다는 꿈은 시대를 불문하고 젊은이들을 전쟁터로 내몰았다. 하지만 젊은이들의 부질없는 낭만과는 상관없이 사실상 전쟁의 최우선 목표는 영토 확장과 권력 확대다. 강탈할 수 있는 타국의 재산도 전쟁에의 유혹을 부추긴다. 자기주장보다는 영토 확대와 치부가 전쟁사를 좌우하는 것이다.

인구가 증가하고 있는 국가는 생활 공간을 확대하는 것이 가장 시급한 현안이다. 이 공간을 다른 민족이 점령하고 있을 경우 어쩔 수 없이 그 공간을 두고 전쟁을 벌인다. 인간의 문화가 끝없는 전쟁의 사슬에서 탄생하고 발전해 왔기에 우리는 너무도 자연스럽게 민족 간의 교류가 늘 전쟁을 동반한다고 생각해 왔다. 사실 그 말이 틀린 것은 아니지만 소수의 예외는 있다.

전쟁을 한 번도 해 보지 않은 민족이 있다. 이누이트('에스키모'라고도 한다)가 대표적이다. 그들이 전쟁을 하지 않은 이유는 그들이 살고 있는 얼음 황무지에서는 권력과 영토를 추구할 이유가 없었기 때문이다. 더 많이 가지거나 더 나은 것을 가진 그룹도 없었다. 모두가 바다가 주는 선물로 먹고살았다. 그러나 이누이트 역시 여러 가지 이유에서 사람을 죽일 수 있다고 생각한다. 이들에게도 살인은 낯선 것이 아니다. 하지만 이누이트의 한 집단이 다른 집단을 학살한다거나 한 마을 주민이 모조리 다른 마을 주민의 노예가 된다는 생각은 아예 하지 않는다. 조직적인 학살이라는 뜻의 전쟁은 한 번도 경험해 본 적이 없다. 이는 전쟁이 인간의 보편적 행위가 아니라는 하나의 증거가 될 수 있다.

사실 바빌로니아, 이집트, 그리스 등의 이른바 고도 문화는 잔혹

❖ ― 이누이트는 캐나다와 알래스카, 러시아, 그린란드 등에 분포해 있다. 이들은 얼음으로 뒤덮인 척박한 지역을 터전으로 삼는 대신 나름의 평화를 획득할 수 있었다.

한 전쟁을 통해서도 두각을 나타냈다. 여러 가지 관점에서 병서兵書라 부를 만한 『성경』 역시 어떻게 하면 적을 완전히 말살할 수 있는지를 아주 상세하게 설명하고 있다. 적의 수확물을 강탈하거나 모두불태우고, 남자는 모조리 죽인다. 여자와 아이들은 끌고 가 노예로삼으며, 포로는 사지를 잘라 죽을 때까지 고문하고 마을과 도시는불태워 버린다. 시대와 종교를 막론하고 전쟁은 이처럼 추악한 얼굴을 하고 있다.

그러나 그것이 끝이 아니다. 『성경』은 전쟁의 전혀 상반된 모습도 보여 준다. 전쟁은 패자에게만 참혹하다. 지배자에게 전쟁은 공포가 아니라 약속이다. 전쟁은 풍부한 전리품과 명성, 명예를 약속했다. 전쟁을 할 만한 가치가 있는지는 이러한 공포와 약속의 대립 속에서 결정되었다. 어차피 일반 백성에게 전쟁은 아무런 의미가 없었다. 승전국의 백성이라고 해서 다를 것이 없었다.

전쟁이 인류 역사에서 부정적인 결과만을 낳은 것은 아니라고 주장하는 역사학자들이 있다. 전쟁이 인류의 진보를 촉진했다는 것이다. 예를 들어 고대 이집트와 그리스의 찬란했던 문화는 노예가 있었기에 가능했다. 전쟁을 통해 끌고 온 노예들이 궂은일을 맡아주었기에 이집트와 그리스 국민이 문화적 생산성에 힘을 쏟을 수 있었다고 말이다. 고대의 고도 문화권은 전쟁과 노예 제도라는 기반 위에서 발전했다.

전쟁으로 인해 한 민족이나 국가가 멸망한 경우가 있는가 하면 신생국이 탄생한 경우도 있다. 모든 건국의 시초에는 폭력이 있었고 모든 국가는 폭력 위에 건립되었다. 절대 잊어서는 안 되는 진리다. 또 모든 국가는 전쟁이라는 폭력이 오로지 국가로부터 나온다는 사실을 확연히 보여 준다. 민주 국가라고 해서 결코 예외가 아니다. 어떤 국가를 살펴보건 국가는 전쟁을 모태로 탄생하고 발전했다.

중국 최초의 황국皇國, 진은 100년 이상 계속된 춘추 전국 시대의 전쟁으로 탄생했다. 미합중국은 상상할 수도 없을 만큼 참혹했던 남북의 내전이 있었기에 탄생할 수 있었다. 프랑스는 백년전쟁의 와중에 탄생했고, 프로이센 왕국과 프로이센 국민의 애국심은 오스트리아, 프랑스, 러시아 세 열강을 상대로 한 7년 전쟁이 없었다면 불가

❖ ― 진시황의 명으로 조성한 병마용갱의 흙으로 빚은 병사들. 진시황은 사후에 이 병사들이 자신을 호위해 줄 것을 기대했다.

능했을 것이다. 독일 제국은 프랑스, 특히 나폴레옹 해방 전쟁을 주춧돌로 삼았다. 1870~71년 프랑스를 상대로 승리를 거둔 직후 독일 제국이 건설되었으니 말이다. 반대로 한 국가가 서서히 와해되는 과정 역시 대부분 전쟁과 함께했다. 1990년대에 해체된 유고슬라비아가 대표적인 사례일 것이다.

전쟁과 평화는 상호 작용을 하며 서로를 불러내는 듯하다. 전쟁과 평화, 폭력과 인간성의 영원한 등락이 어쩔 수 없이 한 쌍을 이루는 역사의 리듬인 것처럼 말이다.

전쟁의 원형, 사냥

사람에게나 동물에게나 공격의 충동이 내재해 있다. 이는 식욕이나 성욕처럼 원초적인 충동이다. 그렇다고 해서 일상생활에서 우리가 늘 공격성을 드러낸다는 의미는 아니다. 인간에게는 공격성을 평화롭게 잠재울 수 있는 능력이 있다.

행동학자 콘라트 로렌츠는 이렇게 말했다. "정상적인 문명인이 진짜 공격성을 목격할 수 있는 경우는 주변 사람들이나 가축이 서로 싸우는 경우뿐이며, 그것은 알력이 비정상적으로 발현된 것으로 해석한다. 그러나 여기에 정말 충격적인 대열이 덧붙는다. 모이를 두고 싸우는 닭 두 마리에서 출발하여, 조금 더 올라가 서로 물고 뜯는 개들, 치고받는 사내아이들, 맥주병으로 상대방의 머리를 내리치는 청년들, 정치적인 언쟁을 하다가 술집에서 싸움질을 하는 남자들을 거쳐 결국 전쟁으로까지 치닫는 대열이다."

철학자 이마누엘 칸트Immanuel Kant, 1724~1804 역시 인간은 천성적으로 악한 존재라고 보았다. 다른 철학자들도 같은 의견을 제시했고, 이성을 통해서만 선한 인간으로 교육할 수 있다고 주장했다. 그러나 어리석게도 수많은 전쟁이 냉철한 이성에서 시작되었고, 전쟁에 이긴 경우 이 '전쟁의 이성'은 스스로를 승자로 미화했다. 상황이 이렇다 보니 위대한 칸트의 주장을 반박하면서 이성 자체를 인간 속에 내재한 호전성의 행동 근거로 보는 경향도 많다.

지성을 가진 두 종(침팬지와 인간)이 육식을 하는 동시에 전쟁을 한다는 사실은 우연이 아니다. 평화를 사랑하는 고릴라와 오랑우탄은 채식을 한다. 고기를 얻기 위해서는 공격성이 발달할 수밖에 없고 생명을 죽여야만 한다. 그러니 이런 사냥의 습성에서 전쟁이 발전한 것이 당연하지 않겠는가.

동물 사냥은 자연스럽게 인간 사냥으로 이어졌다. 인류의 초기 공동체는 식인 습성이 널리 퍼져 있었다. 돌도끼와 불은 인간의 문명을 발달시켰지만, 선사 시대의 유물들은 형제를 죽여서 구워 먹는 방법까지 일러주었다는 사실을 증거하고 있다. 불을 사용한 흔적 바로 옆에서 불에 탄 사람의 뼈가 발견되었던 것이다. 비록 '온화한' 형태를 취하기는 했지만, 원시 공동체에서는 '머리 사냥'이 만연해 있었다. '온화하다'는 표현은 사람의 머리를 얻기 위해 조직적 약탈 행위를 감행한 것이 아니라 다른 부족의 일원이 자기네의 영역 경계를 지날 때 그를 죽여 머리를 취했다는 뜻이다.

사냥에서는 공격이 결정적인 역할을 한다. 더 효율적으로 공격하기 위해 사냥꾼들은 무기를 발명했다. 무기 덕분에 평화롭게 사는 목동들보다 우월한 위치를 차지하게 되자 정복의 욕망이 들끓었고 사냥꾼들은 이내 정복자가 되었다. 물론 목동 부족이 평화롭게 살았다고 장담할 수는 없다. 유목을 시작한 이후부터는 목초지를 두고 어쩔 수 없이 다른 목동 부족과의 사이에 알력이 생겼을 테니까. 그렇게 본다면 목초지에서 일어난 다툼과 싸움이 훗날 전쟁과 대학살의 원형이라고 볼 수도 있다.

물론 정착한 목동이나 농부들보다는 사냥꾼 부족이 인류의 역사에 전쟁의 요인을 더 많이 끌어들인 건 사실이다. 그들의 습격을 막기 위해 정착민들은 더 긴밀한 협력 관계를 유지했다. 마을이 생겨났고 도시와 국가로 발전했으며 요새와 성을 지어 스스로를 보호했다. 시민들은 성벽을 쌓아 적의 침공을 막았다. 잘 사는 나라일수록 적이 침공할 확률이 높았다. 그래서 부유한 도시와 국가는 철통같은 방어 시설을 마련했다. 고대와 중세의 도시들이 튼튼한 요새로 둘러싸

❖ ― 인류의 초기 공동체는 수렵을 통해 고기를 얻었고 이는 식인 풍습으로 이어졌다. 조직화된 공격성과 동족 살해는 전쟁의 기원이 되었다.

여 있는 이유다. 이런 관점에서 본다면 전쟁은 문명의 발전을 자극한 원동력이었던 셈이다.

국가가 탄생하면서 국가들 사이에 알력과 시기심이 자랐다. 그리하여 각 국가는 군사력을 키웠다. 강력한 군사력은 오늘날까지도 국가 간의 협상을 할 때 매우 중요한 요소로 작용하고 있다.

전쟁은 남자들의 일

많은 사람들이 전쟁을 역사의 필연적인 요소로 받아들이고 있

다. 인간은 원래 공격적이고 탐욕적이며 호전적이기에 전쟁이 일어나지 않을 수 없다고 말이다. 이로써 우리는 고민의 첫 지점으로 되돌아왔다.

그러나 인간이 원래 공격적이고 호전적이라는 생각이 맞는 걸까? 그렇지 않다. 남자와 여자라는 양성이 있다는 점에서 이미 그 주장은 틀렸다. 여자들의 음모로 야기된 전쟁이 없지 않지만 대부분의 전쟁은 남자들이 하는 것이다. 남자와 전사는 원래 같은 것이었다. 영토와 암컷을 두고 벌이는 수컷들의 투쟁이라는 동물적 유산은 여기서도 효력을 발휘한다. 다윈은 종 가운데 가장 적응력이 강한 동물이 번식에 채택되는 현상은 라이벌 동물들─거의 수컷들이다─간의 싸움을 통해 더욱 촉진된다고 했다.

고대 신화나 전설은 남성 전쟁 영웅의 이야기를 들려준다. 여전사에 대해서는 거의 언급하지 않는다. 호메로스의 『일리아스』에서는 한 여자─헬레나─를 두고 남자들끼리 전쟁을 벌인다. 술집에서 여자를 두고 싸움질을 하는 남자들의 꼬락서니와 크게 다를 게 없다. 근본적으로 전쟁은 권력과 부, 여자 등 남자들이 갖고 싶어 하는 것을 얻기 위한 수단이었다. 심지어 축구 때문에 전쟁이 터진 일도 있었다. 오래지 않은 과거에 중앙아메리카의 온두라스와 엘살바도르 사이에 일어난 일이다.

남자는 일반적으로 여자에 비해 힘이 세다. 특히 상체의 힘이 좋다. 전쟁에서는 힘이 승패를 좌우하는 결정적 요인이다. 따라서 군대는 앞으로도 남자들이 좌우하는 기관으로 남을 것이다.

❖ — 인접한 두 나라인 온두라스와 엘살바도르는 오랫동안 정치적 갈등을 겪어 오던 중 월드 컵 예선 경기가 기폭제가 되어 전쟁으로 치달았다. 1969년에 발생한 이 전쟁은 5일 동안 계속되어서 '100시간 전쟁'이라고도 한다.

여전사를 다룬 신화는 아마조네스가 거의 유일할 것이다. 이들은 1년에 한 번 남자들과 접촉하여 후손을 낳는 전설 속의 여전사 부족으로, 전투에서 두각을 나타낸 이에게 마음에 드는 남자를 선택할 권한이 주어진다. 아기가 태어났을 때 딸이면 키우고 아들이면 죽였다. 활을 쏠 때 거치적거릴까 봐 오른쪽 가슴을 도려냈다고 한다. 그래서 고대 사람들은 '아마조네스'를 '가슴이 없는 여자들'이라는 뜻으로 해석했다.

아마조네스 부족이 활쏘기 기술을 연마했다는 사실은 그들이 남자들과의 육탄전에서는 승산이 크지 않았음을 의미한다. 활은 먼 거리에서 화살을 쏘아 사람을 해치기 때문에 남성 영웅들은 활을 야비한 비겁자의 무기로 여겼다. 호메로스의 『일리아스』에서도 아마조네스의 여왕이자 전쟁의 신 아레스의 딸인 펜테실레이아는 아킬레우스와 육탄전을 벌이다 죽는다. 한 유명한 꽃병에는 아킬레우스가 무기도 없는 연약한 소년 같은 모습의 아마조네스 전사의 심장을 찌르는 장면이 그려져 있다. 그런데 역설적이게도 아킬레우스는 비겁한 무기인 화살에 맞아 죽는다.

이렇듯 여전사들은 신화에서마저 제대로 대접을 받지 못했다. 전쟁은 남자들의 일이다. 신들의 경우에도 마찬가지였다. 이는 민족을 불문하고 모든 신화에서 공통적으로 나타나는 현상이다. 실제의 전쟁사가 더 확실한 증거를 제공한다. 남자들은 여자들보다 공격적이며 폭력에 기울어지기 쉽다. 전쟁이 벌어지면 싸움만 하는 게 아니라 강간도 다반사로 일어난다. 이 역시 전형적인 남성의 공격성을 주장하는 이론과 맞아떨어진다. 고대와 중세, 근대에 일어난 거의 모든 전쟁에서 적국의 여성은 군인들의 주요 목표였다. 남자들은 쉽게 이성을 잃고 전쟁에 열광한다. 우크라이나에는 이런 속담이 있다. '깃발이 날리면 이성이 사라진다.'

적은 어디에나 있고 누구나 될 수 있다. 아무 집단이나 택해서 그들이 (정신적이건 물질적이건) 어떤 가치를 위협하는 악행을 꾀하고 있다고 비방하기만 하면 된다. 그러면 선동에 속은 남자들이 조국 방어의 '신성한 의무'를 다하겠다고 몰려든다. 적을 낮추고 나를 높이는 방법은 어디에서나 통한다. 그 중에서도 적의 '동물성'을 부각시키는 방법이야말로 효과 만점이다. 특히 식민지 전쟁에서 최고의 효력을 발휘한다. 원주민은 인간이 아니라고 주장하면서 그들의 동물적 특성을 나열하면 살인에 대한 거부감이 제거되어 대량 학살을 저질러도 전혀 양심의 가책을 느끼지 않게 된다. 항상 적은 부당하고 나는 정당하다.

❖ ― 아마존 전사로 추정되는 적을 죽이는 아킬레우스가 그려진 꽃병의 그림

전쟁에 대한 열광은 '늑대들의 같이 울부짖기'(무리 생활을 하는 늑대들이 울부짖으며 먼 곳의 동료를 부르거나 집단적인 의사소통을 하는 행위)로 해석할 수 있다. 같이 열광을 해야 자신이 속한 사회에서 안전하다. 사회 구성원들의 광기에 동화되지 않으면 이방인으로, 적으로 낙인찍힌다.

행동연구가들은 전쟁에 대한 남성들의 열광을 전형적인 신체 반응으로 해석한다. 무리나 가족이 위험에 처했을 때 침팬지 수컷이 취하는 '영웅의 자세'와 크게 다르지 않다는 것이다. "부동자세를 취한 채 팔을 약간 옆으로 밀고 손을 살짝 안쪽으로 돌려 팔꿈치가 바깥을 향하게 한다. 머리를 당당하게 쳐들고 턱을 앞으로 쭉 내밀며 얼굴 근육을 움직여 근엄한 표정을 짓는다. 그리고 등과 팔 바깥쪽의 털을 곤두세우는데, 이것이 흔히 말하는 '신성한 소름'이다."(콘라

우리의 '신성한 소름'은 얼마 남지 않은 털을 곤두세우는 행동, 다시 말해 실제보다 더 크고 위협적으로 보이려는 허세와 다름없다. 콘라트 로렌츠는 『공격 행위에 관하여』라는 제목의 책에 이렇게 적었다. "옛날 노래나 행진곡을 들을 때 신성한 소름이 돋으려 하면 나는 침팬지도 집단 공격을 선동할 때 리듬감 있는 소리를 내지른다는 사실을 떠올리며 유혹에 저항한다. 합창은 악마에게 새끼손가락을 내주는 짓이다."

공격성과 권력욕이 인간의 본성이라면 인간의 공격성이 최악의 형태로 발현된 전쟁을 과연 이 세상에서 추방할 수 있을까 하는 의문이 든다. 그에 관해서는 진지한 검토가 필요하다. 공격성은 단추 하나를 누른다고 해서 없어지는 것이 아니다. 물론 억제할 수는 있지만 공격성을 억제함으로써 사태를 더욱 악화시킬 수도 있다. 공격성은 차곡차곡 쌓이다가 언젠가 격렬한 폭력으로 폭발하고야 만다. 20세기, 축적된 폭력의 에너지는 두 차례에 걸친 대형 재앙으로 터졌다. 계몽된 현대는 전쟁을 이성의 수단으로 없앨 수 있다고 믿었다. 그러나 결과는 그 반대였다. 인류는 자멸의 벼랑까지 내몰렸다.

그러므로 수백 년을 거치면서 사람들이 전쟁을 어쩔 수 없는 숙명으로 생각하게 되었다고 해서 크게 놀랄 일은 아니다. 이러한 생각은 전쟁을 평화의 단절로 본 것이 아니라 오히려 평화를 전쟁이라는 정상 상태의 중단으로 보았던 고대에까지 거슬러 올라간다. 근대에 와서도 전쟁은 정당화가 필요 없는 행위로 보았다. 분명 전쟁은 고난을 의미하지만, 삶이란 결국 끝없는 투쟁과 고난, 인내의 연속이 아니던가. 사람들은 전쟁을 추앙하지는 않지만 전사를 숭배하며 전사의 지도력과 무력에 자발적으로 복종했고, 전사만이 자신들이 타고난 불행을 막아 줄 수 있다고 믿었다. 때문에 19세기까지 군인은 귀족들만이 들어갈 수 있는 직업의 관문이었다.

❖ — 고대와 중세 시대에는 국가를 수호하는 신성한 의무가 귀족들에게만 주어졌다.

현대의 군국주의는 전쟁을 자연 상태로 보았던 과거의 세계관에 빚지고 있다. 그 결과 프로이센의 군국주의자였던 헬무트 폰 몰트케Helmuth von Moltke, 1800~1891는 전쟁을 "신이 만든 세계 질서의 일원"이라고 찬양하기에 이르렀다. 그는 영원한 평화란 꿈이라고 생각했다. 그것도 결코 "아름답지 않은 꿈"이라고 말이다. 그는 말했다. "전쟁이 없다면 세상은 유물론의 수렁에 빠지고 말 것이다." 대부분의 전쟁이 순수 유물론에 바탕을 두고 있다는 사실을 몰트케는 미처 깨닫지 못했던 것이다.

정리해 볼까요 ?

전쟁은 자연성의 일반적 표현은 아니지만, 인간의 본성에 내재한 폭력성을 근거로 한
다. 전쟁은 자연재해처럼 외부에서 닥쳐 온 낯선 것이 아니라 우리 자신에게서 나온
다. 다른 무엇이 아니라 인간이 전쟁을 하는 것이다. 그러나 전쟁에 대한 증오와 평화
를 향한 동경 역시 인간의 본성에 뿌리내리고 있다. 그렇기에 전쟁이란 극도로 모순
되며 쉽게 파악할 수 없는 인류 사회의 현상인 것이다. 인간은 전쟁과 평화, 증오와
사랑, 권력과 무욕 사이를 위태롭게 오가며 줄타기를 하고 있다.

2

놀이와
예술로서의
전쟁

어린 시절의 전쟁놀이

인류가 이 땅에 출현한 이후 인간은 전쟁을 해 왔고, 전쟁놀이를 해 왔다. 어쩌면 놀이라는 것도 형태만 좀 고상할 뿐 알고 보면 전쟁의 한 종류인지도 모른다. 전쟁은 남자들의 일이기에 전쟁놀이 역시 여자아이들보다는 남자아이들이 더 좋아하는 게 당연하다.

사내아이들에게 놀이와 전쟁은 거의 같은 것이었다. 과거에는 어린 시절 제일 재미있고 흥겨웠던 놀이가 뭐였냐고 물으면 단연 전쟁놀이를 꼽았다. 아마도 제2차 세계 대전이 끝난 지 얼마 되지 않았고 어른들의 대화에서 전쟁 이야기가 빠지지 않았기 때문이었을 것이다.

사내아이들은 일정한 나이가 되면 누구나 '무장'을 하고 다녔다. 나무를 깎아 칼을 만들고 기사가 되어 가상의 적군과 싸웠다. 사람 키 높이의 쐐기풀을 적이라고 가정하고 대담하게 칼을 휘두르기도 했다. 무기고를 마련하여 창, 활과 화살, 칼 등을 보관했고 허리띠에는 하이킹용 나이프나 엽도葉刀, 조그마한 잎 모양의 칼를 매달고 다녔으며 덜 익은 과일이나 돌을 수류탄 대신 던지기도 했다. 좀 자라서는 귀가 먹먹할 정도로 큰 폭음을 내는 장난감 권총이 우리의 무기고를 빛내는 자랑스러운 무기였다. 그리고 어느 날엔가 은빛 총탄을 발사하는 권총이 시장에 나왔다. 비록 장난감이기는 했지만, 사람에게 상처를 입힐 수 있는 위험한 물건이었다. 전사는 더할 나위 없이 행복했다. 마침내 '진짜로' 총알을 쏠 수 있는 권총을 갖게 된 것이다.

우리의 전쟁놀이는 인류의 전쟁사 전체를 되풀이했다. 우리는 선사 시대의 원시 사냥꾼이었고 고대와 중세의 기사였으며 인디언과 카우보이가 되기도 했고 참호에 몸을 숨긴 현대의 군인이 되었다. 다락방 어디선가 찾아낸 철모를 쓰고 다니며 친구들에게 부러움을 사기도 했다. 끔찍하게 들릴지 모르지만 유년기는 전쟁놀이가 있었기에 아름다웠다. 다른 그룹의 사내아이들과 전쟁을 하는 것보다 즐거운 일은 없었다. 우리는 무기고를 만들고 전투 계획을 짰으며 놀라운 무기를 발명하여 전투에서 써먹었다.

그런데 정말로 기적적인 일은 그 와중에 아무도 심각한 부상을 입지 않았다는 사실이다. 우리 마음속에는 누군가 다칠지도 모른다는 두려움이 있었다. 우리 중 하나가 피를 흘리면 모두들 놀라서 당장 전투를 중단했다. 기사도가 뭔지 몰랐어도 기사도를 발휘하여 전쟁놀이를 했던 것이다. 물론 잔꾀를 부리며 싸운 적도 많았다.

❖ ─ 사내아이라면 누구나 전쟁놀이를 즐겼다. 전쟁놀이는 사회화의 한 과정이기도 했다. 물론 지금은 전쟁놀이가 컴퓨터 게임으로 대체되었다.

어린 시절의 전쟁놀이를 돌이켜 보면 한순간도 그것이 우리의 성장에 해로운 영향을 미쳤다는 느낌이 들지 않는다. 열여덟 살이 되던 해에 병역을 거부하고 양로원의 간병 시설에서 대체 복무를 하며 내 인생에서 가장 의미 있는 18개월을 보낸 나로서도 어린 시절의 전쟁놀이만큼은 아름다운 기억으로 남아 있다.

앞에서 전쟁은 남자들의 일이라고 했다. 전쟁놀이 역시 사내아이들의 일이다. 여자아이들은 전쟁놀이에 끼지 않고 다른 놀이를 한다. 물론 사내아이라고 해서 전쟁놀이만 하는 것은 아니다. 우리는 학자가 되었다가 모험가가 되기도 했고 따분한 일요일에는 여자아이들의 소꿉놀이에 끼기도 했다. 그러나 전반적으로 볼 때 우리 대부분은 용감하고 행복한 전사였다.

어린 시절에는 전쟁 영웅이 되는 것이 왜 그렇게 좋았을까? 스스로 물어보면 그것이 남성의 본성이라는 결론에 이를 수밖에 없다.

결코 여자아이들과는 싸움질을 하지 않는다는 절대적인 계명 역시 그런 본성의 일부였다. 생각해 보면 그 계명이 얼마나 고마운 것이 었는지 모른다. 내 또래에서는 여자아이들이 사내아이들에 비해 훨씬 성숙한 편이었기 때문이다.

많은 언어권에서 '놀이'라는 단어가 무기를 손에 든 심각한 전투 상황에서도 사용된다는 사실은 흥미롭기 그지없다. 유혈이 낭자한 치명적인 전투 역시 가벼운 놀이처럼 엄격한 '게임 규칙'을 따라야 한다. 놀이가 전투고 전투가 놀이다. 『구약』의 「사무엘서 하」(「사무엘기 하권」) 2장 12~16절에서 놀이와 전쟁을 동일시하는 멋진 사례를 볼 수 있다.

> 넬의 아들 아브넬과 사울의 아들 이스보셋의 신복들은 마하나임에서 나와서 기브온에 이르고 스루야의 아들 요압과 다윗의 신복들도 나와서 기브온 못가에서 저희를 만나 앉으니, 이는 못 이편이요 저는 못 저편이라. 아브넬이 요압에게 이르되 청컨대 소년들로 일어나서 우리 앞에서 장난하게 하자. 요압이 가로되 일어나게 하자 하매 저희가 일어나 그 수효대로 나아가니 베냐민과 사울의 아들 이스보셋의 편에 열둘이요, 다윗의 신복 중에 열둘이라. 각기 적수의 머리를 잡고 칼로 적수의 옆구리를 찌르매 일제히 쓰러진지라.

치명적인 놀이는 모두가 게임 규칙을 엄격히 지킬 때에만 제대로 진행된다. 모두가 1초의 차이도 없이 동시에 찔러야 한다. 공개적인 전투였다면 다르게 끝났을 것이다. 그러나 제물 의식과 흡사한 이 전쟁놀이는 두 그룹 간에 치러진 격렬한 전투의 서막에 불과했고, 결국 수백 명의 목숨을 앗아 갔다.

❖ ─ 레슬링을 하는 고대 그리스의 남자들을 형상화한 부조

오늘날 우리의 눈으로는 위의 장면을 두고 결코 놀이라고 부를 수 없다. 무의미하고 잔혹한 학살일 뿐이다. 그러나 『성경』 시대에는 그것을 놀이라 불렀고 또 놀이로 이해했다. 히브리어 원전에 보면 이런 놀이를 '사하크'라는 말로 칭하는데, 이는 '웃음'이나 '농담을 하면서 어떤 일을 하는 것' 혹은 '춤'이라는 뜻이다. 셈족은 물론이고 수많은 고대 문화에서 놀이는 전쟁과 엄격하게 구분되지 않았다. 사냥과 놀이, 제물 역시 놀이와 동일한 의미로 사용되었다.

고대 그리스인들 역시 올림피아 축제 기간에 한쪽이 먼저 죽을 때까지 중단하지 않는 결투를 벌였다. 고대 그리스 문화를 끊이지 않는 겨루기 문화라고 부를 수 있을 정도다. 그리스인들은 이런 경기를 두고 '아곤agon'이라고 불렀다. '아고나agony'는 사투死鬪라는 뜻이다. 그것은 축제와 놀이의 일부였고 신들의 세계와 밀접한 관계가 있었다. 따라서 결투는 신성한 행위였고 종교 의식의 일부였다.

메달과 훈장의 공통점

원시 시대부터 전쟁과 놀이, 제물, 제식, 전쟁은 별개의 것이 아니었다. 놀이가 놀이꾼의 죽음으로 끝난다는 사실은 중요하지 않았다. 초기의 인류 공동체에서는 사냥도 놀이의 형식을 취했고, 그를 통해 공동체는 삶과 세계에 대해 해석한 바를 표현했다. 원초적 단계의 인간 문화가 전적으로 놀이와 같은 것은 아니었는지 누가 알겠는가? 삶 – 신들이 조종하는 게임 – 에서 인간은 그저 장기 말에 불과했다.

운동 경기에서 볼 수 있는 놀이와 겨루기의 밀접한 결합은 지금까지도 이어지고 있다. 목표는 이기는 것, 첫째가 되는 것, 첫째가 되어 숭배를 받는 것이다. 운동선수에게 수여하는 메달은 용감한 군인들에게 주어지던 훈장과 유사하다. 전쟁에서도 겨루기에서도 명예와 덕목, 용기와 명성을 얻는 것이 중요하다. 때문에 중세의 젊은 귀족 전사들은 쉬지 않고 스스로를 단련했고 덕을 쌓았다. 그것은 신분이 높은 자가 자신의 명예를 지키기 위한 쉼 없는 투쟁이었다. 그랬기에 중세 기사 계급은 놀이도 전투도 전쟁도 최고의 수준에 이르렀다.

기사들의 무술 겨루기는 전쟁놀이와 다름없었다. 관객석 맨 앞줄에 궁중 여인들을 모셔 놓고 소수의 귀족들 앞에서 벌이는 전쟁극이었다. 평화로운 시기의 전쟁놀이였고, 할 일이 없어 따분한 기사들에게 일거리를 마련해 준 일종의 일자리 창출 프로그램이기도 했다. 물론 중세의 무술 겨루기에서 피를 흘리는 일은 없었지만, 무술 겨루기의 초기 형태는 한쪽이 피를 흘리며 죽어야 끝이 나는 심각한 수준의 결투였다고 한다.

기사 계급은 규율이 엄했고 전투를 신성한 의무이자 명예로 생각했기 때문에 당시의 전투 광경도 지금과는 사뭇 달랐다. 동등한 수준의 사람들끼리 어울리고 겨루어야 했기에 기사는 기사하고만 싸웠다. 전투의 서곡으로 부대에서 제일 용감한 사람이 적에게 도전장을 던졌다. 자신의 운명을 시험해 보고 싶은, 일종의 신탁을 듣고 싶은 마음이었다고 할 수 있을 것이다.

때로는 두 사람의 결투가 대규모 전투를 대신하기도 했다. 예를 들어 5세기 스페인에서 반달족이 서고트족의 공격을 받았을 당시 두 전사의 결투를 통해 전투의 승패를 결정지었다. 결투의 당사자가 군대의 수장인 경우도 드물지 않았다. 그리고 그 결과를 신의 판단으로 해석하고 받아들였다.

또 전투를 명예가 달린 문제로 생각했기 때문에 불명예스러운 수단은 동원하지 않았다. 급습하여 상대편에 치명타를 날리거나 적을 매복처로 유인하는 것은 불명예스러운 짓이었다. 때문에 대부분의 전투가 사전에 약속한 시간과 장소에서 벌어졌다. '약속한 때를 기다리지 않고 적을 궁지로 모는 짓은 비겁하다'는 고서의 구절도 있었다. 그리고 예를 다한 자살을 높이 평가했다.

고대에는 전쟁이 어느 정도의 격식을 갖추었기에 약탈이나 인간 사냥, 암살 같은 행위와는 다른 것으로 여겼다. 전쟁은 고귀한 것이었고, 신의 총감독을 받는 보편적인 힘겨루기였다. 그렇지만 명예

❖ ─ 중세 유럽의 기사들은 나름의 정신적 규율, 다시 말해 기사도를 갖추고 있었다. 하지만 기사도는 자신과 동등하다고 여겨지는 상대에게만 적용되었다. 자기보다 열등한 이에게 폭력을 휘두를 때는 기사도 정신을 기대할 수 없었다. 열등한 존재에게 가혹해지는 유럽의 기사도에서 식민주의의 뿌리를 찾을 수 있다.

로운 전투도 결국에는 끔찍한 학살로 종결되었다. 피가 낭자한 폭력이 고귀한 형태로 탈바꿈하기란 쉬운 일이 아니다.

사실 당시에도 기사도는 거친 현실에 부딪쳐 깨지고야 마는 이상이었다. 이기고 싶고 목숨을 부지하고 싶은 마음이 명예욕보다 더 강하기 때문이다. 그리고 전쟁의 게임 규칙도 같은 신분이라는 협소한 범위에서만 통하는 것이었다. 다른 기사와 맞서게 될 때에는 큰 영광으로 생각했지만, 자기보다 열등하다고 생각되는 사람을 대할 때에는 게임 규칙 같은 것은 안중에도 없었다. 이는 현대의 전쟁에까지 이어지는 전통이다. 상대를 인간 이하라고 폄하하면서 잔혹한 짓을 서슴지 않았던 것이다. 게임이나 겨루기의 특성을 잃어버리는 순간 전쟁은 야만적이고 잔인한 발톱을 드러낸다.

20세기의 참혹한 전쟁들에서는 과거의 기사도 정신 같은 것은 희미한 불꽃 정도만 살아 숨 쉴 뿐이었고, 그마저 전쟁의 와중에 자행된 온갖 대량 학살 앞에서는 아무런 의미를 갖지 못했다. 그럼에도 기사도의 이상이 인류의 문화 발전에 아무런 의미가 없었다고 볼 수는 없다. 대부분이 환상이고 희망일 뿐이었지만 그래도 기사도는 교육과 공공 생활에 잠재적인 영향을 미쳤고 사회의 윤리 수준을 높여 주었다. 물론 그렇다고 해서 전투 행위나 전쟁을 위대한 교육자로 치켜세우는 것은 과도한 주장이다. 기사도는 한 시대를 풍미한 정신이었지만 기사들의 숭고한 시대는 지나간 지 이미 오래다.

유럽의 기사와 동양의 사무라이

놀랍게도 서양 세계에서는 전투 기술을 숭고함의 영역으로 승화시킨 적이 없었다. 중세 기사도 시대의 검술은 전혀 그 맥을 잊지 못했다. 그러기에는 기독교가 너무 철학적이지 않은 종교였다. 유럽의 기사는 검술을 분쟁 해결의 기술로 생각했을 뿐, 그들의 검술에는 철학이 없었다.

아시아인들의 시각은 달랐다. 검술은 고도의 기술적 숙련일 뿐 아니라 정신적 깨달음에 이르는 길이었다. 뛰어난 기술과 정신적 깨달음은 둘이 아니다. 서로를 더 높여 주는 조건이 된다. 일본과 중국에서는 기사도가 처음부터 불교나 도교 철학과 결합되어 발전했다. 불교와 도교는 삶과 죽음을 별개의 것으로 생각하지 않았다. 일본의 무사 사무라이는 생과 사, 흥망성쇠를 초월하며 언제라도 목숨을 내놓을 준비가 되어 있어야 한다. "검은 사무라이의 영혼이다." 이 말은 사무라이의 충절과 자기희생, 경외심과 선의, 신념을 위해서라면

❖ — 중세 일본의 무사. 유럽의 기사와 달리 사무라이에게 검술과 무예는 정신적 가치를 실현하는 철학적 수단이기도 했다.

죽음도 두려워하지 않는 헌신을 상징한다. 동양 사상에서는 철학과 종교가 별개의 것이 아니다. 사무라이의 검에도 영혼이 있다. 그래야만 검은 사무라이의 영혼이 될 수 있다. 이는 다시 검을 제작하는 기술의 철학을 요구한다. 때문에 일본에서는 검을 만드는 장인들이 존경을 받고 명성을 누렸다.

사무라이의 검은 죽음을 부르는 물건이 아니라 삶을 체현하는 방편이었다. 검은 평화와 정의를 수호하고, 인간성을 해치는 악과 싸워 지상에 정신적 안녕을 불러오는 힘의 대변자다. 사무라이에게 전쟁은 삶과 죽음의 문제가 아니다. 무사는 죽을 수 있으나 악에 맞서는 전쟁 자체는 항상 삶에 기여한다. 그러나 정작 무사는 그런 생각조차 없다. 무사의 정신은 텅 비어 있다. 사무라이는 직관으로 싸운다. 모든 동작은 저절로, 동작 그 자체를 위해 탄생한다. 전쟁은 기술이다. 그림이나 음악, 다도, 꽃꽂이와 다르지 않다. 전쟁은 무엇보다 진리를 찾는 길이며 지혜에 이르는 길이다. 무사는 한 가지만 생각한다. 옆도 뒤도 돌아보지 않고 싸운다. 적을 이기기 위해 앞만 보며 전진하는 것, 이것이 사무라이에게 필요한 전부다. 그렇게 하자면 정신과 신체가 완전히 자유로워야 한다. 무사가 되려면 의지력과 혹독한 훈련과 철학, 종교가 뒷받침되어야 한다. 이런 기초가 없다면 절대로 대가에 이를 수 없다.

물론 서양의 기사들도 검술에 관해서는 자타가 공인할 정도의 높은 수준에 도달하기 위해 노력했고, 그들 역시 군주에 대한 의무와 충성과 적에 대한 공정함을 최고의 계명으로 삼았다. 그러나 사무라이는 거기에서 한 걸음 더 나아갔다. 사무라이는 무엇보다 자신과 싸웠다. 칼과 화살은 자신을 닦는 수단이었고 품위와 명예의 상징이었다. 검술은 실질적인 목적을 지닐 뿐 아니라 무사의 정신과 도덕을 무장시키는 수단이었다. 특이하게도 사무라이들은 칼을 두 개씩 차고 다녔다. 긴 칼은 적과 싸울 때, 작은 칼은 자살 명령을 받았을 때 사용하기 위한 것이었다.

무사는 생각과 느낌을 텅 비운다. 불안과 모든 의지를 버린 채 무사는 자신이 어떻게 싸우고 있는지 알지 못한다. 무엇보다 분노를 떨쳐 내야 한다. 분노는 상대의 칼로 뛰어드는 지름길이다. 이처럼 동양의 무사를 설명하는 신비로운 말들이 많고 실제로 그들은 서양의 관점에서는 신비로운 존재들이다.

동양의 무사들에게 대결은 심오한 종교적 깨달음을 얻는 길이다. 그런데 그들이 따랐던 불교가 여느 종교처럼 사랑과 비폭력을 강조하며, 무엇보다 모든 생명을 소중히 여기라고 강조한다는 점이 놀랍다. 사무라이들은 검술을 좋은 일에 쓰는 방법으로 이런 모순을 해결한다. 물론 대결의 최고 상책은 싸우지 않는 것이다. 세상 모든 생명체가 반드시 죽게 마련인데, 무엇 하러 서로 싸울 텐가. 부처는 만인이 자신의 유한함을 깨닫는다면 모든 갈등과 전쟁이 사라질 것이라고 말했다.

손자가 말한 최고의 전술

　중국과 일본의 문화가 무사를 예술가나 철학자로 끌어올렸다면, 전쟁 역시 예술과 철학으로 승격될 수 있을 것이다. 기원전 5세기 중국의 철학자이자 장군이었던 손자孫子, 기원전 545?~기원전 470?는 자신의 유명한 저서에 '병법'이라는 이름을 붙였다. 이『손자병법』은 서로 대립하면서 서로를 보완하는 우주 만물의 음과 양을 축으로 삼는 도교 스타일로 저술되었다. 도교는 이 대립되는 힘들을 어떻게 조화시켜 우리 안의 잠자는 힘을 발휘하게 할지, 그에 대한 가르침을 준다.

　『손자병법』은 전쟁의 일반 전술을 설명한 최초의 저서이자 가장 천재적인 작품이다. 보통 우리는 '전략'이라는 말을 군의 지휘와 전쟁 계획에 관한 이론으로 생각한다. 그러나 손자는 여기서 멈추지 않았다. 그의 학설은 다양한 관심, 특히 이해관계와 목표가 충돌하는 경우, 다시 말해 개인이나 집단 사이에 갈등이 빚어지는 경우 등 인간 사회에서 일어나는 상호 행동의 모든 분야에 적용될 수 있다. 나의 이념과 목표를 관철시키기 위해 무엇을 해야 할까?『손자병법』은 이러한 질문에 답을 제시하고 있다.

　손자는 200년 동안 여러 왕국이 패권을 다투면서 나라를 황폐하게 만들었던 춘추 전국 시대에 태어났다. 500년 동안 이어진 주周의 구질서가 무너진 시대였다. 장군이었던 손자는 전쟁의 참혹함을 누구보다도 잘 알고 있었다. 전쟁은 백성이 겪어야 하는 중병 중의 중병이었다. 그래서 그의 '병법'은 흔히 '의술'에 비교되고는 한다. 질병이 아예 발생하지 않도록 막아 주는 의술이 최고의 의술이듯, 전술 역시 무기를 들지 않아도 되도록 만들어 주는 전술이 최고의 전술이다. "적군을 온전하게 두고 이기는 것이 최상책이고, 적군을 격파하여 이기는 것이 차선책이다." 최고의 전술은 평화다. 손자는 전술이 전쟁을 거부하는 기술이라고 가르친다.

의술이 그러하듯 전술에도 다양한 '치료' 단계가 있다. "고로 최상의 병법은 적의 책모를 제거하여 적의 의도를 봉쇄하는 것이다. 차선은 적의 외교를 봉쇄하는 것이다. 그다음 차선은 적의 군대를 직접 공격하여 봉쇄하는 것이다. 최하의 방법은 적의 성을 공격하여 아군의 피해가 발생하는 것이다." 최선책은 적의 계획을 간파하여 방해하는 것(의학적으로 볼 때 저항력을 키우는 것)이다. 차선책은 뛰어난 동맹 정책으로 적이 다른 세력과 동맹을 맺지 못하도록 만드는 것(의학적으로 볼 때 전염을 예방하는 것)이다. 그다음 단계는 적군을 공격하는 것(약품을 복용하는 것)이며, 최악의 방법이 적의 도시를 포위하는 것(어려운 수술을 감행하는 것)이다.

앞에서도 언급했듯 손자는 늘 한 가지 사물의 대립하는 양면을 고려하기에 전적으로 도교의 전통을 따른다. 전쟁에서 승리할 수야 있지만 전쟁은 승자에게도 피해를 입히기 마련이다. 승자라고 해서 기대했던 대로 되는 경우는 극히 드물다. 승리가 승자에게 득이 될 수 있으려면 승자가 분노와 탐욕, 야망이나 복수심 없이 냉정하고 초연한 마음으로 태연하고 침착하게 전쟁을 치러야 한다. 각 전사가 감정을 버리고 전투에 임해야 하듯 사령관 역시 냉정을 잃지 않고 전투를 이끌어야 한다. "미세하게 다가오니 형체가 없구나. 귀신같이 다가오니 소리가 없구나. 고로 이런 것이 가능해야만 적의 생명을 주관할 수 있는 것이다." 도교의 겸양 철학을 여실히 느낄 수 있다.

전쟁이든 다른 일이든 성패는 언제 어디서 무엇을 해야 할지, 또 하지 말아야 할지를 아는 데 달려 있다. 병법은 행동하지 않음, 기다림, 회피의 기술이기도 한 것이다. 그러나 손자의 사상은 이런 일반적인 수준에 머무르지 않고 전투의 올바른 전략을 구체적으로 지시하는 데로 나아간다. 모든 군사 작전은 행동하기 이전에 다섯 가지 기본을 정확하게 판단해야 한다. 다섯 가지란 바로 一日道(일일도), 二日天(이일천), 三日地(삼일지), 四日將(사일장), 五日法(오일법)이다.

첫째로 '도道'는 군대를 지도하는 정치 지도자 및 그 지도자와 백성의 관계를 말한다. 도교에서는 합법적 정부에 도의 정신이 투철해야 한다고 주장한다. 그럴 때만이 지휘자와 동일한 목표를 향해 백성을 이끌 수 있다. 백성과 지도자가 단결하지 못하면 군사 작전 역시 성공할 수 없다. 전쟁을 시작하겠다는 결정을 군대가 내려서는 절대 안 되며, 거꾸로 민간 정부가 현지의 사정을 잘 알지 못하면서 전장의 지휘부에 간섭을 해서도 안 된다.

둘째로 기상 조건이 전장의 작전에 중요한 요건이 된다는 사실은 삼척동자도 알지만 장기간의 날씨를 파악하기란 불가능하기에 시대를 막론하고 날씨와 상관없이 전투를 치렀다. 그러나 손자가 생각하는 기상 조건은 의미가 약간 다르다. 군사들을 전장에 내보낼 때는 이들의 노동력이 국가 경제에 필요한 계절을 피해야 한다는 뜻이다.

셋째로 적국의 땅에서 전투를 하려거든 지휘부가 미리 그곳 지형을 조사해 두어야 한다.

넷째로 장군은 예로부터 전해 내려오는 덕목, 즉 지智·신信·인仁·용勇·엄嚴을 겸비해야 한다. "지만 믿으면 지가 고집이 되고, 신만 중요하게 생각하면 어리석음에 빠지며, 인만 믿으면 유약해지기 쉽다. 용기에만 의존하면 폭력으로 흐르고, 군사에게 지나치게 엄한 명령을 내릴 경우 잔혹함에 빠진다. 이 다섯 가지 덕목을 모두 갖추고 하나하나를 제 구실에 맞게 사용할 때 비로소 훌륭한 군사 지도자가 탄생할 수 있을 것이다."

군사 지도자가 갖추어야 할 이 다섯 가지 조건을 설명한 후 ― 무장과 병력에 대해서는 한마디도 언급하지 않았다 ― 손자는 다섯째로 적과 싸우는 법으로 넘어간다. 여기서는 기만과 교란이 최고의 기술이다. "전쟁이란 속이는 것이다. 그러므로 나의 능력이 없는 것처럼 보이게 하고, 군대를 운용하지 않는 것처럼 보이게 하고, 가까운 곳을 보려 하면 먼 곳을 보는 것처럼 속일 것이며, 먼 곳을 보려 하면 가까운 곳을 보는 것처럼 적을 속여야 한다." 적을 속이는 것과 더불어 적을 놀라게 할 필요도 있다. 그러자면 적에 대해서는 정확하게 알되 적에게 나를 최대한 드러내지 말아야 한다. 기밀 엄수와 교란 작전이 최고의 전술인 셈이다. 동등한 적끼리 공정하고 공평한 전투를 하는 기사도의 이상과는 정반대의 입장이다.

근본적으로 나보다 강한 적과는 싸우지 말아야 한다. 강한 적이 공격해 올 경우 계속 물러서며 적을 지치게 만드는 것이 좋다. 그러나 전쟁을 오래 끄는 것은 피해야 한다. 특히 고향에서 멀리 떠나온 경우에는 더더욱 그러하다. 적국에는 최소한의 피해를 입히도록 노력할 것이며, '길을 가로막는 것은 모조리 제거한다'는 식의 태도는 절대 금물이다. 손자가 살던 시절 중국에서는 화약이 개발되었지만 군사적인 목적으로는 이용되지 않았다. 화약은 불꽃놀이에만 사용했다. 위험하다는 이유로 무기를 사용하지 않았던 사례는 아마도 인류 역사상 이때가 유일할 것이다.

앞에서도 말했듯 최선은 싸우지 않고 이기는 것이다. 그것이 불가능하다면 적의 계획을 알아내 무력하게 만듦으로써 개전 즉시 적을 제압하려 노력해야 한다. 그도 불가능하다면 적을 고립시켜 동맹군의 원조가 불가능한 가망 없는 처지로 몰아야 한다. 전투가 불가피하다 해도 승리가 확실한 경우에만 전투를 해야 한다. "전쟁을 해야 하는지, 전쟁을 해서는 안 되는지 아는 자는 승리한다.", "적을 알고 나를 알면 백 번 싸워도 위태롭지 않다."

적이 가장 강한 곳은 공격하지 않고 적의 약점과 허점을 기다린다. 그러나 약해서 물러나는 적도 순식간에 위험한 상대로 돌변할 수 있다. 궁지에 몰린 적이 예상치 못한 절망의 용기로 힘을 발휘하기도 하기 때문이다. 그렇기 때문에 손자는 이렇게 충고한다. "고향으로 귀환하는 군사를 막지 마라. 포위된 군사는 반드시 도망갈 길을 터 주고 궁지에 몰린 적을 압박하지 마라. 이것이 용병用兵의 방법이다."

예술가는 전쟁을 어떻게 그렸을까?

동양과 달리 서양에서는 특별한 전술을 개발하지 않았다. 물론 19세기까지 '전술'이라는 말이 널리 쓰였지만 그마저 제1차 세계 대전이 끝나면서 아무도 입에 올리지 않는 말이 되어 버렸다. 유럽의 장군들은 나폴레옹마저도 자신을 전술가로 생각하지 않았다.

그런데 『손자병법』을 읽다 보면 검술이나 궁술 혹은 아주 일반적인 전술에 대해 말하는 것이 전혀 힘들게 느껴지지 않는다. 따라서 전쟁이라는 폭력적 행위를 예술의 차원에 포함하는 것 역시 아무런 문제가 없어 보인다. 이는 『손자병법』의 배경이 되는 심오한 철학적 종교, 즉 불교와 도교가 극도로 평화를 추구하는 종교라는 사실과 관련이 있다. 두 종교에서 생명 존중은 최고의 위치를 차지한다. 전술을 포함하여 모든 싸움의 기술은 가장 깊은 곳으로 파고들어 살펴보면 결국 싸움을 피하는 기술이다. '싸움 기술자'는 자신이 가진 능력을 타인을 공격하는 데 사용하지 않는다. 전술은 싸움의 윤리를 전제로 한다.

전쟁과 예술의 관계는 그것으로 끝나지 않는다. 순수 예술이 전쟁을 주제로 삼는 경우가 많다. 이는 전쟁과 더불어 터져 나오는 원초적 힘 때문이다. 전쟁은 인간이 겪을 수 있는 대재앙 중 하나다. 전쟁을 통해 발생하는 엄청난 충격은 문학은 물론 조형 예술, 음악, 무용, 영화에까지 뛰어난 소재를 제공한다.

전쟁 이야기는 극단적이다. 따라서 긴장과 감동을 불러내기에 아주 적합하다. 호메로스와 셰익스피어, 클라이스트(19세기에 활동한 독일의 극작가)와 그 밖의 수많은 작가들에게 전쟁은 강력한 문학적 매력을 발산했고, 예술적 상상력을 강하게 자극했다. 전쟁을 다룬 모든 고전 대작들은 전쟁에서 죽음을 불사한 영웅들을 위한 찬가다.

반면에 현대의 전쟁 문학은 대부분이 전쟁의 무의미함과 영웅주의의 허무를 고발하고 있다. 목숨을 아끼지 않고 히틀러에 저항했던 이들을 포함하여 제2차 세계 대전의 전쟁 영웅들은 찬양 받지 못했다. 독일 군인들이 영웅적으로 싸웠을 수도 있겠지만 그들은 그릇된 목표를 위해 싸웠고 따라서 그들의 영웅적 행동 역시 그릇된 것이었다. 전면전의 영웅은 광기에 맞서 싸웠던 일반 시민들뿐이다. 유대인을 비롯하여 나치에게 박해 받는 사람들을 숨겨 주거나 도피시켜 목숨을 구해 주었던 사람들 말이다.

이 '조용한 영웅들'은 당시에는 아무것도 할 수 없었다고 변명하는 사람들의 주장을 정면으로 반박한다. 용기만 있다면 어떤 일이든 할 수 있다. 물론 그런 용기를 내기가 쉽지는 않다. 자기 목숨을 걸어야 하기 때문이다. 당시를 살아 보지 않은 우리 후세대로서는 감히 짐작조차 하기 힘든 상황이었을 것이다. 민주주의 국가에서도 용기 있게 산다는 것은 쉬운 일이 아니니까. 아차, 너무 엉뚱한 곳으로 빠졌다.

전쟁 문학에 대해 이야기하던 중이었다. 현대의 위대한 전쟁 문학은 모두가 반전 문학이다. 독일 최초의 반전 소설은 17세기에 선을 보였다. 그리멜스하우젠Hans Jakob Christoffel von Grimmelshausen, 1622경~1676)의 『모험가 짐플리치시무스』다. 전쟁을 광기와 원시적인 야만 행위로 그린 풍자 소설이었다.

과거의 전쟁 문학은 전쟁을 신의 자연력으로, 신들이 주도권을 쥐고 있는 자연 재앙처럼 인간의 의지와는 관계없이 인간에게 밀어닥치는 사건으로 찬양했다. 전쟁은 어쩔 수 없이 닥쳐오는 고난이기에 이를 이겨 낸 인간은 고귀하다. 인간 문화의 원시 신화라 할 수 있는 『성경』마저도 이미 말했듯 상당 부분이 전쟁 이야기로 채워져 있고, '눈에는 눈, 이에는 이'를 외치는 『구약』식의

❖ ― 1641년의 그리멜스하우젠(위)과 그의 소설 『모험가 짐플리치시무스』의 앞쪽 페이지(아래)

참담한 전쟁이 지금도 성지에서 끊이지 않는다는 사실은 슬프기 한량없는 현실이다. 인류 문화의 원조 서사시라 할 호메로스의 『일리아스』 역시 전쟁 문학이며, 작품에 등장한 위대한 영웅들은 결국 모두 파멸하고 만다. 문학의 진정한 영웅은 비극적 영웅이다. 이러한 문화적 유산이 수백 년을 거치면서 계속 이어져 오고 있는 실례를 들자면 아마 끝이 없을 것이다.

문학에 해당하는 내용은 그림에도 통한다. 고대 이집트 사원의 부조들이나 아테네 아크로폴리스의 판테온 신전에 있는 프레스코 벽화를 시작으로 인류는 수많은 전쟁 그림들을 남겼다. 이탈리아의 천년 고도 아레초의 성 프란치스코 성당에 있는 피에로 델라 프란체스카의 유명한 전투화는 거의 위쪽 끝에까지 아수라장이 된 전장의 장면들로 가득하다. 실제로 눈에 보이는 사람의 수는 그다지 많지 않지만 그림을 보는 사람의 상상력을 자극하여 엄청난 수의 사람들이 뒤엉켜 싸우는 장면을 연상하게 만든다. 틴토레토는 또 어떤가? 그는 베네치아 공화국이 낳은 전쟁 화가였다. 루벤스도 있다. 상상력이 미쳐 날뛰는 그 유명한 그림 「아마존의 싸움」이 그러하듯 그는 전쟁 그 자체를 형상화하기 위해 노력했다.

그러나 그것은 이상화된 신비의 전쟁이다. 실제 전쟁, 다시 말해 참혹한 전쟁의 모습을 담아낸 사람들은 따로 있다. 프랑스인 자크 칼로Jacques Callot, 1592~1635는 30년 전쟁의 야만성을 충실하게 그림에 담아 후세에 전달했다. 스페인 화가 프란시스코 데 고야Francisco de Goya, 1746~1828가 화폭에 담은 전쟁의 모습도 참담하고 잔인하다. 그

❖ ― 밝고 온화한 화풍의 궁정 화가였던 고야는 전쟁을 겪은 뒤 비극적인 상황과 전쟁의 참상을 묘사한 그림을 그리기 시작했다.

의 동판화「전쟁의 참화」는 프랑스의 스페인 정복 전쟁 당시 고야가 몸소 겪었던 참혹한 면모를 온전히 담아내고 있다.

보는 이의 마음을 심란하게 만드는 고야의 그림들은 과거의 전쟁과 앞으로 다가올 전쟁 모두를 비판한다. 전쟁에 숭고한 목적 같은 건 있을 수 없다고 못 박는다. 인류의 눈을 열어 전쟁의 혐오스러운 모습을 보여 주고 싶었던 것이다. 살인과 고문, 강간, 적에 대한 연민이 조금도 허락되지 않은 비인간성, 문명이 이루어 놓은 성과를 하루아침에 무너뜨리는 원시성, 그것이 전쟁의 진짜 얼굴이다. 파블로 피카소Pablo Picasso, 1881~1973의「게르니카」를 제외한다면 고야 이후 그 어떤 화가도 그처럼 집요하게 전쟁의 참상을 고발하지는 못했다.

문학과 회화에 이어 영화 역시 꾸준히 전쟁을 주제로 삼았다. 그러나 영화의 경우 역사적 사실에 집중하는 대신 열심히 영웅주의 신화를 생산해 내고 있다. 고대와 중세의 영웅들은 물론이고 우리 시대를 살아가는 일반 군인들에 이르기까지 스크린을 장식하는 전사들의 운명은 큰 감동을 선사한다.「반지의 제왕」같은 전쟁 영화의 매력은 열렬한 반전주의자들조차 떨쳐 버리기가 쉽지 않을 것이다. 그런 영화들에서는 전쟁이 시대를 막론하고 인간에게 밀어닥치는 운명의 힘으로 그려진다. 영화 속의 전쟁은 선과 악의 영원한 투쟁이며, 어느 쪽이 선인지, 어느 쪽이 악인지가 늘 분명하다. 그러나 실제 전쟁에서 선과 악이 영화에서처럼 확연히 구분되는 경우는 없다.

특히 정신적으로 문제가 있는 망나니 주인공 – 람보가 대표적이다─을 통해 거짓 영웅의 이미지를 만드는 할리우드 영화들의 전쟁 찬미는 참고 봐 줄 수 있는 수위를 넘어섰다. 사람들이 고통스럽게 죽어가는 장면을 팝콘과 콜라를 즐기면서 여가 활동 차원에서 감상한다는 것도 우려스럽기 그지없다. 영상으로 제공되는 폭력은 특히 청소년들에게는 자석처럼 헤어날 수 없는 매력을 발산한다. 폭력과 오락이 하나로 결합되어 두 행위의 경계가 사라져 버리는 것이다.

사실 예술과 전쟁만큼 대립되는 것도 없을 것 같다. 예술은 창조하고 전쟁은 파괴하기 때문이다. 그러나 달리 생각해 보면 전쟁만큼 예술적 형상화에 적합한 소재를 많이 제공하는 분야도 드물다. 무기의 소음이 들리면 뮤즈는 침묵한다던 고대 로마인들의 말은 틀린 셈이다. 예로부터 작가와 화가들은 영감을 얻기 위해 전쟁터로 달려갔다. 1792년 여름 1차 프랑스 혁명 전쟁에 참전하여 그 유명한 발미 포격을 직접 체험했던 젊은 괴테처럼 말이다. 당시 발미 전투는 프랑스 혁명군이 오스트리아와 프로이센을 이기는 시발점이 되었다.

그러나 전쟁은 늘 예술의 적이었다. 수많은 예술가들이 창조력이 절정에 이른 시기에 전쟁터에 나가 목숨을 잃었다. 얼마나 많은 천재 예술가들이 제대로 한 번 피어 보기도 전에 전장의 이슬로 사라졌을까?

전쟁터는 건축가의 작업장

전쟁과 특별한 관계를 맺고 있고, 창조와 파괴의 비율이 동일하게 적용되는 예술 분야가 있다. 바로 건축이다. 전쟁으로 건축물이 파괴된 자리에는 새로운 건축물이 들어서기 마련이다. 과거에는 전쟁 때 무너진 건축물을 원형 그대로 재건하는 경우가 거의 없었다. 그러기에는 기술력이 부족했다. 정확한 연구가 가능해진 근대가 되면서 비로소 파괴된 건축물을 원형대로 복원할 수 있는 기술이 개발되었다. 극도로 정확한 측량, 세밀 설계, 사진술과 주물 제작 등 건축물 재건의 필수 조건들이 갖추어진 것이다.

더 정확하게 말하자면 과거의 사람들은 전쟁으로 파괴된 건물을 원형대로 복원하려는 욕구가 없었다. 건물의 역사적 의미를 몰랐기에 헌 건물이 무너지면 새 건물을 지었다. 사실 건물을 원형대로 짓는다는 것은 보통 힘든 일이 아니다. 건물을 새로 짓는 편이 훨씬 부담이 적다. 심지어 전쟁으로 되도록 많은 건물이 파괴되기를 바라기도 했다. 세월이 흐르는 동안 바뀐 취향을 옛 건물로는 충족시킬 수 없었기 때문이다.

이렇듯 전쟁은 무지막지한 파괴력으로 새 건물들이 들어설 수 있는 길을 열어 주었다. 건축은 시대를 막론하고 과거의 폐허 위에서 승리의 환호성을 질렀다. 더구나 전쟁은 개별 건물만을 파괴하는 경우가 극히 드물다. 대부분 한 지구나 도시 전체를 쓸어버린다. 페르시아의 침략을 물리친 아테네는 천재적인 건축가들의 공동 노력에 의해 과거보다 훨씬 더 풍요롭고 화려한 도시로 거듭났다. 오늘날 만인의 감탄을 자아내는 고대 도시의 아름다운 광장들 중에서도 전쟁이 끝난 뒤 종합예술 작품으로 재탄생한 것들이 많다. 수많은 도시의 건설도 전쟁이 끝난 후에 가능했고, 승리를 거둔 정복자들의 손을 빌린 경우도 드물지 않았다. 이집트의 도시 알렉산드리아는 이집트를 정복한 마케도니아의 왕 알렉산드로스의 손을 빌려 태어났다.

전쟁이 건축술과 도시 건설에 미친 영향은 이것으로 끝나지 않는다. 사람들은 늘 적의 침공을 염두에 두어야 했기에 방어력이 뛰어난 집과 도시를, 다시 말해 시민들이 적의 급습을 받더라도 즉각 응수할 수 있도록 건설했다. 장소를 물색하는 단계에서부터 천혜 조건을 따졌다. 그래서 가파른 언덕을 선호했다. 그 언덕이 강을 끼고 있다면 금상첨화였다. 언덕 아래를 굽어볼 수 있을 뿐 아니라 적어도 한 면은 강이 막고 있어서 침공당할 걱정이 없었다. 탁 트인 평지는 피했다.

마을과 도시의 집들은 다닥다닥 붙여서 지었고 그 주위로 원형의 벽을 둘렀다. 집 자체가 방어 시설인 경우도 적지 않았다. 옛 도시들을 둘러보면 지금까지도 요새의 흔적이 남아 있다. 심지어 적의 침공에 대비해 나라 전체를 엄청나게 큰 성벽으로 둘러싸려고 시도하기도 했다. 지금도 남아 있는 만리장성이 바로 그것이다. 만리장성은 중국 최고의 문화적 번성기(기원전 3세기)에 북방 민족의 침입에 대비해 짓기 시작했다. 몇 백 년 동안 공사가 계속되었고, 길이는

❖ — 만리장성

6,000킬로미터가 넘는다.

전쟁에 이기고 난 뒤 국력을 과시하려는 의도 역시 도시 건축에
영향을 미쳤다. 전쟁에 승리한 힘센 민족들이 화려한 건축물로 뒤
덮었던 이유는 온 세상을 향해 이렇게 외치고 싶었기 때문이다. "여
기를 보아라. 이 모든 것이 세상을 지배한 한 민족이 이룩한 업적이
다!" 거대한 기념비들 역시 대부분 승전 과시용이었다.

이 장을 마치기 전에 한 번 더 원래의 주제로 되돌아가 보자. 전
투와 놀이는 뿌리가 같다. 그러므로 많은 놀이가 놀이꾼은 물론 관
객들까지 끌어들여 수준 낮은 싸움으로 막을 내린다고 해서 크게 놀

랄 일도 없다. 축구나 아이스하키 같은 남자들 경기에서 특히 그런
경향이 강하다.

　운동 경기 종목 중에서 운동 경기보다는 게임으로 분류하는 종
목이 하나 있다. 체스가 바로 그것이다. 체스 판에서는 실제로 두 개
의 부대가 마주 선다. 64칸을 질러 놓은 판자 위에 나무로 깎아 만든
말들을 세운다. 앞쪽에는 병졸들(농부들)이 서고 그 뒤로 장교, 그다음
엔 왕과 여왕(숙녀)이 자리 잡는다. 왕은 자기 군대의 위치에 따라 권
력의 강도가 달라지지만 여왕은 언제나 게임에서 가장 힘이 세다.
체스는 매우 친밀하고 온갖 기지가 발휘되는 놀이용 전쟁이다. 더불
어 실제 전쟁에서는 절대로 일어날 수 없는 일이 가능하다. 완벽하

게 똑같은 '군대'가 대적하는 것이다. 실제 전쟁에서는 한쪽이 확보할 수 있는 물질의 양으로 승부가 결정되는 경우가 적지 않다. 체스도 전쟁도 한쪽의 행보는 앞선 적군의 행보에 따라 달라진다. 적의 의중을 파악해야 적절하게 응수하면서 동시에 적을 압박할 수 있다.

실제로 양쪽 군대가 일정한 대형을 이루어 서로를 향해 진군하던 옛날에는 전장을 거대한 체스 판에 비유하고는 했다. 아군의 최대 다수를 결정적인 지점 – 이자 적의 취약 지점 – 에 집결시키는 것이 전술이라고 생각했다. 그래서 병사들은 장기 말처럼 이리저리 밀려다녔다. 출정 역시 체스 판에서처럼 진행되었고, 전장(체스 판)에서 일어나는 상황과 사령관(게임을 하는 사람)의 머릿속에 그려진 상황(사령관의 계획과 전략)이라는 두 차원이 승패를 좌우했다. 그러나 사령관과 게임을 하는 사람에게는 이들 두 요소 중 한쪽만을 보고 전체 상황을 판단할 위험이 있다.

그러나 전쟁과 달리 체스에서는 두 가지 결정적 요인이 배제된다. 우연과 행운이 그것이다. 행운의 요소가 배제되기 때문에 체스는 놀이에 포함시키지 않고 운동 경기로 취급한다. 그렇게 본다면 전쟁은 체스보다는 카드놀이에 더 가깝다. 그럼에도 체스가 놀이용 전쟁이라는 점에는 다들 이의가 없을 것이다. 남자들에 비해 여자들이 – 전쟁을 싫어하듯 – 체스에 끌리지 않는 이유도 바로 그 때문일 것이다.

전쟁 – 놀이의 형태를 띤 – 의 큰 매력은 무엇보다 컴퓨터 게임을 통해 전 세계적으로 확인된다. 모니터 앞에 앉으면 인간의 본성이라

✿ ― 체스는 양쪽의 병력이 완벽하게 동등한 상황의 전쟁을 구현한다. 하지만 말을 움직이는 사람에 의해 승패가 갈린다. 반면에 실제 전쟁에서는 일종의 행운이 작용하기도 한다.

는 살인에 대한 거부감은 씻은 듯 사라진다. 적은 그저 가상의 적이기 때문이다. 총알을 쏘아 맞히는 대상이 픽셀에 불과하다. 적어도 자신이 지금 모니터 앞에 앉아 있다는 자각이 남아 있는 동안에는 그렇게 생각한다. 컴퓨터 게임의 3분의 2가 정복과 파괴를 주된 내용으로 삼는다. 폭력의 수위가 아주 높은 게임들은 대량 학살의 교본이라고 불러도 손색이 없을 정도다.

그러나 시뮬레이션 살인도 뇌에 영향을 미칠 수 있다는 사실을 우리는 알고 있다. 그런 전쟁 게임을 자주 하면 게임을 하는 사람의 인식에서 게임과 현실의 경계가 무너진다. 전쟁의 폭력이 평범한 일, 일상적인 일이 되기 때문에 폭력에 대한 민감성이 떨어진다. 악을 무찌르는 선의 전쟁이라는 미명 아래 온갖 전쟁 무기가 성스러운 수단으로 둔갑한다. 원칙적으로 그런 게임들은 폭력을 사용해 폭력을 무찌른다. 폭력을 쓰지 않는 해결책은 애당초 고려 대상이 아니다. 그러므로 이런 게임의 진짜 문제점은 게임 안에서, 그리고 게임에 대해서 권력과 통제권을 얻기 위해서는 폭력이 유일한 수단이자 적절하고 필수적인 수단으로 보이게끔 만든다는 것이다. 폭력이 곧 성공의 지름길이 된다. 폭력은 목표를 이루게 해 준다. 이것이 게임들이 전달하는 메시지인 것이다.

더구나 이런 폭력적인 컴퓨터 게임들이 그렇지 않아도 호전적인 사내아이들을 주 고객층으로 삼는다는 점이 심각성을 더한다. 게다가 화면의 사실성이 나날이 높아지면서 게임을 하는 사람은 모니터에서 움직이는 인물과 완전히 하나가 된다. 모니터 화면과의 거리가 사라지면서 스스로 게임 속 인물이 되어 버리는 것이다.

이른바 '에고 슈터 게임Ego Shooter Game'의 경우 게임을 하는 사람은 사건을 자기 시각에서 바라본다. 내가 무기를 사람에게 겨누고 내가 방아쇠를 당겨 적을 죽인다. 그렇다고 해서 게임을 하는 사람이 게임과 현실을 구분할 수 없다는 말은 아니지만, 게임에서는 실제 삶에서는 절대 일어나서는 안 될 일들이 일어난다. 연민이나 죄의식, 후회, 배려, 처벌에 대한 두려움은 물론 정의나 사회 질서 유지와 같은 가치관들마저 사라지는 것이다. 한 사회를 결속하게 하는 바로 그 가치관들이다. 실제로 전쟁은 이런 가치관을 모조리 말살한다.

컴퓨터 전쟁 게임을 군인 양성에도 활용한다는 사실은 지극히 논리적이고 당연한 일이 아닐 수 없다. 미국에서는 모병조차 그런 컴퓨터 게임을 이용한다. 미군 홍보부는 760만 달러를 들여 '아메리카스 아미America's Army'라는 이름의 컴퓨터 게임을 개발하여 인터넷에 보급하고 있다. 게임을 하는 사람은 신병이 되어 훈련 부대에 들어가서 사격 훈련, 낙하산 훈련, 무기 다루는 법 등을 배운 뒤 가상 전투에 투입된다. 끓어오르는 혈기를 게임을 하는 것만으로는 도저히 잠재울 수 없다면 마우스만 클릭하면 된다. 바로 입대 지원을 할 수 있다.

❖ ― 폭력을 소재로 한 컴퓨터 게임의 가장 큰 문제점은 폭력과 오락이 결합되어 있다는 점이다. 그리고 그래픽이 점점 발달하면서 현실과 게임 화면의 경계가 모호해지고 있다.

　　훗날 그 사람이 진짜 군인이 되어 참가할 실전조차 여러 가지 면에서 컴퓨터 게임의 면모가 짙다. 현대전에서는 적이 사람으로 인식되지 않는다. 현대 무기 시스템의 조준은 컴퓨터로 조종되는 센서를 통하기 때문에 적은 단순한 숫자나 모니터 위에 떠 있는 상징으로만 나타난다. 미래 전쟁의 본질이 보이는 것 같다. 이에 대해서는 8장에서 자세히 알아볼 것이다.

예술, 놀이 등과 밀접한 관련을 맺으면서 전쟁의 모순되고 모호한 성질이 새롭게 드러나고 있다. 전쟁을 무조건 비판할 수만은 없다. 나쁜 것에도 좋은 면이 있는 법이다. 좋은 면이 없었다면 전쟁이 그렇게 쉽게 놀이나 예술로 전환될 수는 없었을 것이다. 앞에서 살펴보았듯 동양에서는 전쟁을 깨달음과 지혜로 향하는 길로 생각한다. 전술은 최고의 생명 기술이다. 운동 경기를 보면서 우리는 언젠가 인류가 전쟁을 중단하고 경기를 통해 타고난 호전성을 해소할 날이 올 수 있으리라는 가능성을 본다. 아마도 평화의 세상은 놀이의 세상일 것이다.

왜 교황은
전쟁을
부르짖었는가?

서양에 비해 동양에서 종교 전쟁이 덜 일어난 이유

　종교는 전쟁과 아무런 관련이 없다. 모든 종교는 살생을 금한다. 종교의 중심에는 사랑이 있다. 신과 신의 말씀을 향한 사랑, 인간을 향한 사랑은 물론 동물과 식물 등 모든 생명에 대한 사랑이 포함되어 있다. 그런데 사랑과 평화를 가르치는 종교가 증오와 전쟁을 부추긴다니, 이보다 더한 모순은 없는 것 같다. 그러나 지극히 철학적인 힌두교의 『바가바드기타』에서 『성경』에 이르기까지 위대한 종교의 성서들은 대부분 전쟁을 주요 화제로 삼고 있다.

『바가바드기타』에서는 비슈누신의 인간 형상인 크리슈나가 영웅 아르주나에게 마차를 끌게 하여 전장으로 데려간다. 그러나 자신의 친척과 친구, 스승이 적군의 대열에 서 있는 것을 본 아르주나는 출정을 망설인다. 사랑하는 사람들을 상대로 어떻게 전쟁을 할 수 있단 말인가. 그러자 크리슈나는 아르주나에게 그런 나약한 생각일랑 잊고 전사의 의무를 다하라고 다그친다. 크리슈나의 최고 계명은 '의무를 다하라! 행동의 성공 여부를 묻지 마라!'다. 이런 구호 아래 수백 년 동안 수많은 사람이 전쟁터로 향했다. 그들은 모두 신이 자기편이라고 확신했다.

따라서 인류 역사의 거의 모든 전쟁은 성전으로 해석될 수 있다. 종교의 사제들은 전사들의 무기에 축복을 내려 주었고, 지금까지도 이러한 전통이 이어지고 있다. 신을 따르지 않았던 나치도 똑같은 짓을 했다. '신이 우리와 함께하도다!' 나치군의 버클에는 이런 글귀가 새겨져 있었다. 신이 자기편이라고 믿는 군인들이 자신의 행동 - 자신의 범죄 - 에 아무런 양심의 가책을 느끼지 않는 것은 당연한 일이다.

군인들의 이러한 맹목적 충성이 가장 참혹한 결과를 불러온 것이 30년 전쟁이었다. 보병장 카스파 부름프저는 1643년 임종을 앞두고서 공책을 뒤적이며 이렇게 적었다. "그동안 내가 416명의 남자와 928명의 여자와 56명의 죄 없는 어린아이를 죽였구나. 전투에서 목을 벤 남자의 수는 헤아릴 수조차 없고 500채의 농가를 불태웠으며 800명의 처녀를 강간했다. 그렇지만 나는 죽음의 문턱을 넘어서

자마자 영원한 복락에 들 것
이며 심판의 불꽃을 피해 갈
것이다. 단 한 번도 신의 뜻을
거스른 적이 없었고 신의 말
씀을 어긴 적이 없었기 때문
이다."

『성경』에도 신은 전쟁의
동반자로 등장한다. 신은 자
신이 선택한 이스라엘 민족

❖ ― 나치군의 허리띠 버클. '신이 우리와 함께하도다Gott
Mit Uns'라는 문구가 새겨져 있다.

에게 축복의 땅을 약속한다. 신은 자신이 선택하지 않은 민족, 즉 가
나안족이 이미 그 땅에 살고 있다는 사실을 알았다. 그러니 이스라
엘 민족이 축복의 땅에 살기 위해서는 힘들고 고단한 전쟁을 거쳐야
하며, 정복에 성공한 다음에는 계속해서 외적의 침입에 시달릴 수밖
에 없다.

이슬람의 성서인 『쿠란』 역시 호전적 정신으로 가득하다. 이슬람
의 신이 유대교, 기독교의 신과 동일하다는 사실을 생각한다면 그리
놀랄 일도 아니다. 이웃 사랑을 열정적으로 실천하고 전파한 예수
조차 가끔은 공격적이고 호전적인 모습을 보였다. 부처 한 사람만이
절대적 비폭력과 느긋한 수동성의 정신을 구현했다. 그러나 부처는
예수보다 비폭력의 자세를 견지하기가 쉬웠다. 훨씬 평화로운 세상
에서 활동했기 때문이다. 예수는 말 그대로 전쟁의 한복판에 있었다.
로마가 유대 민족을 지배하고 있었던 것이다. 십자가에 매달려 죽은

❖ ― 십자가형에 처해진 죄수를 묘사한 그림

그의 참혹한 죽음이 바로 전쟁 상황을 상징한다. 로마인들은 자신들에 저항하는 수십만 유대인을 십자가에 매달아 처형했다.

그렇다면 종교는 사랑의 계명에도 불구하고 그 자체가 (전쟁으로 점철된) 인류사의 일부이기에 어쩔 수 없이 전쟁으로 치우칠 수밖에 없는 걸까? 전쟁이 먼저일까, 종교가 먼저일까? 그건 알 수 없지만, 처음부터 둘이 공존했다는 주장이 우세하다. 『성경』에서도 그런 면모가 엿보인다. 기독교 최초의 전쟁이라 할 수 있는 카인과 아벨의 형제간 대립과 살해는 신과 직접적인 관련이 있다. 인간의 본성인 호전성이 종교에도 반영되고 있는 것이다. 종교는 자기모순을 안고 있다. 인간의 선한 면이 승리하도록 돕지만, '승리'라는 말 자체가 이미 전쟁을 전제로 한다. 사랑과 폭력, 이 둘의 대립은 수많은 종교에 괴로움을 안겨 주었다.

물론 종교에 따라 정도의 차이가 있어서 동양의 종교(힌두교, 불교, 도교)가 서양 종교(기독교, 유대교, 이슬람교)보다 훨씬 평화적이라는 느낌이 든다. 이는 일신론과 관련이 있다. 유일신은 다른 신을 허용하지 않는다. 이와 같은 신의 이기주의는 타 종교에 대한 관용을 허락하지 않는다. 심지어 다른 종교를 이단으로 몰아붙인다. 반대로 힌두교처럼 많은 신을 숭배하는 종교는 타 종교의 신에게서 별다른 영향을 받지 않는다. 더구나 불교와 도교는 애당초 신이 없다. 동북아시아 지역에서 상대적으로 종교 전쟁이 덜 일어났던 이유도 바로 그 때문이다. 이는 동양의 종교가 교권을 형성하지 않았다는 사실과도 관련이 있다. 동양의 성직자들은 명망은 누렸지만 세속적 권력은 갖지 않았다. 전쟁과 권력은 떼려야 뗄 수 없는 관계에 있는 것이다.

❖ — 불교 역시 교단을 갖추었고 역사적으로 국가 권력에 영향을 미친 승려가 더러 있었지만, 대체로 불교의 승려들은 기독교의 교황이나 이슬람교의 칼리프 등과 같이 공식화된 세속적 권력과 직접적으로 연결되어 있지는 않았다. 이는 서양에 비해 동북아에서 종교 전쟁이 덜 일어난 한 가지 이유다.

신들의 전쟁

인간의 문화는 초기부터 살생을 더 높은 권력, 즉 신이나 귀신, 악마 등과 연결시켜 생각했다. 사냥에 나서기 전 사람들은 신의 축복을 빌었고 사냥이 끝나고 나면 살생을 용서해 달라고 빌며 짐승을 제물로 바쳤다. 전쟁 때에도 신은 상징적으로 함께했다. 깃발에 신의 이름을 새겨 넣었던 것이다. 전쟁의 승패는 신의 몫이었다. 심지어 고대에는 전쟁의 신께 바칠 제물을 포획할 목적으로 전쟁을 하는 경우도 적지 않았다. 전쟁의 신은 신들 가운데서도 지위가 높았다. 따라서 이들 전쟁의 신이야말로 전쟁과 종교의 밀접한 관련성을 입증한다. 전쟁에 패하면 사람들은 전쟁의 신에게 제물을 적게 바쳤기 때문이라고 해석했다. 또 하나 잊지 말아야 할 중요한 사실이 있다. 신들이 직접 나서서 자기들끼리 전쟁을 하기도 했다는 점이다.

종교가 형성되기 위해서 전쟁은 불가피한 것이었다. 예를 들어 고대 게르만족에게 전쟁은 일종의 민족적 예배 의식이었다. 승리와 패배는 신들의 결정이었다. 신들이 보기에는 전사戰死만이 명예로운 죽음이었다. 침대에서 죽는 죽음과는 질적으로 다른, 한마디로 남자다운 죽음이었다. 거의 모든 게르만 신들은 호전적 면모를 띠었다. 중국의 고대 신화에 나오는 치우蚩尤는 법을 수호하는 동시에 전쟁의 신이기도 했다. 따라서 평화로운 시기에도 재판관은 군 지휘관이 맡았다. 원칙적으로 종교와 법은 하나였고, 법은 전쟁법이었다. 종교는 군법의 성격을 띠었고 종교와 법은 칼로 지키는 것이었다.

오늘날에도 국제법은 법률의 효력을 관철하고 평화를 재건하는 마지막 수단이 전쟁이라고 보고 있다. 그리고 그 배후에는 희미하게나마 전쟁을 인정하는 신관神觀이 숨어 있다. 원시 시대 이후 수많은 종족과 부족들이 자기들의 신을 믿어 왔다. 그 여러 신들은 정복과 종속의 과정을 거치면서 하나의 강력한 신으로 흡수되고 통합되었다. 좀 이상하게 들릴지 모르지만, 전쟁은 종교가 형성되고 발전하도록 만드는 촉진제였다.

부족 간에 벌어진 전쟁을 각 부족 신들의 전쟁으로 해석했다는 사실은 『구약』에서도 확인된다. 『구약』은 전쟁을 두 종류로 구분했다. 하나는 아말렉족처럼 신이 적으로 선포한 종족과 치르는 전쟁, 다른 하나는 가나안족이 이미 살고 있던 축복의 땅을 이스라엘 민족이 탈취하는 경우처럼 성스러운 목적을 실행하기 위한 전쟁이다.

최초의 '인종 청소'는 모세 5경 가운데 하나인 「신명기」에서 발견된다. 이 대량 학살을 명한 자가 바로 신이었다. 게다가 그것이 마지막이 아니었다. 여호수아는 아이 부족을 전멸시켰는데, 하루 동안 1만 2,000명의 남녀가 살해당했다. 물론 『성경』에 기록된 숫자인 만큼 허풍과 과장이 섞였을 수 있지만, 남몰래 해

❖ ― 중국 신화의 전쟁의 신인 치우(위)와 그리스 신화 속 전쟁의 신인 아레스(아래)

야 할 부끄러운 일을 자랑하며 떠벌리고 있다는 사실이 놀랍다.

『성경』 시대에 이스라엘 민족이 보인 행동은 이집트나 페니키아, 아시리아 등의 이웃 종족과 다를 바 없었다. 적을 최대한 완벽하게 섬멸하는 것! 그것이 전쟁의 목적이었고 신의 의지였다. 그 전쟁에 참여하는 자는 절대로 적에게 동정심을 보여서는 안 된다. 남녀노소를 가리지 않아야 하고 적의 가축까지도 모조리 죽였다. 현대 이슬람 극단주의 단체의 테러는 바로 이러한 『성경』의 잔혹함과 맥이 닿아 있다. 『성경』에는 성전이 아닌 '보통 전쟁'에 관한 기록도 실려 있다. 물론 신이 참여하지 않은 전쟁으로, 잔혹함이 훨씬 덜했다. 종교가 섞여 드는 경우 전쟁은 더욱 잔인해지고 잔혹해진다.

기독교와 관련해서는, 『신약』을 관통하는 평화와 사랑의 정신에서 어떻게 그와 같은 증오가 잉태될 수 있는지 의아하다. 「마태오 복음」(「마태복음」) 26장 52절에 이런 구절이 있다. '칼을 칼집에 도로 꽂아라. 칼을 잡는 자는 모두 칼로 망한다.' 기독교의 힘이 약해서 박해에 시달렸던 초기에는 다들 예수의 이 말을 잘 따랐을 것이다. 물자가 부족했기에 전쟁을 할 엄두조차 내지 못했다. 그러나 세력이 커지자 기독교는 점점 예수의 이 말에 등을 돌렸고 모세, 여호수아, 다윗 등 『구약』에 등장하는 호전적 인물들을 모델로 삼았다. 엎친 데 덮친 격으로 예수가 약속한 세상의 종말과 신의 왕국이 실현될 기미는 조금도 보이지 않았다. 그리하여 기독교는 몰락할 생각일랑 추호도 없는 이 세상에 적응하는 것이야말로 자기네의 임무라고 생각하기에 이르렀다.

신의 왕국이 오지 않는다면 이 세상에 신의 왕국을 건설하자! 그것이 교회의 임무였다. 가톨릭교회를 예수가 직접 세운 교회 공동체로 해석했고, 교황은 지상에 살고 있는 예수의 대리인이었다. 교회는 현세에서 권력을 가져야 하며, 그 권력은 세속 국가의 권력보다 강해야 한다고 믿었다. 강력한 교회를 건설하자는 목소리와 더불어 세속 권력 못지 않은 성직자의 서열화가 자동적으로 일어났다. 교황은 왕에 버금가는 존재였다.

❖ ― 예수의 제자인 베드로의 동상. 손에 들고 있는 것은 천국의 문을 여는 열쇠다. 가톨릭교회는 베드로를 제대 교황으로 여기고 있다. 따라서 후대의 교황들 역시 『신약』 시대 예수의 제자와 같은 종교적 권세를 누리게 되었다.

언제부터인가 교황과 추기경, 주교들이 종교 문제를 넘어 정치적 권력 투쟁과 세속의 온갖 일에까지 개입하기 시작했다. 이 과정에서 교회는 엄청난 부를 축적했고 세속 지배자들도 부러워할 만큼 사치를 누렸다. 세속과 담을 쌓은 순수 신앙의 공동체였던 교회가 자체 군대까지 거느리는 교회 국가로 변질되었다. 군대를 거느리다 보니 전쟁이 교회 정책의 일부가 되었다.

기독교는 유대교와 이슬람교를 구원에서 배제된 신의 적으로 보았다. 나아가 유대인을 예수를 죽인 살인자로 선언했다. 반대로 유대인들은 자기 민족의 일부가 아버지의 신앙을 버린 것도 모자라 유일신을 세 배로 만들더니(기독교 교리인 성부, 성자, 성령의 삼위일체를 일컫는다) 선지자 예수를 신이 인간과 함께 낳은 신의 아들이라고 주장하는 짓거리를 도저히 용납할 수 없었다. 사실 기독교는 유대교의 한 종파였고 유대교에서 갈라져 나가면서 유대교에 깊은 상처를 남겼다. 그러나 달리 생각해서 유대교 자체가 기독교를 - 세상에 주는 선물로 - 낳았다는 사실도 잊지 말아야 한다.

기독교와 유대교가 서로 적대시한 것과는 달리 유대교와 이슬람교는 수백 년 동안 관용의 관계를 유지했다. 물론 이슬람 초기에 무함마드가 유대인들을 박해한 일은 있었다. 무함마드는 유대인들이 감사와 기쁨의 마음으로 자신의 새 종교를 맞이하리라 기대했지만 예상과 달리 유대인들은 그럴 생각이 전혀 없었다. 때문에 쓰디쓴 실망감을 무함마드는 폭력으로 갚아 주었다.

그러나 무함마드가 세상을 떠나고 오래지 않아 위대한 칼리프 우마르가 이슬람 세계 왕국을 건설하면서 증오 대신 혜안 높은 관용을 설파했으며, 유대교와 이슬람교가 유사하다는 사실을 인정했다. 이는 많은 부분에서 이슬람의 본성에 부합하는 일이며, 특히 두 종교의 신이 동일하다는 점에서도 당연한 일이었다. 두 종교에서 신은 인간이 감히 초상이나 성상을 만들 수 없는, 추상적이고 순수하게 정신적인 존재다. 신은 인간의 이성이나 감정으로는 표현할 수 없고 범접할 수 없을 만큼 지위가 높았다.

이슬람은 기독교에 대해서도 관용으로 대했다. 그러던 것이 1000년 무렵 이슬람교와 기독교의 관계가 적대적으로 변했다. 양쪽 종교 모두 세력 확대를 꾀하는 과정에서 정치권력으로 변질되었기에 피할 수 없는 결과였다. 비록 단 한 번도 실현된 적은 없지만 지상의 평화를 설파했던 기독교와 달리 이슬람교는 이후 거리낌 없이 칼로 무장했다. 창시자 무함마드부터가 선지자

❖ ― 무슬림 전사를 묘사한 그림. 이슬람교는 시작부터 세속적 권력과 무력을 통해 전파되었다.

요 군 지휘관이었고 고위 정치인이었다. 아라비아반도의 경계를 돌파하면서부터 이슬람교는 성전과 세계 정복을 중요한 종교적 의무로 생각하게 되었다.

종교 권력과 정치권력, 군사 권력의 통합! 기독교에서는 수백 년을 거치면서 서서히 형성된 이 과정이 이슬람교에서는 처음부터 등장했다. 이슬람교는 말씀의 힘만으로 전파된 종교가 아니다. 전쟁을 통해 정복을 꾀하는 국가 권력으로 전파된 종교다.

'성전'이라는 말을 들으면 현대인들은 이슬람교를 먼저 떠올리지만, 알고 보면 이 말은 기독교 세계에 어원을 두고 있다. (이슬람을 무찌르는) 기독교의 성전 이념, 즉 십자군은 근본적으로 한 사람의 아이

디어에서 출발했다. 교황 우르바누스 2세Urbanus II, 재위 1088~1099가 바로 그다. 아니, 더 정확하게 말하면 십자군 전쟁 이념은 그 전에도 존재했다. 다만 교황 우르바누스 2세가 최초로 실행에 옮겼던 것이다.

성전 이념을 실행에 옮길 수 있었던 것은 10세기 무렵 교황권이 지중해 유역에서 정신적·세속적 권력으로 성장했기 때문이다. 동유럽을 지배하던 비잔티움(콘스탄티노플) 제국은 이미 세력권 대부분을 이슬람에게 빼앗긴 상태였다. 이베리아반도의 남부 역시 이 시기만 해도 아직 이슬람의 지배 아래에 있었다. 그라나다는 1492년 기독교 세계의 군인들이 진군할 때까지 서유럽에 남은 이슬람의 마지막 보루였다. 구교를 믿는 로마와 그리스 정교를 믿는 콘스탄티노플 사이에도 오래전부터 기독교의 패권을 두고 경쟁의식과 알력이 팽팽했다.

그러나 십자군 전쟁을 촉구하게 된 진짜 계기는 1070년 이슬람의 셀주크족이 예루살렘을 정복하면서 기독교인들의 성지 순례가 어려워졌기 때문이다. 셀주크족은 콘스탄티노플에도 나날이 큰 위협이 되었다. 비잔티움 제국의 황제는 로마에 원조를 요청할 수밖에 없었다. 이에 우르바누스 2세는 영토와 영주 자리를 요구하는 중부 유럽 귀족들의 군대를 보내 이슬람을 공격하는 것이 좋겠다고 판단했다. 팔레스타인의 성지들-과 기독교의 요람-을 탈환하여 시리아와 소아시아를 거쳐 그리스 정교를 믿는 동로마까지 몽땅 로마 교황이 움켜쥐고 분열된 기독교를 재통합하겠다는 취지였다.

기독교인에 의해 파괴된 기독교 문명

자기 땅과 자기 신앙을 수호하기 위해 기독교 세계가 전쟁을 일으킨 것이 옳은 일일까? 이 물음은 기독교 역사만큼이나 오랜 역사를 자랑한다. 스스로 평화를 추구하는 종교라면 당연히 그냥 넘길 수 없는 질문이다. 초기 기독교 교부들은 두말할 것 없이 전쟁을 반대했다. 전쟁은 곧 대량 살상을 의미한다. 그러나 기독교가 세속 권력을 얻게 되면서 다시 질문이 제기되었다.

동쪽의 비잔티움 교회는 계속해서 전쟁을 거부했다. 비잔티움의 위대한 법률가 성 바실리우스는 군대를 살인자에 가깝게 보았다. 전쟁에서 사람을 죽인 자는 그 죄를 속죄하기 위해 3년 동안 저녁 식사를 하지 말아야 한다고 설교했다. 물론 실제로는 그렇게 엄격하지는 않았다. 비잔티움에서도 군인을 살인자로 취급한 것은 아니었으니까 말이다. 그러나 군인이 명성을 얻거나 명예를 누리는 일도 없었다. 전장에서 죽은 군인은, 설사 그 전쟁이 성전이었다 하더라도 순교자로 대우받지 못했다. 진정한 순교자는 신앙이라는 무기 외에는 어떤 것도 휘둘러서는 안 된다고 생각했기 때문이다. 특히 신앙의 형제를 상대로 한 전쟁은 부도덕한 행위로 여겨졌다. 실제로 비잔티움 역사에서 비잔티움이 다른 나라를 먼저 공격을 한 경우는 거의 찾아보기 힘들다. 비잔티움에서는 갈등을 평화적으로 해결하려는 전통이 강했다.

로마는 달랐다. 교부 아우구스티누스Augustinus, 354~430는 신의 명령을 받아 전쟁을 할 수 있다고 주장했다. 『성경』 속의 호전적 신을 그 근거로 삼았다. 이는 기사도 정신의 명예관과 서유럽 귀족들의 투쟁심이나 모험심과도 맞아떨어졌다. 평화주의자는 약골, 겁쟁이로 취급했다. 따라서 교황 우르바누스 2세가 성전을 촉구하자 기독교를 믿는 귀족들이 열광적인 호응으로 응답한 것도 놀랄 일이 아니었다. 이미 9세기 중엽에 교황 레오 4세Leo Ⅳ, 재위 847~855는 가톨릭교회를 수호하기 위해 전장으로 가는 자는 순교자에게 돌아갈 천상의 보답을 받을 것이라고 선언한 바 있다.

11세기 스페인에서 일어난 이슬람과의 전쟁 역시 성전으로 추앙받았고, 심지어 교황이 직접 참전하여 지휘하기도 했다. 덕분에 11세기 말에 이르러 성전은 지극히 익숙한 개념으로 자리 잡았다. 교황 우르바누스 2세의 이념이 과거의 사상에 비해 새로웠던 점은 수천 킬로미터 떨어진 먼 성지까지 군대를 파견하겠다는 것뿐이었다. 이전에는 그러한 일이 가능하리라 믿었던 사람이 없었다. 그럼에도 서유럽의 기사들은 1095년 클레르몽 공의회에서 선포한 교황의 부름에 환호로 답했다. 교황은 서방의 기독교인들에게, 이슬람으로부터 억압받고 있는 동방의 기독교인들을 도와주자고 호소했다. 기사 계급은 물론 빈부와 지위를 따지지 않은 모든 기독교인을 향한 호소였다. 교황은 마침내 기독교인들이 반목을 그치고 이교도와 맞서 싸우는 '의로운' 전쟁을 치러야 한다고 촉구했다. 그리고 신께서 전쟁을 지휘할 것이라고 했다. 이 성전에서 목숨을 잃는 자는 즉각 천국에 들 것이며, 참전자 전원은 서품의 상징으로 외투 어깨 부분

❖ — 십자군 원정을 묘사한 그림. 작가는 십자군을 대단히 성스럽게 묘사했지만, 사실 십자군은 불만이 가득한 귀족 기사와 한몫 잡아 보려는 모리배가 한데 섞인 불손한 군대였다. 때문에 십자군이 지나간 지역에서는 약탈과 살인 등의 만행이 끊이지 않았다.

에 붉은 십자가를 달자고 외쳤다.

경건한 열광, 다시 말해 광신적 열광 속에서 수천 명이 고향을 떠났다. 그들은 예루살렘을 다시 기독교의 도시로 만들 때까지 쉬지 않겠노라고 서약했다. 그러나 기사 계급의 경우 종교적 이유는 일부분에 지나지 않았다. 참전의 진짜 이유는 물질적 이익이었다. 많은 기사들이 장자 상속의 전통 때문에 땅을 물려받지 못했던 것이다. 불만을 흥분과 모험심이 부추겼다. 특히 떠돌이 생활을 하다가 정착한 지 몇 세대 되지 않은 노르만족은 몸이 근질거려 견딜 수가 없었다. 이렇듯 십자군 전쟁은 기독교인으로서의 의무를 다할 뿐 아니라 토지까지 얻는, 두 마리 토끼를 한꺼번에 잡을 수 있다는 희망을 주었다. 교황 역시 따분해서 어쩔 줄 모르는 불손한 귀족들에게 일거리를 주어 반역의 음모를 꾀하지 못하게 만들려는 목적이 있었다.

그러나 주요 부대가 출정할 때까지 가만히 앉아 기다리려니 좀이 쑤셨다. 모든 비기독교적인 것을 말살하고야 말겠다는 불타는 신앙심, 아니 증오심이 당장이라도 터질 것만 같았다. 이 증오심의 제물을 어렵지 않게 찾아냈다. 그들은 외쳤다. "구원자를 십자가에 못 박은 자의 자손들이 우리와 더불어 살고 있는데 이교도를 찾으러 머나먼 동방까지 갈 이유가 무엇인가? 먼저 서양의 유대인들을 제거하고 동방으로 진격하자!" 스페인 전쟁 당시에도 기독교군은 스페인의 유대인을 학대했다. 그러나 지금, 교황이 불을 지핀 십자군의 열기와 더불어 해묵은 유대인 차별 의식이 잔혹한 살인욕으로 치달았다. 사실 몰락한 기사들 대부분이 유대인들에게 금전적으로 빚을 지고 있었기 때문에 그들로서는 빚을 갚지 않아도 될 절호의 기회였다. 게다가 유대인의 재산을 갈취하여 십자군 원정의 경비로 충당할 수도 있다.

십자군의 이념은 아무런 양심의 가책 없이 유대인을 학살할 수 있는 구실을 제공했다. 주 부대를 따르거나 그들보다 앞서 간 농민들은 기사들보다 더 잔혹했다. 프랑스의 유대인들이 제일 먼저 습격을 당했지만 대부분 유대인이 당국의 보호를 받아 큰 피해를 입지는 않았다. 그러나 라인강가의 도시들인 트리어, 슈파이어, 보름스, 마인츠 등지의 유대인 교구는 완전히 무방비 상태였다. 참혹한 유대인

94

학살이 벌어졌다. 마인츠 한 곳에서만 1,300명의 유대인이 살해당했다. 고통스러운 학대가 두려워 스스로 목숨을 끊은 유대인도 부지기수였다.

물론 십자군의 핵심 부대에서는 그러한 만행을 금지했지만, 십자군 기사들의 생각도 근본적으로는 만행을 저지른 농민들과 크게 다르지 않았다. 예루살렘이 함락되던 1099년 7월 15일 이슬람교도와 유대인들에게 자행된 야만적 학살이 바로 그 증거다.

2차 십자군 전쟁1147~1149과 3차 십자군 전쟁1189~1192에서도 만행은 반복되었다. 유대인을 향한 증오는 독일 땅을 넘어 북프랑스와 영국에까지 확산되었다. 십자군의 상징인 붉은 십자가는 피의 십자가가 되었다. 종교적 증오심과 광신주의로 병든 시대의 상징이었다.

칭송을 받아 마땅한 한 가지 예외가 있었다. 1190년 세상을 떠난 프리드리히 바바로사 황제의 십자군이다. 3차 십자군 전쟁에 참전한 바바로사의 십자군은 그가 죽을 때까지 기독교 윤리로 충만했지만 그렇다고 해서 3차 십자군 전쟁이 전쟁이 아니었던 것은 아니다. 프리드리히 바바로사는 유대인 박해를 막기 위해 최선을 다했다. 십자군이 진군하는 동안 유대인들을 안전한 성으로 대피시키기도 했다. 명령을 어기고 유대인에게 폭력을 행한 자에게는 가혹한 벌을 내렸다. 그러나 바바로사의 그처럼 숭고한 뜻에도 불구하고 십자군 전쟁은 유럽의 유대인들에게 닥칠 암울한 미래의 전조가 되었다. 유럽의 유대인들은 현대에 이르기까지 따돌림과 적개심, 박해의 희생자가 되었다.

❖ — 신성 로마 제국의 황제인 프리드리히 바바로사(프리드리히 1세)를 묘사한 그림

십자군의 적은 이슬람교와 유대교로 한정되지 않았다. 기독교 자체를 적으로 삼기도 했다. 4차 십자군 전쟁1202~1204이 그랬다. 2·3차 십자군 전쟁이 실패로 돌아가자 서구 기독교인들의 낙담은 이만저만이 아니었다. 그들의 몰락은 유대인과 이슬람교도들을 살해한 살인자들에게 내려진 신의 벌인 듯했다. 그럼에도 서유럽은 십자군의 이상을 버리지 못했다. 오히려 새로운 적을 찾아 나섰고, 결국 비잔티움 제국의 수도 콘스탄티노플에서 새로운 적을 찾아냈다.

세 번에 걸친 십자군 전쟁 동안 서유럽에서는 콘스탄티노플이 십자군 원정을 탐탁해하지 않는다는 견해가 팽배했다. 때로는 콘스탄티노플이 십자군을 방해하고 배신하기도 했다는 비방이 나돌았다. 그러므로 단기간 안에 이슬람교도로부터 성지를 탈환하는 것이 불가능하다면 적어도 그리스 정교회를 로마의 지배 아래에 두어 가톨릭의 일부로 만들어야 한다는 생각이 자라났다. 그러나 당시의 교황 인노켄티우스 3세Innocentius Ⅲ, 재위 1198~1216는 서유럽에 팽배한 그러한 의견에 동의하지 않았다. 4차 십자군 전쟁을 촉구하기는 했지만 콘스탄티노플을 목표로 삼지는 않았다. 콘스탄티노플을 노린 세력은 4차 십자군의 지휘를 맡은 베네치아였다. 당시 베네치아는 해양 열강이었고 기독교의 단결보다는 세력 확대에 관심이 더 많았다. 콘스탄티노플에 쌓여 있다고 여겨지는 엄청난 부가 십자군 기사들을 유혹했다. 사람들은 '황금 곳'의 웅장한 도시를 향해 달려갔다.

1204년 4월 13일 아침 십자군 기사들이 콘스탄티노플로 진격했다. 전날 밤 그들은 콘스탄티노플에 불을 질렀고 도시의 5분의 1이 화마의 제물이 되었다. 유구한 역사를 자랑하고 당대 가장 아름답고 자랑스러우며 부유한 도시가 잿더미로 변했다. 콘스탄티노플은 양떼와 염소 떼가 풀을 뜯고 있는 폐허의 로마와는 비교도 되지 않는 도시였다.

사흘 동안 이어진 십자군 기사들의 만행으로 인해 가장 기독교다운 나라의 수도는 폐허로 변해 버렸다. 피에 굶주린 군인들은 살인과 강간, 약탈과 파괴를 일삼았다. 교회의 제단은 십자가가 내려다보고 있는 가운데 더럽혀졌다. 특히 성晶유물이 집중적으로 약탈당했다. 오늘날 독일이나 이탈리아 교회에 보관되어 있는 성유물 중 상당수가 당시 십자군 기사들이 콘스탄티노플에서 약탈한 것들이다. 또 현재 베네치아(베니스)와 파리 루브르에서 세인들의 감탄을 자아내고 있는 비잔티움 예술품의 상당수도 이런 경로를 거쳐 유럽으로 반입되었다. 그러나 교회나 궁전에서 강탈당한 대부분의 유물은 영원히 사라져 버렸다. 금이나 은으로 만든 작품에서 보석을 뽑아낸 뒤 녹여 버렸기 때문이다. 이렇게 수많은 고대 예술품이 한꺼번에 파괴된 경우는 유례를 찾아보기 힘들 정도다. 십자군에 의해 파괴되기 전 지난 900년 동안 이 도시에는 갖가지 아름다움과 역사를 자랑하는 예술품이 가득했다.

공포의 사흘이 지난 뒤 콘스탄티노플은 시체더미가 쌓인 폐허로 변했다. 기독교 문명이 기독교인들의 손에 의해 돌이킬 수 없는 지경으로 훼손당한 것이다. 그러나 로마의 소망은 이루어지지 않았다. 로마가 콘스탄티노플을 지배한 기간은 57년이었고, 그 이후 도시는 쇠락하고 만다. 약 반세기의 지배 기간에 70만 명이던 도시의 인구는 4만 명으로 급감했다. 화려한 세계 도시가 며칠 만에 슬픔에 찬 소도시로 전락한 것이다.

동서 교회의 골은 더욱 깊어졌다. 지금까지도 그리스 정교회는 당시의 이 야만 행위를 생생하게 기억하고 있고, 앞으로도 결코 잊지도 용서하지도 않을 것이다. 1204년을 기점으로 기독교의 분열은 돌이킬 수 없는 마침표를 찍었다. 반대로 서유럽에서는 이 기독교 역사의 절대적 암흑기를 일절 입에 올리지 않았고 까마득히 잊어버렸다.

종교 전쟁이 실패할 수밖에 없는 이유

십자군 전쟁은 이른바 성전이라는 것이 얼마나 어리석은 행동인지를 가장 끔찍한 방법으로 확실하게 보여 주었다. 성전은 광신주의에서 태어나며 예외 없이 실패하고 만다. 십자군 전쟁 전체(1096년부터 1270년까지 이어진 총 7회의 원정)도 엄청난 실패로 평가할 수밖에 없다. 이후의 역사가 입증하듯 종교 전쟁은 절대 승리할 수가 없다. 종교적 박해와 전쟁은 적의 신앙심을 더욱 굳건하게 만들 뿐이다.

십자군 전쟁을 촉구한 표면적 이유는 그리스 정교를 이슬람의 침공으로부터 구하자는 것이었다. 그러나 결국은 비잔티움 전체가 이슬람의 손에 들어가고 말았다. 하지만 기독교인에 대한 이슬람교도의 박해는 십자군 기사들의 만행에 비하면 새 발의 피였다. 십자군 전쟁이 일어나기 전에는 기독교 세계와 이슬람 세계가 좋은 관계를 유지했고, 이슬람 세계에서 존경을 받은 유대인과 기독교인도 많았다. 이 모든 것이 십자군 기사들의 탐욕과 거짓 신앙 때문에 무너지고 말았다. 이슬람을 향한 그들의 증오는 이슬람의 증오를 낳았고, 결국 양측은 편협한 광신으로 맞섰다. 그리고 광신주의의 대결은 오늘날까지도 계속되고 있다. 십자군 전쟁 이후 이슬람 세계는 두터운 신앙의 커튼 뒤로 숨어 버렸고 일부는 서구식의 진보를 거부한 채 오늘날까지 커튼을 걷지 않고 있다.

십자군 전쟁의 역사가 불행했던 이유는 순수한 신앙심이 후안무치의 탐욕과 인간 멸시로 뒤덮여 버렸다는 사실에 있다. 종교는 자기에게 이익만 된다면 인간의 나쁜 측면까지도 아무 문제없이 받아들이는 것처럼 보인다. 살인과 약탈도 쉽사리 신의 뜻으로 해석해 버린다. 그렇기에 종교는 그 어떤 파렴치한 행동에도 악용될 수가 있고 지금까지도 가장 위험한 문화의 폭발물로 남아 있는 것이다.

❖ ─ 부르카로 몸을 가린 터키의 여인. 무슬림 여성들이 몸을 가리는 베일에는 히잡, 니캅, 부르카, 차도르 등이 있다. 무슬림 여성들의 베일은 이슬람교의 폐쇄성을 상징적으로 보여 준다.

　역사가 스티븐 런시먼은 십자군 전쟁을 다룬 자신의 역작에서 십자군의 딜레마를 다음과 같은 말로 요약했다. "그렇게나 많은 용기에 그렇게나 적은 명예, 그렇게나 많은 헌신에 그렇게나 적은 이해! 높은 이상은 잔혹함과 탐욕으로 더럽혀졌고 모험심과 인내심, 끈기는 맹목적이고 편협한 독선으로 더럽혀졌다. 성전 자체는 성령을 어긴 죄, 신의 이름으로 저지른 유일한 비非관용과 다름없었다."

　거의 1,000년이 흐른 지금 다시금 '성전'과 '십자군'이 세인의 입에 오르내리고 있다. 900년 전 우르바누스 2세가 성전을 촉구했고 지금은 이슬람 국가의 종교 지도자들이 성전을 외치고 있다. 당시 교황의 입에서 나왔던 말들이 이제 이슬람 근본주의자들의 입을 통해 흘러나오고 있다. "의로운 전쟁이며, 이교도와 싸우다 죽은 자는 곧바로 천국에 이르러 영원한 안식을 찾으리라." 20세기의 끄트머리에 테러리스트 오사마 빈 라덴은 서방 국가들을 상대로 선전 포고문을 작성했다. 이 선전 포고문은 많은 부분에서 우르바누스 2세가 성전을 촉구하며 쓴 글의 구절과 흡사하다. 투쟁으로 종교와 신앙을 수호해야 하며, 지하드(성전)의 순교자들은 천국에 가서 보상을 받을 것이라고 한다.

1차 십자군 전쟁에 참전했던 기사들이 쓴 보고문의 제목은 '프랑크족의 손으로 일군 신의 업적Gesta Dei per Francos'이었다. 마드리드의 이슬람 테러리스트들은 '타리크 이븐 지야드의 땅에서 성전'을 치를 것이라고 협박했다. 타리크 이븐 지야드는 8세기 스페인에서 기독교 부대를 섬멸하고 멀리 프랑스까지 정복 원정에 나섰던 이슬람의 사령관이었다.

이슬람 근본주의자들은 서구와 유대인에 대한 증오를 퍼뜨린다. 십자군 기사들과 마찬가지로 무차별적인 살인과 파괴, 테러를 자행할 것을 다짐한다. 그러나 그들은 십자군 기사들보다 더 많은 것을 원한다. 온 세상을 불바다로 만들고 싶어 하고, 그런 투쟁 가운데 자신들과 세상이 함께 멸망해도 아무 문제가 없다고 생각한다. 종교적 광기가 지배하는 사회에 살고 있기에 이들은 만족을 모른다. 적어도 십자군의 기사들은 약탈과 살인으로 증오심을 해소하고 나자 야만적 행각을 멈추었다. 그러나 이슬람의 전사들에게서는 중단을 기대할 수 없다. 따라서 악몽은 앞으로도 오랫동안 계속될 것이다.

유럽은 과거의 끔찍했던 역사 때문에 성급한 대응을 자제하고 있는 듯하다. 그 참담했던 세월 동안 유럽은 어쩔 수 없이 종교 전쟁을 피하는 방법을 학습해야 했다. 그러나 미국은 다르다. 미국은 이슬람 과격주의자들에 대해 현대 문명의 십자군으로 대응해야 한다고 생각한다. 한때 미국 국민 대다수가 현대의 십자군 이념에 휩쓸린 가운데 부시가 속한 감리교의 열성분자들이 이런 주장을 펼쳤다. 유럽의 경험이 절대적으로 필요하다. 유럽은 유럽연합에 터키를 받아들여 종교·문화 간 갈등을 완화하려는 모습을 보일 필요가 있다. 이스라엘까지 가입시킨다면 금상첨화일 것이다!

정리해 볼까요?

이 장을 마치면서 우리가 얻을 교훈은 무엇일까? 종교가 정치적으로 변질되면 충분히 위험해질 수 있다는 점이다. 종교는 전쟁과 대량 학살에 이르기까지 온갖 세속적 이해관계에 동원될 수 있다. 필요하다면 신마저도 호전적인 신으로 해석해 버린다. 지금까지 전쟁이 이 세상의 평화에 기여한 적은 없었다. 이 세상의 평화가 바로 종교의 사명일 텐데 말이다.

이제 30년 전쟁의 실례를 살펴보자. 30년 전쟁은 종교와 정치가 그릇된 형태로 결합했을 때 온 대륙이 불행의 늪에 빠질 수 있음을 구체적으로 보여 준다.

유럽 최초의 전면전, 30년 전쟁

전쟁이 다 그렇듯 30년 전쟁1618~1648의 원인도 한 가지가 아니다. 그러나 결정적 원인이 종교였다는 사실에는 의심의 여지가 없다. 루터의 종교 개혁1517 이후 악화 일로로 치닫던 구교와 신교의 반목이 없었다면 이 전쟁은 일어나지 않았거나, 일어났다 하더라도 그토록 잔혹한 모습을 띠지는 않았을 것이다. 30년 전쟁은 그리멜스하우젠의 말대로 '무섭고 잔인한 괴물'이었다. 그는 어린 나이에 구교 황제군 편에서 30년 전쟁에 참전하여 수송대, 보병, 경기병을 두루 거쳤고 훗날 끔찍했던 당시의 경험을 소설로 펴냈다. 그는 소설을 통해 전쟁은 인류가 저지를 수 있는 단 한 가지 어리석은 짓임을 고발하고 있다.

30년 전쟁은 유럽 땅에서 벌어진 최초의 전면전이었다. '전면전'이란 전장에서 군인들끼리만 치고받는 것이 아니라 일반 백성까지도 공격 대상이 되는 전쟁을 일컫는다. 그 와중에 발생한 온갖

30년 전쟁의 잔혹성을 고발한 자크 칼로의 그림. 나무에 벌거벗겨진 시체들이 주렁주렁 매 달려 있다.

만행을 기록하다 보면 펜이 다 곤두설 지경이다. 역사가 골로 만 Golo Mann, 1909~1994은 이렇게 말했다. "여기서 군인들이 정복한 도시 의 시민들이나 시골 농부들에게 저질렀던 짓거리는 동물들도 서 로에게 하지 않는 짓이다. 인간에게 악마의 본성을 기대하지 않는 다면 탈인간화라고 부를 수밖에 없다. 야만화 (…) 그러니까 누가 봐도 사람인지 알 수 있는 고기를 먹었다는 말이다." 그런 식으로 공작령 뷔르템베르크의 인구는 5년 만에 4분의 3으로 줄어들었다. 물론 주된 원인은 기아와 질병이었다.

이 유럽 최초의 전면전은 어떻게 해서 일어난 것일까? 한 가지 원인은 이미 앞에서 언급했다. 구교와 신교의 대립이다. 그러나 구 교와 신교의 대립은 이미 100년 전부터 계속되어 왔다. 그러니 분 명 다른 원인이 있을 것이다. 그렇지 않다면 전쟁이 그토록 혹독하 고 잔혹하게 진행되지는 않았을 것이다.

대부분의 역사 연구가들은 30년 전쟁을 종교 전쟁으로 평가한다. 독일의 작가 하인리히 뵐Heinrich Böll, 1917~1985도 역사 시간에 30년 전쟁이 종교 때문에 일어났다고 배웠노라고 회상했다. 그러나 30년 전쟁에 관한 글들을 읽던 중에 그의 머릿속에 이런 의문이 떠올랐다. '누가 종교를 그렇게 중요하게 생각했을까? 깃발과 노래로 자신의 종교를 알리고 수호하려 했던 대부분의 군인들은 아니었을 것이다. 참전 동기가 복잡했던 실력가들과 사령관들도 결정적 순간에는 종교가 하나도 중요하지 않았을 것이다.'

그렇다고 해서 종교가 이 전쟁에서 아무런 역할도 하지 않았다는 말은 아니다. 종교는 최악의 참상까지도 정당화하는 수단이 되고는 한다. 종교를 이용해 아군과 적군을 선과 악의 이미지로 구축할 수 있고 정치적·물질적 이해관계를 그 이미지와 결합시킬 수도 있다.

30년 전쟁이 루터가 반박문을 발표하고 정확히 100년이 지난 뒤에 일어난 것은 우연이 아니다. 제국의 분위기가 가열되어 있었고 구교는 오래전부터 반개혁을 일으켜 잃어버린 세력권을 되찾고자 했다. 기독교 신앙과 신·구교의 뼈아픈 분열이 시대 전체를 지배하고 있었기에 30년 전쟁 또한 어쩔 수 없이 종교로부터 자유로울 수 없었다. 때문에 역사 연구가들은 오랜 세월 동안 종교를 이 '전쟁 중의 전쟁'을 일으킨 주요 원인으로 보아 왔다.

그렇다면 이런 의문이 든다. 그처럼 참혹한 종교 전쟁이 왜 100년 더 일찍 일어나지 않았을까? 왜 루터의 종교 개혁이 곧바로 대규

106

모 종교 전쟁으로 비화되지는 않았을까? 교회의 분열이라는 이유 하나만으로는 유럽 전체를 대전으로 몰아넣기에 충분하지 않았다. 특정한 목표를 가진 정치적·경제적 이해관계와 결합하면서 비로소 종교는 전쟁을 촉발하는 주요한 원인이 되었던 것이다.

신성 로마 제국의 황제 카를 5세. 구교와 신교가 대립하는 상황에서 그는 제국의 결속을 위해 종교의 통합을 추구했다.

종교 개혁 시대에 유럽은 하나의 대륙에서 두 개의 제국이 첨예하게 대립하는 모양새를 취하고 있었다. '독일 민족의 신성 로마 제국'이 합스부르크가의 황제를 필두로 한쪽을 차지했고, 맞은편에는 프랑스가 있었다.

프랑스 왕 프랑수아 1세François I, 재위 1515~1547는 신의 은총을 받아 황제가 되고 싶었다. 그러나 유럽 왕가들은 선거를 통해 열렬한 구교 신자인 합스부르크가의 카를 5세Karl V, 재위 1519~1556를 황제로 추대했다. 그는 교회의 통합을 간절히 원했다. 이유는 간단했다. 교회의 통합이 곧 제국의 통합이며, 제국의 권력을 강화해 줄 것이기 때문이었다. 같은 신앙은 자신의 지배 아래에 있는 수많은 민족들을 결속시킬 것이다. 그러므로 종교는 정치권력을 강화하는 첫 번째 단추였다. 그러나 프랑스 역시 서양에서 '가장 기독교적인 왕실'임을 자부하며 합스부르크가와 황제의 왕관을 두고 다툼을 벌였다. 이에 합스부르크가는 로마의 교황과 밀접한 관계를 맺었다. 합스부르크가와 로마의 동맹이 프랑스를 겨냥하고 있다는 사실은 코흘리개도 다 아는 사실이었다.

30년 전쟁은 종교 전쟁이었을까?

종교 개혁 시대에 황제 카를 5세는 막강한 권력을 누렸다. 네덜란드와 스페인을 나폴리, 시칠리아와 더불어 유산으로 물려받았고 해외의 여러 소유지들도 그의 휘하에 들어왔다. 카를 5세의 마음속에서 중세 대제국의 꿈이 부활했다. 그는 밀라노, 제노바, 부르군트, 보헤미아, 헝가리 등 한때 로마 제국의 땅이었던 지역들을 탈환하기 위해 많은 힘을 쏟았다. 그러나 이탈리아 전역을 합스부르크 제국에 합병하려는 그의 노력은 프랑스 왕은 물론 이탈리아의 세속 권력까지 쥐고 있던 교황에게도 미움을 샀다.

프랑스와 합스부르크 왕국의 전쟁은 피할 길이 없었다. 더구나 프랑스의 전 국토가 합스부르크가의 땅으로 둘러싸여 있는 형국이었다. 합스부르크가와 프랑스의 이러한 대립은 향후 250년 동안 유럽 정치에 가장 큰 영향을 미치는 갈등 요인으로 작용했다. 양측 모두 30년 전쟁이 일어나는 데 직접적으로 관여한 것은 아니지만, 이 둘의 갈등이 없었더라면 30년 전쟁은 일어나지 않았을 것이다.

카를 5세의 신성 로마 제국과 프랑스가 맞붙은 전쟁에서는 카를 5세가 프랑스를 꺾었다. 하지만 프랑스의 세력을 크게 약화시킨 것은 아니었다. 그 결과 유럽의 패권을 둘러싼 갈등의 불은 꺼질 줄 모르고 계속 타올랐다. 그러던 중 보헤미아와 헝가리의 왕 러요시 2세가 1526년 오스만 제국과의 전쟁 중에 사망하자 유산 계약에 따라 이 나라들이 카를 5세의 동생 페르디난트에게 떨어졌다. 다시 말해 합스부르크가의 영역이 된 것이다. 이렇게 합스부르크가의 세력권이 점점 커지자 제국의 제후들은 자기 영토의 지배권을 잃을지도 모른다는 불안감에 휩싸였다. 1618년 30년 전쟁으로 터지게 될 갈등이 이미 16세기 중반부터 싹트기 시작한 것이다. 신성 로마 제국의 황제 카를 5세로서도 달갑지 않은 상황이었다. 국내에서는 황실을 적대시하는 제후들—특히 신교도 제후들—이 나날이 늘어났고 외부에서는 '가장 기독교적인' 영원한 적 프랑스가 기다리고 있었다.

1556년 퇴위한 카를 5세는 허약해진 제국을 동생 페르디난트와 아들 펠리페에게 나누어 물려주었다. 펠리페 2세(Felipe II, 재위 1556~1598)에게는 스페인을 비롯하여 이탈리아와 네덜란드 등지에 있던 스페인의 해외 소유지가 돌아갔다. 페르디난트는 제국 선제후들의 투표를 통해 새로운 황제(페르디난트 1세, 재위 1556~1564) 자리에 올랐다.

그러나 1555년 아우크스부르크 종교 회의의 결정에 따라 제국의 종교 통일은 법적으로 불가능한 상태에 빠졌다. 제국의 제후들이 자신과 백성의 종교를 마음대로 결정할 수 있게 된 것이다. 그로 인해 신교도 제후들과 구교도 황실 사이에 골이 깊어 갔다. 영토상으로 분할된 제국은 종교적으로도 결속력을 잃었고, 더구나

신교도가 날로 세력을 확대해 나갔다. 한편으로는 신교 자체의 내분이 시작되었다. 루터파가 급진파와 온건파로 분열되었고, 동시에 독일의 종교 개혁 사상을 보다 급진적으로 추구하는 칼뱅파가 제네바에서 독일로 밀고 올라왔다. 칼뱅은 제네바에 일종의 종교 국가를 세우고는 수단과 방법을 가리지 말고 신의 적을 섬

아우크스부르크 종교 회의를 묘사한 그림. 가톨릭교회와 개신교의 갈등을 봉합하기 위해 이 회의에서 신성 로마 제국 황제 카를 5세와 제국의 제후들은 강화 조약을 맺는다. 조약에 따라 제국의 제후들은 자신과 자신의 영지에 속한 백성들의 종교를 자유롭게 선택할 수 있었다. 제후의 영지에 속한 백성에게는 종교 선택의 자유가 없었다.

멸하자고 설교했다.

세월이 흐르면서 이런 갖가지 종교 대립은 정치권으로 확대되었고, 구교가 신교 세력에게 잃어버린 지역을 탈환하기 위해 예수회를 필두로 반 종교 개혁을 촉구하면서 대립은 격화되었다. 언젠가는 전쟁이 터지고 말 것 같은 험악한 분위기가 점점 더 팽배해져 갔다.

발 빠르게 움직인 바이에른이 반 종교 개혁의 정치적 선두 주자 자리를 잽싸게 낚아챘다. 1608년 독일 남부의 신교도 제후들은 물론이고 일부 구교도 제후들까지 합세하여 팔츠 선제후의 지휘 아래 '신교 연합'을 결성하자, 1609년에는 구교도 제후들이 바이에른

의 지휘 아래 '구교 연맹'을 만들었다. 양측 모두 외국의 지원에 의존했는데, '연합'은 프랑스와, '연맹'은 스페인과 한패였다. 제국 북부의 신교도 제후들은 일단 한 걸음 물러나 사태를 관망했다.

이처럼 복잡하게 얽히고설킨 정치적·종교적 이해관계는 대륙 차원의 대전이 발생하기에 더없이 좋은 조건을 형성했다. 물론 100년 전이라고 해서 특별히 더 평화로운 시절이었다고 말할 수는 없었다. 앞에서 설명한 대로 프랑스와 신성 로마 제국은 해묵은 갈등으로 대립해 왔다. 합스부르크가의 펠리페 2세가 지배한 스페인은 1566년부터 네덜란드를 상대로 치열한 전투를 벌였다. 네덜란드의 북부 지역이 스페인으로부터 독립하기를 원했기 때문이다. 이는 그 지역에 호전적인 칼뱅파가 확산되었다는 사실과 관련이 깊다. 그러니까 네덜란드의 독립 움직임은 처음부터 종교의 영향이 짙었던 것이다. 이 전쟁은 42년 동안 계속되었고, 결국 네덜란드는 두 지역으로 분할되었다. 스페인으로부터 독립한 신교의 북부 지역과 이후로도 100년 동안 스페인의 지배를 받은 구교의 남부 지역으로 나누어진 것이다.

동시에 스페인은 영국을 상대로 바다의 패권을 놓고 전쟁을 치렀고, 30년 동안 지속된 구교와 신교 칼뱅파의 내전으로 이미 녹초가 되어 있던 프랑스와도 맞붙었다. 프랑스에서 결성된 구교 귀족들의 '연맹'은 신교를 무찌르기 위해 불구대천의 원수 스페인과 손을 잡았다. 프랑스 왕 앙리 4세Henri Ⅳ, 1589~1610는 신교도였지만 스페인의 침공으로부터 나라를 지키는 길이 개종밖에 없었기에

1593년 구교로 개종했다.

이로써 종교 내전은 끝났지만 그 대신 프랑스와 합스부르크 제국의 대립이 다시 부각되기 시작했다. 앙리 4세는 신교 국가인 영국, 역시 신교 국가인 신생 공화국 네덜란드와 힘을 합쳐 구교 국가인 스페인에 맞섰다. 프랑스는 이미 그 시절부터 국가 정책을 위해서라면 종교와 정치를 분리할 줄 아는 나라였다. 그때부터 프랑스에서는 국가의 이해관계가 교회의 이해관계에 우선했다.

미궁에 빠진 30년

드디어 우리의 본론인 30년 전쟁으로 들어갈 수 있게 되었다. 30년 전쟁은 유럽의 변방이라 할 수 있는 보헤미아에서 시작되었다. 이때의 분쟁은 절대 권력을 추구하던 유럽 국가들이 벌인 대규모 전쟁의 불씨가 되었다.

이미 오래전부터 합스부르크 왕가는 세습지를 통합하여 황제의 입지를 강화하려는 노력을 기울여 왔다. 앞에서 살펴보았듯 보헤미아 왕국은 합스부르크가의 세습지였다. 그러니까 '신성 로마 제국'은 수백 개의 소국들을 엮어 만든 조각보였고, 종교 개혁 이후 다양한 이해관계가 상충하면서 이들과 황제의 추구하는 바가 일치할 수는 없었다. 그러나 적어도 합스부르크가의 세습지에서는 황제의 이해관계가 우선시되어야 했지만 보헤미아 왕국에서는 종교 개혁이 매우 강력하게 추진되고 있었다.

상당수의 제후들이 신교 편에 선 가운데 보헤미아의 왕이기도 했던 신성 로마 제국 황제 루돌프 2세와 그의 뒤를 이은 황제 마티아스는 보헤미아 전체를 구교로 되돌려 놓기 위해 안간힘을 썼다. 이에 보헤미아의 신교 세력이 강력히 저항했고, 마티아스의 뒤를 이어 황제에 오른 합스부르크가의 페르디난트 2세Ferdinand II, 재위 1619~1637를 몰아내기 위한 중무장 봉기를 계획했다. 보헤미아의 제후들은 페르디난트에 대한 충성을 거부하고

보헤미아 왕국의 왕 프리드리히 5세. 그는 원래 황제 선출권을 지닌 선제후였으나, 보헤미아 제후들의 후원을 등에 업고 1619년 보헤미아의 왕이 되었다. 그러나 1620년 빌라호라 전투에서 가톨릭 동맹군에게 패배함으로써 왕위와 선제후 지위, 영지를 잃었다.

투표에서 그가 보헤미아 왕이 되지 못하도록 방해했다. 이들이 보헤미아의 왕으로 선출한 사람은 팔츠의 선제후 프리드리히 5세로, 그는 독일 남부 신교 연합의 우두머리였다.

비교적 규모가 작았던 보헤미아 분쟁은 페르디난트 2세가 스페인과, 바이에른이 이끄는 구교 연맹에 원조를 요청하면서 이내 유럽 전체의 갈등으로 확산되었다. 게다가 그는 교황과 이탈리아 소국 여섯 나라의 재정 지원을 받았다.

이번 장에서 살펴보고 있는 30년 전쟁은 사실 동맹들 때문에 일

어났다 해도 과언이 아니다. 적으로부터 공격을 당하면 서로 지원해 주기고 약속했던 탓에 연 걸리듯 줄줄이 참전할 수밖에 없는 자동 시스템! 이 동맹 시스템으로 인해 국지전에 불과했던 보헤미아와 합스부르크가의 분쟁은 불길처럼 활활 타올랐다.

동맹을 맺은 동지들에게서 따돌림을 당했던 팔츠 선제후 프리드리히 5세는 1620년 프라하의 빌라호라 전투에서 바이에른의 공작 막시밀리안 1세가 이끄는 구교 군대에 패배했다. 그 결과 프리드리히 5세는 퇴위할 수밖에 없었고 팔츠의 세습지와 선제후 지위는 막시밀리안 1세에게 넘어갔다.

이 시점—1618년부터 1623년까지 계속된 보헤미아-팔츠 전쟁—부터 전쟁은 하찮은 계기가 심각한 결과로 귀결되는 전쟁 본연의 모습을 띠기 시작했다. 실제로 많은 전쟁이 이런 양상을 보이며, 이를 두고 '에스컬레이션escalation, 단계적 확대'이라 부른다.

사령관 틸리가 이끈 구교 연맹 부대는 승전의 기세로 더욱 강하게 몰아붙여야 한다는 신념에 따라 북으로 밀고 올라가 신교 진영의 니더작센 국경까지 진군했다. 틸리 군대의 위협적인 행동에 놀란 신교 연합은 당장 해체를 결정했다. 그러자 구교 연맹의 승리에 고무된 스페인의 왕 펠리페 4세가 전쟁극의 무대에 발을 들여놓았다. 이로 인해 다시금 네덜란드와의 전쟁이 시작되었다.

영국과 네덜란드의 지원을 받은 덴마크 왕 크리스티안 4세까지 가세하여 틸리의 황제군에 대항했다. 그의 참전 동기는 참으로 단순했다. 발트해 연안의 패권을 두고 스페인과 힘겨루기를 하기 전

에 먼저 체력 단련을 하겠다는
것이었다. 그러나 그는 1626년
바렌베르게의 루터 전투에서
틸리에게 패배했고, 어쩔 수 없
이 중립을 선언했다.

구교 연맹을 이끄는 틸리 곁
에 황제군이 가세했다. 사령관
은 보헤미아 출신의 귀족 알브
레히트 폰 발렌슈타인1583~1634이
었다. 그는 포메른에서 유틀란
트까지 발트해 권역을 모두 점
령했고 1628년에는 슈트랄준트

틸리 백작의 초상화. 30년 전쟁에서 가톨
릭 동맹군의 총사령관으로 활약하며 혁혁
한 전공을 세웠다.

를 포위했다. 그러나 스웨덴의 지원을 받은 슈트랄준트는 무사히
공격을 막아냈다. 30년 전쟁의 이 단계1625~1629를 '네덜란드─덴마
크 전쟁'이라고 부른다.

합스부르크가의 황제군이 발트해 연안에 등장하자 드디어 유럽
대륙의 세 번째 열강이 참전했다. 지난 몇 년 동안 정복 전쟁을 통
해 폴란드와 러시아를 상대로 세력을 확대한 스웨덴이었다. 신앙
심 깊은 신교도인 스웨덴 국왕 구스타프 2세 아돌프Gustav Adolf II, 재위
1611~1632는 합스부르크 군대가 발트해에 나타나자 이를 신앙에 대
한 위협으로 받아들였다. 구교 국가인 프랑스가 당장 재정 지원을
제의했고 구스타프 2세 아돌프는 프랑스의 제안을 흔쾌히 받아들

30년 전쟁에서 틸리 백작과 함께 구교 편에서 싸운 발렌슈타인. 그는 합스부르크가 황제와 거리가 멀어지자 신교도 국가인 스웨덴을 지원하는 등 반란을 꾀하다가 암살당했다.

였다. 명색이 '종교 전쟁'이었건만 돈과 권력이 걸리면 종교의 차이는 아무런 문제가 되지 않았다.

1630년 7월 4일, 스웨덴 국왕은 군대를 이끌고 포메른에 도착한 뒤 서둘러 남쪽으로 향했다. 그리고 1631년 브라이텐펠트에서 틸리의 군대를 섬멸하고 1년 뒤 레히강변에서 다시 틸리의 군대를 물리쳤을 뿐만 아니라 틸리에게 치명상을 입혔다. 이 과정에서 스웨덴군은 합스부르크가 세습지와 경계를 이루고 있는 바이에른의 한가운데로 들어가는 위급한 상황에 처했다. 이때 발렌슈타인이 스웨덴을 도우러 달려왔다. 1632년 11월 뤼첸 전투에서 스웨덴은 승리를 거두었지만 국왕을 잃었다. 그럼에도 스웨덴의 정치적·군사적 강세는 한동안 유지되었다. 독일 남부와 서부의 신교도 제후들이 스웨덴과 동맹을 맺었기 때문이다. 그러나 1634년 스웨덴은 뇌르틀링겐의 결전에서 패배했다. 그 결과 프라하 강화 조약이 맺어졌고 신교도 제후들은 합스부르크가의 황제와 화해했다. 제후들이 몇 년 전만 해도 자신들을 보호하던 스웨덴에게 등을 돌리고 황제와 결탁한 것이다. 30년 전쟁의 이 단계를 '스웨덴 전쟁'이라 부르며 그 기간은 1630년부터 1635년까지였다.

이 시점부터 30년 전쟁은 완전히 종교적 근거를 잃어버렸다. 그래도 종전은 요원했다. 1631년부터 전면에 나서지는 않고 스웨덴의 물주 노릇을 하던 프랑스가 합스부르크 왕가의 세력 확장을 막기 위해 전쟁에 나섰기 때문이다. 추기경 리슐리외는 1624년부터 프랑스의 정치 상황을 좌지우지하면서 전쟁의 추이를 꼼꼼히 지켜보고 있었다. 스웨덴의 힘이 떨어진 지금이야말로 프랑스가 행동에 나설 때였다. 동쪽에서는 합스부르크 제국이, 서쪽과 북쪽에서는 합스부르크령의 스페인이 날로 세력을 키워 가고 있었다. 1635년 프랑스는 스페인에 선전 포고를 했다.

30년 전쟁의 이 마지막 단계를 '스웨덴−프랑스 전쟁'이라 부른다. 한 번은 프랑스와 스웨덴이, 그다음에는 황제군이 승리를 거두었다. 다시 한 번 전장의 위치가 남부 독일로 이동했다. 그러나 다들 서서히 지쳐 갔다. 제국은 약탈당했고 경제는 바닥을 기었으며 인구 감소가 실로 심각하여 재앙 수준에 이른 지역이 적지 않았다. 그리하여 1644년부터 평화 협상이 시작되었지만 30년 전쟁의 종지부를 찍은 베스트팔렌 조약이 맺어진 것은 그로부터 다시 4년이 지난 1648년이었다. 이로써 루터의 종교 개혁으로 시작된 종교 전쟁의 시대는 막을 내렸다. 30년 전쟁의 승자는 스웨덴과 프랑스였고 패자는 독일 제국이었다. 그 이후로도 독일 제국은 몇 백 년 동안 통일의 위업을 달성하지 못했다.

신이 정말 있는 걸까?

    30년 전쟁에 대해 피상적이나마 살펴보았다. 동시대인들조차 '미궁'이라고 불렀을 정도로 복잡하기 이를 데 없는 관계에 놓인 동맹들이 치른 네 차례에 걸친 전쟁이었고, 혼란스럽기 그지없는 역사적 사건이었다. 조금 더 자세히 들여다보면 네 차례의 전쟁은 그 숫자가 더 늘어날 수 있다. 열세 번의 전쟁이 일어났고, 열 번의 평화 조약이 체결되었다고 주장하는 연구가들도 있다. 게다가 30년 전쟁은 앞으로도 뒤로도 단이 풀려 너덜너덜한 넝마 같다. 다시 말해 전쟁 발발 시점을 10년 앞으로 당길 수도 있고 종전을 1659년으로 한참 늘릴 수도 있다. 그때까지 스페인과 프랑스가 전쟁을 계속했기 때문이다. 물론 끊임없이 계속 전투가 벌어졌던 것은 아니다. 짧으나마 휴전 기간도 있었다. 각 전쟁의 평균 기간은 2년 6개월이었다. 쉬지 않고 전투가 계속될 경우 인간이 견딜 수 있는 상한선은 5년이라고 한다.

    오늘날까지도 이 전쟁은 역사학자들조차 정확하게 이해할 수 없을 만큼 복잡한 사건으로 남아 있다. 분명한 것은 한 가지뿐이다. 네 차례에 걸친 대규모 전쟁은 유럽의 여러 열강이 합스부르크 왕가를 무찌르려 했던 전쟁이었다는 사실이다. 물론 이 '전쟁 중의 전쟁'이 일어난 원인은 한 가지가 아니다. 여러 가지 원인이 복

30년 전쟁 중 1643년에 스페인과 프랑스가 벌인 로크루아 전투를 묘사한 그림. 이 전투에서 스페인은 프랑스에 크게 패했고, 유럽에서의 지배력을 상당 부분 상실했다.

잡하게 얽혀 있었고, 그것들을 하나하나 짚어 내는 일 역시 간단치 않다. 어쨌든 유럽 전체의 갈등이 독일 땅에서 전쟁으로 비화되었고, 이 과정에서 독일 제후들은 누가 적이고 누가 친구인지를 간파하지 못해 갈팡질팡했다. 심지어 처음에는 절대적이던 신교와 구교의 대립조차 시간이 지나면서 그 의미를 잃었다. 전략적 이유에서 종교를 초월한 동맹이 예사롭게 체결되었다.

또 30년 전쟁은 전쟁을 일으키는 당사자가 대부분 국가라는 사실을 다시 한 번 확인시켜 주었다. 국가가 확고한 기틀을 다지지 못한 경우에는 더더욱 그렇다. 17세기 초는 유럽의 모든 국가가 형성되는 과정에 있었다. 이 말은 이들 국가의 지배자들이 국가를 합리적으로, 즉 자신과 국민에게 이익이 되게끔 다스리는 방법을 아직 모르고 있었다는 뜻이다. 군주는 내키는 대로 행동했고, 자신이 어떤 행동을 함으로써 일어나게 될 결과를 생각하지도 않았다. 취미 삼아 전쟁을 했다는 인상도 지울 수 없다. 물론 신앙과 같은 높은 이념을 앞세우기는 했다. 그러나 아직 국가의 최우선 과제가 무엇인지 확실히 알지 못했다. 그저 막연하게 국가의 이해관계를 주먹구구식으로 따져 보았을 뿐이다. 이와 같은 단순한 추측과 셈법은 당연히 근시안적인 목표를 낳았다.

30년 전쟁은 아직 미완성인 세 개의 나라가 유럽 대륙의 패권을 놓고 벌인 전쟁이었다. 스페인을 거느린 합스부르크 제국, 그리고 제국과 정치적 경계가 불확실했던 프랑스, 마지막으로 발트해의 지배자로 만족하지 못한 스웨덴이 그들이다. 이 3개국 모두 근본적으로는 유럽의 지배라는 동일한 목표를 추구했다. 그렇지 않다면 스웨덴의 국왕이 군대를 이끌고 바이에른까지 진군한 이유를 무엇으로 설명할 수 있겠는가? 그는 그곳에서 무엇을 얻고자 했을까? 발트해의 이권을 지키겠다고 바이에른까지 내려가지는 않았을 것이다.

프랑스는 신성 로마 제국과 스페인의 협공을 받을지도 모른다는 위협에 시달렸다. 그리고 신성 로마 제국이 원하는 것은 뻔했다. 고대 서로마 제국의 유산, 다시 말해 교황과 밀접한 관계를 유지하면서 지상에 건설된 신의 왕국의 유산을 이어 가는 것이었다. 그러나 제국의 바람은 기독교가 분열되면서 갈가리 찢어졌다. 교회의 분열과 신·구교의 대립은 수백 개의 소국들이 각자의 이해관계를 품고서 느슨하게 결합되어 있던 독일 제국을 위협했다. 합스부르크 왕가의 지배적 위치도 흔들리고 있었다. 이런 가운데 합스부르크가의 지배에서 벗어나고자 했던 보헤미아의 저항이 제국에 결정타를 날렸다. 한마디로 말해 전쟁의 진짜 원인은 제국이 분열될지도 모른다는 지배자들의 위기의식이었던 것이다.

이와 같은 권력욕의 소용돌이 속에서 30년 전쟁이 자라났다. 전체적인 갈등은 기틀이 제대로 잡힌 국가들 간의 대립이 아니라 도저히 파악하기 힘든 대립·이해관계·목표·조직 형태의 뒤죽박죽 속에서 탄생했다. 30년 전쟁은 전통적인 국가 간의 전쟁이 아니었다. 당시 유럽에는 안정된 국가라는 것이 아예 존재하지 않았다. 따라서 30년 전쟁은 18세기까지 이어진 국가 형성의 과정 속에서 일어난 대립이었다. 완성되지 않은 국가들이 유럽 대륙의 선도자가 되기 위해 다투는 과정에서 생겨난 격렬한 충돌이었다. 제 기능을 다하는 국가 시스템끼리의 충돌이 아니라 현대적 국가 조직으로 향하는 과도기에 일어난 전쟁이었기에 그렇게나 혼란스럽고 복잡했던 것이다. 그 혼란을 거치는 동안 각 나라와 세력은 전 유럽을 손아귀에 넣고 싶다는 욕망을 접어야 했다. 모두 다른 나라가 최강자의 자리를 차지하지 못하도록 방해를 할 뿐이었다. 일종의 예선 경기였던 셈이다.

어쨌든 베스트팔렌 조약을 맺으면서 패권을 추구하던 다양한 세력들은 불안하나마 균형을 회복했다. 열강들은 네덜란드나 보헤미아 같은 소국들에게도 국가로서의 권리가 있다는 사실을 인정

베스트팔렌 조약을 비준하는 각국의 대표단. 유럽은 30년 전쟁에 종지부를 찍기 위해 베스트팔렌에서 조약을 맺었다. 이 조약을 통해 네덜란드와 스위스 등이 독립적인 공화국으로 인정받았다. 또 프랑스와 스웨덴은 평화 보장 세력으로서 제국 문제에 관여할 수 있는 권리를 획득하는 등 유럽 세계에서의 지위가 상당히 높아졌다.

할 수밖에 없었다. 국가 간의 갈등이 그토록 끔찍한 결과를 낳은 데에는 종교와 정치와 경제의 결합이 큰 역할을 했다. 그러나 전쟁의 경제적 원인에 대해서는 이후로도 오래도록 간과되었다.

전쟁에 영향을 미치는 경제적 원인은 안전한 무역로와 지하자원을 확보하는 문제 등을 들 수 있다. 전쟁의 당사자들이 종교적 대립보다는 무역 관계를 더 중요하게 생각했다는 점은 여러 가지 사건을 통해 확인된다. 그리하여 구교 지역이었던 쾰른은 신교 국가인 네덜란드에 대해 엄격한 중립 정책을 고수했다. 이웃한 네덜란드와의 다각적 무역 관계가 신앙보다 훨씬 중요했기 때문이다.

30년 전쟁은 유럽이 전쟁을 할 능력이 있었기 때문에 가능했다는 인식 또한 아주 의미가 깊다. 전쟁이 일어나기 전 유럽 경제는 전반적으로 비약적 발전을 이루었고, 특히 농업 부문의 생산성이 크게 향상되었다. 이 같은 경제적 성장은 이제 막 눈을 뜨기 시작한 세계 무역을 통해 시장 확대로 이어졌다. 한 역사가의 말을 들어 보자. "30년 전쟁은 16세기의 경제 도약으로부터 탄생했다. 이런 비약적 발전을 통해 생산된 부로 목숨을 부지했고 결국 이 부를 파괴하였다." 16세기에는 금속 제련 기술이 크게 발달했고, 이는 전쟁에 필요한 무기 생산을 가능하게 만들었다. 또 30년 전쟁 동안 10만 명의 용병이 다양한 부대에서 활동했다. 이는 그 전 세기에 유럽의 인구가 약 25퍼센트 증가했기에 가능했던 일이다.

이상하게 들릴지 모르지만 30년 전쟁은 유럽이 그 직전까지 아주 잘나갔기 때문에 일어난 비극이었다. 전쟁으로 수많은 물적 자원과 인적 자원을 잃을 수 있었던 것은, 역으로 그 정도로 자원이 풍부했기 때문이다. 유럽이 도시 인구의 4분의 1, 농촌 인구의 40퍼센트를 잃은 이 엄청난 재앙을 겪고도 살아남을 수 있었던 것은 그 전에 사회 전 분야에서 엄청난 발전을 이루었던 덕분이었다.

30년 전쟁의 끄트머리에 자멸할지도 모른다는 위기의식이 커지자 결국 유럽은 누가 먼저랄 것도 없이 백기를 들고 평화 조약을 체결했다. 오랫동안 방관하며 체력을 비축해 두었던 두 나라—프랑스와 스페인—만이 평화 조약을 체결한 뒤로도 10년을 더 싸웠다.

모든 나라가 전쟁으로 탈진하자 일시적인 세력 균형이 찾아왔다. 그 결과 처음으로 여러 독립국으로 이루어진 유럽이 가능해졌다. 이런 정치적 균형은 종교적 대립마저 약화시켰다. 3대 종교(가톨릭, 루터파, 칼뱅파)의 영향권도 확정되었다. 이제 유럽에서 종교는 더 이상 전쟁의 불씨가 되지 못했다.

30년 전쟁은 이후 오랫동안 유럽 사회에 영향을 미쳤다. 별도의 전장보다는 마을과 도시가 주된 전쟁터가 되었기에 더욱 그랬다. 30년 동안 독일의 인구는 1,600만에서 1,100만으로 줄었다. 대부분이 기아와 전염병으로 죽었지만 광폭해진 군인들의 잔혹한 만행에 희생된 사람도 많았다. 30년 전쟁은 오랜 전쟁 기간과 잔혹함, 이후에 미친 영향 등에서 인간의 극한 체험이었고, 여러 세대를 넘어서까지 흔적을 남겼다. 더구나 '종교 전쟁'이었기에 수많은 사람들의 신에 대한 믿음을 철저하게 뒤흔들어 놓았다.

정리해 볼까요?

30년 전쟁은 인간의 마음속에 숨어 있는 정체 모를 충동이 아니라 극소수의 지배자들이 권력과 돈을 얻기 위해, 정치적 영향력을 갖기 위해 전쟁을 일으킨다는 사실을 보여 주었다. 그들은 백성의 의견을 묻지 않았고, 백성의 고충에도 관심이 없었다. 전쟁을 일으키는 당사자는 인간 그 자체가 아니다. '지배 계급'이 자신들의 이익을 위해 전쟁을 일으키는 것이다.

4

전쟁에
이성과 과학이
도입되다

전략과 전술의 탄생

앞에서 살펴보았듯 30년 전쟁은 이해관계가 얽힌 유럽의 각국이 닥치는 대로 치른 전쟁이었다. 전술은 찾아볼 길이 없었고, 무작정 달려들어 누가 더 행운아인지 지켜보는 형국의 싸움을 치렀다. 그러나 그로부터 100년이 지난 뒤 유럽의 전쟁은 전혀 다른 양상을 띠게 된다.

계몽주의 시대, 그러니까 18세기 중엽이 되어 이성이 인간 행동의 최고 원칙으로 떠오르자, 전쟁 역시 이성적으로 진행하고 과학적으로 고민해야 하는 합리적 범주에 포함되었다. 『손자병법』에서도 보았듯 이성적으로 치르는 전쟁만이 승리를 보장한다. 물론 비이성적으로, 열정만으로 시작하고 달려든 전쟁이 반드시 패배한다는 뜻은 아니다. 그러나 열정만으로 전쟁에서 승리하는 경우란 극히 드물다. 손자는 이렇게 말했다. "전쟁은 국가의 대사다. 국민의 생사와 국가의 존망이 걸려 있으므로 이해득실을 치밀하게 따져 보고 시작해야 한다."

체스처럼 꼼꼼하게 계획하고 실행에 옮겨 승리를 거두자! 18세기 말 나폴레옹의 연전연승에 영향을 받은 수많은 전쟁학자들이 머리를 싸맸다. 그들 중에서 특히 조미니와 클라우제비츠가 유명했다. 두 사람 다 현대 전쟁학의 창시자로 꼽히지만 조미니는 거의 잊힌 반면 클라우제비츠의 미완성 저작 『전쟁론』은 지금까지도 군사 전문가들을 비롯한 많은 사람들이 즐겨 읽는 고전이다.

앙투안 앙리 조미니Antoine-Henri Jomini, 1779~1869와 카를 폰 클라우제비츠Carl von Clausewitz, 1780~1831는 동시대인일 뿐 아니라 인생 역정도 비슷했다. 두 사람 다 참전 경험을 바탕으로 전쟁론을 썼고, 고대의 병서를 탐독했다. 특히 7년 전쟁 당시 프리드리히 대왕의 원정을 깊이 분석했다. 조미니는 나폴레옹 군대의 네Michel Ney, 1976~1815 원수 부관으로 근무했고 참모총장까지 지냈다. 그리고 여러 전장에서 나폴레옹의 최측근으로 전투를 치렀다. 1808년에는 네 원수와 함께 스페인으로 가서 스페인 백성에게 저지른 프랑스군의 각종 만행을 직접 목격하기도 했다. 스페인의 민간인들이 프랑스 정복군을 상대로 일종의 게릴라 전투를 벌이고 있었던 것이다.

그 무렵 클라우제비츠는 프로이센의 군 개혁가 샤른호르스트와 그나이제나우의 측근이었다. 그리고 조미니가 프랑스군 지휘부로부터 따돌림을 당하다가 퇴역하고 적군, 즉 러시아 황제 알렉산드르 1세(재위 1801~1825)의 군대로 들어갈 당시 클라우제비츠 역시 러시아군에서 나폴레옹을 상대로 싸웠다. 나폴레

❖ ― 1859년경의 조미니를 그린 초상화

옹이 1812년 선전 포고도 없이 러시아를 침공했던 것이다. 클라우제비츠는 ― 많은 그의 동료 장교들이 그랬듯 ― 나폴레옹과 결탁하여 러시아를 치겠다는 프로이센 왕 프리드리히 빌헬름 3세(재위 1797~1840)의 결정에 경악했다. 그러나 1813년 다시 프로이센군으로 들어가 나폴레옹을 상대로 한 해방 전쟁1813~1815 때 프로이센군의 참모총장을 지냈다.

조미니와 클라우제비츠의 전쟁론은 나폴레옹 전쟁이 없었다면 탄생하지 못했을 것이다. 그러나 프리드리히 대왕의 전투에 대한 분석 역시 그 못지않은 영향을 미쳤다. 프리드리히 대왕의 전투에 대해서는 나폴레옹도 깊이 연구했다. 나폴레옹은 프리드리히 대왕의 열렬한 숭배자였다. 한번은 로이텐 전투(1757년 12월 5일 오스트리아를 상대로 싸웠다) 하나만으로도 프리드리히 대왕은 영원불멸의 존재가 되었노

❖ ― 젊은 시절의 클라우제비츠

라고 말하기도 했다. 당시 프리드리히 대왕은 3만의 군사로 8만의 오스트리아군을 무찔렀다. 물론 프로이센의 무기가 훨씬 뛰어났다는 이유도 있었다.

조미니와 클라우제비츠 둘 다 나폴레옹의 전쟁 방법을 전쟁론의 원칙으로 삼았지만 두 사람의 이론은 크게 차이가 난다. 조미니는 전술, 즉 개별 전투에 더 비중을 두었다. 전술이 전쟁의 승패를 결정하는 요인이라고 보았다. 반면에 클라우제비츠는 전략, 즉 지도 위에서 짜는 장기 계획을 더 선호했다. 물론 두 사람은 전략과 전술이 별개의 것이 아니라는 사실을 매우 잘 알고 있었다.

이로써 현대 전쟁론의 가장 중요한 두 개념, '전술'과 '전략'이 등장했다. 전술은 전장에서 싸우는 기술, 병력을 장소와 계절 조건에 따라 최적으로 배치하는 기술이다. 좀 거칠게 표현하자면 올바른 전술은 전장에서 벌어지는 '살육'이 질서 정연하고 효과적이도록 만들어야 한다. 전략은 전장 전체를 굽어보면서 전쟁을 전체적으로 계획하고 전쟁의 목표에 맞게 전투를 활용하는 기술이다. 여기에 세 번째로 병참학, 즉 군수품 보급 조직이 추가된다. 병참을 잘 운영해야 전략과 전술을 제대로 실행할 수 있다.

실패한 정치가 전쟁을 부른다

클라우제비츠의 『전쟁론』은 전술의 문제를 거의 다루지 않았던 반면 조미니는 주로 전술에 관한 원칙과 사상을 발전시켰다. 조미니의 이론이 클라우제비츠의 이론에 비해 주목을 덜 받은 이유가 그 때문인지 모른다.

현대전에서는 전략이 전술보다 중요하다. 전술은 개별 전투의 승패에 영향을 미치지만 몇 년에 걸쳐 넓은 공간에서 치르는 전쟁 전체를 이기려면 치밀하고 유연한 전략이 필요한 법이다. 전략에 관해서라면 손자와 더불어 클라우제비츠의 이론을 능가할 저서가 없다. 그런 이유로 두 사람의 저서는 현대의 전략적 사고에 큰 영향을 미쳤고 군사 아카데미─와 경영자 프로그램─에서 널리 읽히는 것이다. 따라서 우리도 조미니보다는 클라우제비츠에 치중하여 전쟁론을 다루어 볼까 한다.

전쟁이란 모두 의도적 정치 활동이며 특정한 목표를 달성하기 위해 국가가─이성적 전략을 이용하여─주도한다는 진리를 처음으로 깨달았다는 사실 하나만으로도 클라우제비츠는 조미니에 비해 훨씬 뛰어나다. 물론 클라우제비츠는 전쟁이 이성과 관련되어 있는지에 대해서는 질문을 던지지 않았다.

앞에서도 언급했듯 클라우제비츠는 나폴레옹의 전투 지휘법에 열광했다. 나폴레옹을 '전쟁의 신'으로 추앙할 정도였다. 실제로 나폴레옹의 전쟁은 새로웠다. 무엇보다 전 유럽을 구보로 유린했다는 사실은 군대가 지닌 힘을 새롭게 발견한 것이라 할 수 있었다. 군대의 규모 역시 이전의 어떤 군대와 비교할 수 없을 정도로 거대했다. 러시아전에서는 60만 명의 군인을 동원했다. 도전하는 자가 승리한다! 그것이 그의 신조였다. 특히 막강한 수적 우세가 승리를 보장한다고 생각했다. 물론 러시아의 덫에 걸려든 나폴레옹군이 수적 우세로 인해 오히려 큰 피해를 입기도 했지만 말이다. 그보다 50년 전 프리드리히 대왕만 해도 불과 수만 명의 병사를 이끌고 전장으로 향했다.

그러나 클라우제비츠는 나폴레옹의 성공이 단순히 수적 우세에서 비롯된 것은 아니라는 사실을 잘 알고 있었다. 나폴레옹이 프로이센군이나 오스트리아군을 대파할 수 있었던 이유는 상대가 아직 18세기의 전투 방법에 머물러 있는 동안 나폴레옹군은 프랑스 혁명으로 촉발된 새로운 시대의 열매를 전쟁에 활용했기 때문이다. 나폴레옹군은 자유롭고 평등한 시민군으로 구성되어 있었고, 이러한 사실은 엄청난 힘을 발휘했다. 봉건 군대의 병사들은 억지로 전쟁터에 끌려 나왔다. 프랑스의 '대군Grande Armée'은 실제로 거대한 군대였다. 나폴레옹은 프랑스 혁명의 원초적 에너지를 군사적으로 활용했던 것이다.

클라우제비츠의 이론에는 '전면전'의 싹이 숨어 있다. 그는 최소한의 폭력만 사용하는 '인간 친화적' 전쟁이 가능하다는 믿음을 단호하게 거부했다. "전쟁처럼 위험한 일에서는 선의로 저지른 오류가 최악의 오류가 된다."

❖ ─ 나폴레옹 군대의 강력함을 설명하면서 프랑스 혁명의 에너지를 빼놓을 수는 없다. 다른 나라의 군대의 병사 대부분이 전장에 억지로 끌려나온 반면 나폴레옹 군대는 혁명을 이룬 동등한 지위의 시민들로 구성되어 있었다. 그림은 1798년 이집트의 맘루크 군대와 전투를 치르는 나폴레옹 군대를 묘사한 것이다.

　근본적으로 클라우제비츠는 모든 전쟁이 '사회 활동'이라고 단언했다. 전쟁이 사회 상황의 영향을 받는다는 뜻이다. 혁명적 사회의 군대는 군주제 사회의 군대와는 다른 방식으로 전쟁을 하며, 민주주의 사회의 전쟁 방식은 독재 사회와는 다르다. 그러므로 전쟁의 형태는 전쟁을 하는 사회의 정부 형태에 좌우된다. 이로써 전쟁의 주체는 백성이 아니라 국가, 더 정확하게 말해서 정부라는 사실이 다시 한 번 확인된 셈이다. 전쟁은 국가에 의해, 국가를 위해, 국가에 맞서 실행되는 조직화된 폭력이다. 이 세상에는 수많은 종류의 폭력이 존재하지만 그 대부분은 '전쟁'이라 불리지 않는다.

군대는 전쟁을 통해 목적을 이루려는 정부의 수단이다. 그러므로 군대는 정부가 군주제이든 공화제이든 독재이든 형태를 불문하고 정부에 봉사하는 군사 조직이다. 군대는 대부분 남성인 병사와 병사들이 사용하는 군수 물자로 구성된다. 병사는 국가의 이름 아래 합법적으로 무장하여 폭력을 행사하는 사람들이다. 이런 목적으로 모집되고 교육을 받고 병영에 기거한다. 병사들이 제 능력을 발휘하려면 훈련이 필요하다. 또 군복을 입고 있어야만 군인으로 인정을 받고 군복을 입고서만 전투에 참가할 수 있다. 병사들은 '공공연하게' 무기를 소지한다. 그리고 병사들의 행동을 책임지는 지휘관의 명령에 복종한다.

그러나 방금 설명한 내용들의 출전은 클라우제비츠의 책이 아니다. 19세기 말이 되어서야 전쟁의 규칙으로 자리 잡은 것들이다. 그에 대해서는 뒤에서 더 상세하게 알아보겠다. 다시 클라우제비츠에게로 돌아가 보자. 그는 전쟁을 폭력 행위로 보았고, 이런 폭력을 사용하는 데에는 한계가 있을 수 없다고 생각했다. 전쟁 중에는 폭력이 독립적인 생물체처럼 제 스스로 그리고 저절로 고조된다. 때문에 철학자 칸트는, 전쟁은 전쟁으로 죽는 사람보다 더 많은 수의 나쁜 인간을 만들어 낸다고 말했다.

전쟁은 한 국가가 다른 국가를 군대로 공격하고, 공격을 당한 국가가 다시 군대로 방어 태세에 돌입할 경우에 발생한다. 공격만으로는 전쟁이 성립되지 않는다. 방어가 있어야만 전쟁이 시작된다. 두 나라가 서로의 국경을 인정하는 동안에는 평화가 유지된다. 국경을 침범할 경우 전쟁의 원인이 수면 위로 떠오르는 것이다. 따라서 전쟁과 평화는 두 국가 사이의 국경 정하기에 기초를 두고 있다. 이는 평화와 전쟁을 제외한 제3의 상태가 불가능한 조건이다.

국가 간의 관계는 일반적으로 외교 정책의 일부다. 클라우제비츠는 전쟁 또한 외교 정책의 일부로 보았다. 혹은 그의 명언대로 "전쟁은 다른 수단을 이용한 정치의 연속이다." 전쟁은 정치의 일부이며 사회 활동이라는 클라우제비츠의 중요한 주장은 여기에서 나온다. 전쟁은 정치적 상황에서 출발하며 정치적 동기를 통해 유발된다. 정치는 전쟁 행위 전반에 스며들어 있고, 전쟁의 경과를 통해 변화를 겪는다. 그리고 한 가지 사실만은 변함없이 분명하다. 군대는 정치에 예속된다는 점이다.

물론 전쟁이 정치의 일부일 수 있다. 그러나 전쟁은 정치의 실패이기도 하다. 다시 말해 분쟁을 평화롭게 해결하지 못하는 정치적 무능력이 전쟁을 낳는다는 뜻이다. 근본적으로 정치의 주된 임무는 분쟁을 평화롭게 해결하는 것이다.

클라우제비츠는 『전쟁론』의 서두에서 전쟁을 결투에 비유한다. "결투에 나선 사람은 상대에게 폭력을 가하여 억지로 자신의 의지를 달성하고자 한다. 최우선 목표는 상대를 쓰러뜨려 더 이상 저항할 수 없도록 만드는 것이다. 그러므로 전쟁은 우리의 뜻을 이루기 위해 상대에게 강요하는 폭력 행위이다."

클라우제비츠는 폭력에는 고삐를 끊고 끝까지 가려는 성향이 있다고 주장한다. 한쪽이 다른 쪽을 쓰러뜨리지 않으면 상대에게 당할 수 있기 때문이다. 따라서 한쪽은 다른 쪽에게 전쟁의 법칙을 강요한다. 폭력의 끝까지 가 보는 것이다. 클라우제비츠는 이렇게 말한다. "상대를 쓰러뜨리려면 자신의 힘을 상대의 저항력에 맞추어 조절해야 한다." 여기서 말하는 '자신의 힘'은 세 가지 기본적인 요소에 의해 좌우된다. "원래 의미의 병력과, 땅과 백성이 있는 나라, 그리고 우방이 그것이다."

공격과 방어에 대한 클라우제비츠의 견해

아무리 계획이 좋아도, 또 상대의 군사력을 정확히 파악했다 해도 우연의 법칙이 전장을 지배하는 경우가 많다. 클라우제비츠는 이렇게 말했다. "전쟁보다 더 우연과 지속적이고 일반적인 관계를 맺고 있는 인간 활동은 없다. 우연과 함께 운명이, 운명과 함께 행운이 전쟁에서 큰 자리를 차지한다." 그렇기 때문에 클라우제비츠는 전쟁을 게임과 비슷하다고 보았다. 게임에서도 다양한 가능성과 개연성, 우연, 행운, 불운이 큰 역할을 하기 때문이다. 클라우제비츠는 전쟁을 무역에 비유하기도 했다. 무역 역시 인간의 이해관계와 갈등이 얽혀 있는 활동이다. 무역 경쟁이 실제 전쟁으로 비화한 사례가 적지 않다. 무역은 - 정치와 결합하면 - '전쟁을 키우는 모태'다.

전쟁은 공격과 방어로 구성된다. 이에 관해서 클라우제비츠는 『전쟁론』 2부에서 상세하게 다루고 있다. 그는 프로이센 사람답게 냉철하고 엄격하게 문제에 접근한다. "방어의 개념은 무엇인가? 공격을 막아 내는 것. 그렇다면 방어의 특징은 무엇인가? 공격이 끝날 때까지 기다리는 것." 이런 구절도 있다. "그러나 실제로 자기편에서도 전쟁을 하자면 적에게 공격으로 앙갚음해야 하기 때문에 방어 전쟁에서는 이런 공격 행위가 방어라는 명목 아래에 일어난다. (…) 그러므로 방어전에서는 공격적으로 적을 칠 수 있고, 간소하게 편성한 개별 사단을 적군의 돌격에 맞서 공격적으로 활용할 수 있으며, 심지어 적군에게 총탄을 날려 보내기도 한다. 따라서 전쟁의 방어적 형태는 직접적인 방패가 아니라 능란한 일격으로 만든 방패다."

클라우제비츠는 한 나라를 정복하는 것보다 방어하는 것이 더 쉽다고 했다. "방어의 목적은 무엇인가?"라는 자신의 질문에 그는 이렇게 대답한다. "보존하는 것이다. 보존이 획득보다 더 쉽다. 이로부터 동일한 수단을 사용한다면 방어가 공격보다 쉽다는 결론이 나온다. 보존하고 지키는 것이 더 쉬운 이유는 무엇일까? 사용하지 않고 흘려보내는 시간은 모두 방어하는 편의 저울판으로 떨어진다. 씨를 뿌리지 않고도 열매를 수확하는 것과 같은 이치다. 이유가 무엇이든, 판단을 잘못했건 두려워서건 게을러서건 모든 공격 중단은 방어하는 편에 이익이 된다."

더구나 방어하는 편은 전장의 지리에도 밝다. 지리에 밝기 때문에 공격하는 편을 급습하여 역공을 꾀할 수도 있다. "급습이 효과를 거두려면 적의 예상보다 많은 군대를 출동시켜야 한다." 보통 공격하는 편은 길을 잃기 쉽지만 방어하는 편은 매복하고 기다렸다가 역습을 할 수 있다. 또 하나 무시할 수 없는 방어의 장점으로 자국민의 지원을 들 수 있다. 자신의 몸과 재산을 지키려는 사람들은 대부분 엄청난 애국심을 발휘하고, 이는 끈질긴 저항으로 발전하는 법이다.

그러나 방어만 하는 나라는 전쟁에서 이길 수 없다. 힘이 약해서 방어를 해야 한다면 힘을 키울 때까지만 수세적 입장을 고수하는 것이 좋다. 방어에서 공격으로 전환할 수 있을 정도로 힘을 키웠다면 당장 방어 자세를 버리고 역공을 취해 적에게 빼앗긴 지역을 되찾아야 한다. 방어자가 공격자를 물리치고 전쟁에서 승리할 수 있는지의 여부는 수많은 요인에 달려 있다. 그중에서도 특히 군사력, 즉 병사의 수, 병사의 자질, 무기의 성능 등이 큰 영향을 미친다.

이에 비해 공격하는 입장에서는 급습을 할 수 있다는 장점이 있고, 급습을 잘하면 전쟁을 제대로 시작하기도 전에 끝내 버릴 수 있다. 그러나 급습의 효과는 공격을 당한 쪽이 방어를 하면서 큰 실책을 저질렀거나 힘이 약한 경우에만 누릴 수 있다. 그러므로 예로부터 공격자의 최대 관심사는 공격을 최대한 빨리 성공시키는 것이었다. 정복 지역이 넓을수록 진군, 보급품 조달 문제, 정복한 지역의 점령 등으로 공격자의 힘이 점점 약해지기 때문이다. 러시아로 진군한 나폴레옹이 그랬고, 소련으로 밀고 들어간 히틀러가 그랬다.

공격을 중단하면 공격자도 금세 방어자로 입장이 바뀔 수 있다. 퇴각(물러나면서 방어하는 것)은 대부분 이런 이유 때문에 발생한다. 지금껏 방어자의 입장이던 쪽은 공격자로 변한다.

전쟁은 항상 최악의 폭력, 다시 말해 절대적 무자비를 목표로 한

138

다는 클라우제비츠의 견해는 현대 전면전의 길을 터 주었다. 물론 클라우제비츠가 없었더라도 현대의 전쟁은 전면전으로 흘러갔을 것이다. 그럼에도 전쟁 이론서 중에서 가장 유명한 저서가 한계가 무너진 잔혹한 전쟁을 다루고 있다는 사실은 놀랍기 그지없다.

클라우제비츠는 전쟁을 수행하는 일반적인 원칙을 거론하면서 이렇게 말했다. '그 목표에 도달하기 위해 지켜야 하는 가장 중요한 첫 번째 원칙은 최선의 노력을 기울여 우리가 가진 힘을 모조리 쏟아붓는 것이다. 조금이라도 절제한다면 목표를 이룰 수 없다. 성공의 가능성이 분명하지 않다 해서 노력을 다하지 않는 것은 현명하지 못한 짓이다. 그러한 최선의 노력이 결코 불이익을 안겨 줄 리는 없기 때문이다. (…) 그로 인해 나라가 심한 압박을 받는다 해도 불이익이 발생하지는 않는다. 압박은 금세 사라질 것이기 때문이다.' 승리에 도움만 된다면 적국에 대한 온갖 만행도 정당화될 수 있다. 히틀러 시대의 독일이 유럽에서 일으킨 전쟁은 바로 이런 클라우제비츠의 원칙을 따랐다.

시대를 막론하고 클라우제비츠의 추종자들이 적지 않다. 군 관계자들뿐 아니라 사회의 다른 분야, 특히 시장을 두고 경쟁하는 기업에서 클라우제비츠의 저서를 즐겨 읽는다. 전쟁이건 다른 갈등 상황이건 유용한 전략 모델은 모두 클라우제비츠와 손자에 뿌리를 두고 있다. 그러나 클라우제비츠를 비판하는 사람들도 없지 않았다. 이들은 무엇보다 방어를 더 강력한 전쟁 수행 방법이라고 보는 클라우제비츠의 견해를 반박한다. 공격이 최고의 방어가 되려면 상대보다 힘

❖ ― 나폴레옹 군대는 신속한 공격과 기동성을 바탕으로 연전연승을 거두었다. 나폴레옹의 군사 전략을 모델로 삼은 클라우제비츠가 방어전에 우위를 두었다는 사실이 놀랍다.

이 우세해야 한다. 공격만이 이 우세한 힘을 결정적 지점, 즉 적의 가장 취약한 지점으로 보낼 수 있기 때문이다. 문제는 이런 취약 지점을 힘들여 찾아냈는데, 알고 보니 적의 위장 전술인 경우도 있을 수 있다는 것이다.

원칙적으로는 그들이 옳다. 적이 내게 어떤 행동을 강요할 때까지 기다리는 자는 승리의 기회를 놓칠 수 있다. 방어에만 전력을 다한다면 아무리 좋은 결과가 나와도 기껏해야 무승부다. 전쟁의 승부는 공격으로만 가릴 수 있다. 게다가 방어만 하다 보면 어쩔 수 없이 힘이 분산된다. 특히 상대의 공격이 집중적으로, 대량으로 신속하게 진행되는 경우가 그러하다. 격렬한 공격, 특히 급습은 방어자의 계획을 수포로 만든다. 따라서 방어의 효과를 최대치로 누리고 싶다면 어쩔 수 없이 공격도 해야 한다. 클라우제비츠가 말한 방어도 근본적으로는 그런 것이었다. 공격하는 방패!

클라우제비츠를 비난하는 사람들은 또 그가 공격과 방어를 주고받는 상황에 대해서는 크게 고민하지 않았다고 말한다. 어떻게 방어하고 어떻게 공격하는지는 대단히 중요하다. 공격에도 방어에도 나름의 강점과 약점이 있다. 몇 년씩 전쟁이 계속되다 보면 공격과 방어가 수없이 엎치락뒤치락한다. 공격으로 시작했던 원정이 방어전으로 끝난 사례가 적지 않다.

방어가 장점이 되는 이유는 공격자가 공격을 하면서 우월한 위치를 제대로 활용할 줄 모르기 때문이다. 클라우제비츠의 말대로 방어자가 홈그라운드의 이점을 잘 이용하는지도 의문스럽다. 방어하는 입장에서 홈그라운드의 이점을 완벽하게 누리기 위해서는 방어 진지를 구축한 지점으로 적의 공격이 들어와야 한다. 하지만 꼭 그렇게 되는 건 아니다. 공격자가 옆이나 뒤를 공격할 수도 있고, 그로 인해 방어자가 애써 골라 둔 전장을 버리고 어쩔 수 없이 유리하지 않은 지형으로 이동해야 하는 경우도 있다. 심지어 지형이 공격자에게 유리해서 처음부터 방어가 힘들거나 아예 불가능할 수도 있다. 방어자는 적이 어디를 공격해 들어올지 정확히 알 수 없다. 전쟁사를 뒤져 보면 예상치 못한 지점을 급습했던 사례가 수없이 많다.

클라우제비츠는 방어는 항상 자국(홈그라운드)에서만 해야 한다고 잘못 생각했다. 자기 땅에서도 적국의 땅에서도 방어는 가능하다. 그리고 공격이 항상 남의 땅으로 쳐들어가는 것을 의미하지도 않는다. 자국 땅에서도 공격이 가능하다. 장기간 적군에게 점령당한 경우가 그렇다. 프리드리히 대왕과 나폴레옹의 전투법을 모델로 삼았던 클라우제비츠가 방어에 최고의 지위를 부여했다는 사실은 놀라운 일이다. 위대한 두 사령관은 신속한 공격을 감행하여 승리를 거두었던 인물들이기 때문이다.

나폴레옹과 프리드리히 대왕

젊은 사령관 나폴레옹의 명성은 이탈리아에서 시작되었다. 적군(오스트리아군과 피에몬테군)을 혼란에 빠뜨렸던 부대의 신속함과 기동성이 일등공신이었다. 1796년 프랑스의 이탈리아 원정군 최고 사령관이 된 나폴레옹은 신속한 진군과 전략적 전투로 이탈리아반도를 정복했다. 시간이 촉박했기에 진지나 방어 시설을 구축하는 것은 애당초 고려 대상이 아니었다. 나폴레옹은 공격과 급습에 전력투구하는 현대 기동전의 창시자인 셈이다. 그 전에는 방어를 강조하는 수동적인 진지전이 주를 이루었다. 그러나 앞에서도 말했듯 나폴레옹의 대담한 기동전은 적이 수동적 자세로 일관할 경우에만 성공이 보장되었다. 나폴레옹이 워털루 전투에서 참패를 당한 이유는 적군이 이미 그의 움직임을 모방하여 기동전을 채택했기 때문이다. 적군이 나폴레옹의 방법으로 나폴레옹을 물리친 셈이다.

원칙적으로 따져 보면 클라우제비츠는 방어를 공격적 방어로 이해했기 때문에 자신의 견해를 스스로 약화한 꼴이었다. 순수한 방어는 호기를 노려 대담한 공격으로 전환하지 않을 경우 시간이 흐르면서 결국 패배에 이를 수밖에 없다.

『나폴레옹의 전쟁 금언』에는 이런 구절이 있다. "강도 산도 공격 지점이 없다면 방어할 수 없다. 방어 말고 아무 짓도 하지 않는다면 아무것도 얻지 못할 위험이 높기 때문이다. 방어를 공격적 이동과 연계시킬 수 있다면 자신보다는 적에게 더 큰 위험을 안겨 줄 것이다." 이 구절을 보면 클라우제비츠가 나폴레옹의 영향을 얼마나 많이 받았는지 잘 알 수 있다. 클라우제비츠의 책을 인용했다고 해도 곧이들을 만한 구절이다.

나폴레옹은 냉철한 전략가가 아니었다. 행운과 직관을 더 중시했다. "전투의 운은 한순간, 한 생각의 결과다. 다양한 판단으로 서로에게 접근하여 만나서는 한동안 치고받고 하다가 결정적 순간이 되면 도덕적 섬광이 일어나고, 최소의 예비군만 있으면 바로 실행에 들어간다." 엄격한 전쟁학에서는 나올 법한 소리가 아니다. 오히려 전술이라 부를 수준이다. 『회고록』에서 나폴레옹은 대승을 거두었던 아우스터리츠 전투 – 그곳에서 그는 1805년 10월 2일 오스트리아 황제 프란츠 2세와 러시아 황제 알렉산드르 1세의 군대를 무찔렀다 – 에서 여섯 시간만 빨리 공격했더라도 패하고 말았을 것이라고 말했다.

물론 그렇게 간단한 문제는 아닐 것이다. 설사 그렇게 간단하다 해도 나폴레옹 같은 천재적인 사령관들에게나 가능한 일이다. 그러나 나폴레옹 역시 전쟁에 패했다. 그의 위대한 모델이었던 프로이센의 프리드리히 대왕도 마찬가지였다.

프리드리히 대왕은 '장군들에게 전한 전술 강의'였던 자신의 저서 『전쟁의 일반 원칙』에서 전쟁의 방법을 탐색했다. 근본적으로 그는 훌륭한 군인이 있어야 승리를 쟁취할 수 있다고 보았다. 훈련이 제대로 되지 않은 군인은 훌륭하게 싸우지 못하고 도망갈 기회만 엿보기 때문이다. 특히 돈을 주고 산 용병의 경우 더더욱 그러하다. 그러므로 사령관의 기술은 병사들을 깃발 아래로 단결시키는 것이다. 그렇게 만들 수 있는 가장 좋은 방법은 사령관이 병사들 가까이 있는 것이다. 그래서 병사들이 생각을 하지 못하도록 만든다. "내 병사들이 고민을 시작했더라면 아마 한 사람도 대열에 남아 있지 않았을 것이다." 전쟁은 이성적인 사람들이 할 짓이 아니다.

또 프리드리히 대왕은 항상 적에게 적이 원치 않는 일을 강요해야 한다고 말했다. 예를 들어 신속한 진군으로 적의 배후를 쳐서 보급로를 차단함으로써 적이 싸울 수밖에 없도록 만드는 것이다. "전쟁을 하려거든 적의 군사력과 적의 동맹군이 제공할 수 있는 원조에 대해 정확히 알아서 이를 자신의 군사력과 비교하여 어느 쪽이 우세한지 판단해야 한다." 전쟁은 위대한 목표가 있어야만 정당화되지만 실행 가능한 것만 실행에 옮기고 그마저 세세한 부분까지 정확히 계획해야 한다. 전투 기간은 짧을수록 좋다. 물론 이런 글을 쓴 프리드리히 대왕은 정작 7년 전쟁을 치른 인물이었지만 말이다.

프리드리히 대왕의 전술은 많은 점에서 손자의 병법을 연상시킨다. "적이 개전을 수수께끼처럼 느끼게 해야 한다. 너희의 군이 어느 쪽에서부터 쳐들어갈지, 어떤 의도를 품고 있는지 도저히 풀기가 힘든 수수께끼 말이다." 또 이런 구절도 있다. "전투는 기회가 될 때마다 공격으로 전환한다는 기본 원칙을 고수하라. 너희의 움직임도 그것을 목표로 삼아야 한다." 혹은 이런 말도 있다. "적이 나무랄 데 없는 상황이거든 공격하지 마라. 그러나 아무리 작은 실책도 즉각 활용하라. 기회를 흘려보내는 자는 기회를 잡기 힘들다." 또 이런 말도

❖ ― 7년 전쟁 중 로이텐 전투에서의 프리드리히 대왕과 참모들을 묘사한 그림. 이 전투에서 프리드리히 대왕의 프로이센군은 수적 열세를 이겨 내고 오스트리아군을 물리쳤다.

있다. "이긴 전투를 이용하여 적을 끝까지 쫓고 너희의 이점을 최대한 활용하라. 이런 행운이 늘 찾아오는 게 아니다."

　후퇴하는 경우에 대해서도 잊지 않고 조언을 던진다. 프리드리히 역시 중요한 전투에서 패배의 쓴맛을 여러 차례 보았다. "전투에서 져서 수세에 몰리거든 얼른 후퇴해야 한다. 그러고 나면 병사들에게 다시 당당하게 적과 맞서도록 가르칠 것이며, 당한 수모를 반드시 되갚도록 용기를 키워 주어야 한다. 호적에게 당한 피해를 이자를 쳐서 갚을 수 있는 호기만 노릴 수 있다면 술책, 간계, 적이 잘못했다는 거짓 보도도 마다하지 말 것이다."

위대한 사령관이라면 명쾌한 전쟁론을 저술하고도 실제 전쟁에서는 참담하게 패할 수 있다는 점을 모를 리 없다. 심지어 프리드리히 대왕 자신도 자신의 이론을 늘 지킨 것은 아니라서 전장에서 말도 안 되는 실수를 – 대부분 부주의 때문에 – 저지른 적이 많았노라고 고백했다. 나의 전략은 적의 전략이 그것을 허용하는 동안에만 효과가 있는 법이다. 실제 전투에선 예상치 못한 수많은 요인들이 등장한다. 클라우제비츠는 전투의 결말이 애당초 열린 결말인 건 무엇보다 '무지'와 '마찰' 때문이라고 말했다. '마찰'이라는 개념은 아마도 물리학에서 차용한 듯하며 마찰로 인한 저항과 에너지 손실을 의미하는 듯하다.

'마찰'이라는 개념을 군대에 적용해 보면 군사 행동을 방해하는 모든 것을 뜻한다. 혹은 그의 말대로 '실제 전쟁이 종이 위의 전쟁과 다른 점'이다. 병력이 많을수록 각 부분 간의 마찰은 커질 것이고, 그러다 보면 그중 하나가 잘못될 개연성도 높아진다.

군이 제 기능을 다하려면 각 부분이 최대한 협력하여 서로에게 맞추어야 한다. 이는 병사들뿐 아니라 군수품에도 해당되는 사항이다. 군대가 훈련을 통해 병사들을 제 기능을 다하는 기계 부품으로 만들려고 노력하는 이유도 다 그 때문이다. 군사 훈련, 혹독한 신체 단련, 군인 정신 고취, 완벽한 조직의 명확한 명령 체계 등을 통해 모든 차원에서 기계 같은 동형을 만들어 내야 한다. 모든 차원은 최대한 장애 없이 서로 지속적으로 접촉해야 한다.

각 부분 간의 심한 '마찰'은 군대 전체를 마비시킬 수 있다. 군대의 몸집이 클수록 승리의 기회도 많아지지만 몸집이 크면 행동이 굼 뜨기 마련이다. 몸집의 크기는 타격력을 키우지만 이 타격력을 활성 화하는 문제도 따라서 커진다. 따라서 명령 체계가 길어지고 총체적 파악이 힘들어져 최고 상부의 명령이 실행 소대까지 전달되는 데 걸 리는 시간도 길어진다. 대부대는 24시간 안에 두세 가지 이상의 명 령에 반응할 수가 없다. 오늘날 아무리 현대식 소통 수단이 발달되 었다 해도 마찬가지다. 이 점에서만큼은 나폴레옹 시대부터 근본적 으로 변한 것이 없다.

여기에다 적군과 적의 의도에 대한 무지가 추가된다. 아무리 훌 륭한 스파이도 적의 모든 것을 알아낼 수는 없는 법이다. 전쟁 경험 이 많았던 프로이센의 원수 헬무트 폰 몰트케도 적은 보통 그가 닦 아 놓은 세 갈래 길에 포함되지 않는 네 번째 길을 택한다고 말한 바 있다.

정리해 볼까요 ?

전쟁학은 오늘날까지도 허점이 많다. 전투에서는 병력, 병사들의 전투력, 지휘부의 전략과 전술도 중요하지만 그 못지않게 우연성이 중요한 역할을 하기 때문이다. 그럼에도 전쟁학은 뒤죽박죽인 사건을 어떻게든 체계화해 보려는 노력이다. 전쟁의 파괴적 힘이 전쟁의 계획마저 파괴해 버리는 경우가 허다한 것이다.

클라우제비츠의 전쟁론은 근본적으로 전쟁의 혼란을 종식하려는 시도에서 출발했다. 그러나 다름 아닌 현대전을 지켜보면서 전쟁론의 목적은 훌륭하지만 그 결과가 그리 성공적이지는 못하다는 사실을 새삼 확인하게 된다. 전쟁에 이겼다고 해서 좋아할 것도 아니다. 언젠가는 다시 패배자가 될 수 있다. 다음 장에서 살펴볼 식민지 전쟁이 확인시켜 줄 진실이다.

5

왜
아프리카 사람들은
가난할까?

식민지 전쟁은 왜 잔혹할 수밖에 없는가?

전쟁의 가장 흔한 형태는 이웃 국가 간의 전쟁이다. 이웃한 나라들은 멀리 떨어져 있는 나라들에 비해 싸울 거리가 많은 법이다. 영토 분쟁, 과거의 앙갚음, 대륙의 패권 등이 다툼의 이유이고 경제적·군사적 수준이 비슷한 국가끼리 싸우는 경우가 보통이다. 전쟁이 끝나고 승자와 패자가 결정되어 패자가 승자에게 영토를 양도하고 전쟁 배상금을 지불하더라도 패전국은 여전히(영토가 줄어들고 힘이 약해진) 국가로 남는다. 그리고 평화 조약이 체결되면 승자는 정복한 땅에서 물러나고, 두 나라는 다음 전쟁이 터질 때까지 새로운 관계 아래에서 공존한다.

그러나 식민지 전쟁은 그렇지 않다. 전쟁이 일어나기 전까지 아무런 원한이나 갈등이 없었던 나라들끼리 싸우는 전쟁이다. 식민지 전쟁은 승전국이 정복한 나라를 완전히 제 것으로 삼고 그 나라의 백성을 노예로 만들거나 다른 방법으로 억압하며 심지어 완전히 멸족하기 위한 목적의 정복 전쟁이다. 멀리 떨어져 살고 있는 다른 사람들에게서 땅과 자원을 빼앗는 것, 다시 말해 그들의 땅을 식민지로 삼자는 것이다. 전 지구적 차원의 강도와 살인 행각이나 다름없다.

그러니까 식민지 전쟁은 전통적인 국가 간의 전쟁이 훨씬 과격해진 형태다. 물론 이웃한 국가끼리의 전쟁이 식민지 전쟁의 성격을 띠어서 한 국가를 멸망시키고 문화를 파괴하려는 경우도 있다. 중국의 티베트 정복이 현대의 대표적인 식민지 전쟁이다. 중국은 티베트 민족의 터전과 문화를 말살했다.

그러나 식민지 전쟁이 전통적인 전쟁보다 더 참혹한 이유는 정복한 국가와 정복당한 국가가 멀리 떨어져 있다는 데 있다. 거리가 멀면 차이도 커진다. 인간은 대개 낯선 사람을 자신과 친하거나 비슷한 사람보다 덜 존중한다. 멀리 떨어진 국가 간의 식민지 전쟁에서도 같은 현상이 나타난다. 정복자들은 자기들이 점령한 국가의 낯선 사람들을 완전히 멸시한다. 인종 전쟁이라고 할 수 있다. 그리고 비겁한 전쟁이다. 식민지 전쟁을 주도한 나라들은 강대국들이었다.

❖ — 스페인 정복자 에르난도 데 소토와 그의 군대가 미시시피강 유역의 원주민들과 만나는 장면을 묘사한 그림. 소토는 잉카 제국을 유린한 스페인 원정대의 일원이었다.

그들은 별다른 위험 없이 엄청난 이익을 얻을 목적으로 체급이 훨씬 낮은 이들을 상대로 무자비한 폭력을 휘두르는 것이다.

15세기와 16세기에 진행된 스페인과 포르투갈의 아메리카 대륙 정복은 근대 식민지 전쟁의 원형으로 볼 수 있다. 골드러시에 눈이 멀어 살인을 서슴지 않았던 정복자들은 십자가를 치켜들고 폭력적인 기독교 전도를 외치며 '신세계'로 몰려들었다. 지금도 역사책들은 이 식민지 정복을 '발견'이라 부른다. 그러나 아메리카 대륙은 콜럼버스가 그곳에 도착하기 전부터 존재했고, 매력적인 문화를 가꾸며 살아가는 사람들이 있었다. 콜럼버스는 그들과 그들의 문화를 완전히 무시했다. 그래서 사람이 살지 않는 미지의 땅을 발견한 것처럼 행동했다. 자기들 마음대로 측량하고 나누어 가지고 착취해도 되는 땅인 것처럼.

지금도 대부분의 유럽 사람들은 아메리카 대륙의 '발견'을 민족 학살로 보지 않는다. 1500년경 아메리카 대륙에 8,000만 명이나 되는 사람이 살고 있었다는 사실을 아는 유럽인이 몇이나 되겠는가? 1550년경 그 수는 1,000만으로 줄어들었다. 멕시코 한 곳만 보아도 스페인의 정복 이전에는 2,500만 명이 살고 있었지만 1600년경에는 100만 명으로 급격히 줄었다. 아프리카 역시 마찬가지였다. 레오폴드 2세 치하의 벨기에령 콩고에서는 최고 1,000만 명에 이르는 사람이 말로 다 못할 고통을 겪으며 죽어갔다.

현대를 포함하여 어느 시대나 그랬던 것 같다. 인간이 타인에 대해 절대적인 권력을 휘두르는 곳에서는 생명에 대한 존중과 가치 질서가 무너진다. 그래서 '상상할 수 없는' 수준의 잔혹한 현실이 벌어지는 것이다.

그러나 '신세계의 발견'이라는 말이 완전히 틀린 것은 아니다. 이 식민지 전쟁은 유럽 '구세계'의 지평을 넓혔고 학문을 비롯한 여러 분야의 새로운 장을 열어 주었다. 전쟁보다 나쁜 것은 없지만 그 최악의 사건이 이로운 결과를 낳을 수도 있다는 점을 군이 숨기려 해서는 안 될 것이다. 전쟁은 인류의 지식을 넓히는 계기를 마련했고, 피로 얼룩지긴 했으되 수천 년에 걸쳐 여러 민족이 접촉하도록 했으며 – 완전히 멸종시키지 않았다면 – 낯선 사람, 다른 민족과의 정신적 접촉을 강요했다. 이렇게 본다면 학문의 역사는 고대 그리스인들의 식민 정책, 알렉산드로스왕의 동방 원정, 세계를 주름잡았던 헬레니즘 제국과 로마 제국, 아랍의 정복 전쟁, 미국의 성립으로 이어지는 폭력의 역사이기도 하다.

그중에서도 마지막 사건은 이른바 계몽주의 시대라는 18세기와 19세기에 일어난 일이었다. 계몽주의는 식민주의의 동반자가 되었다. 알렉산더 폰 훔볼트Alexander von Humboldt, 1769~1859처럼 교양이 풍부하고 자유분방하며 탁 트인 남자도 아메리카 대륙 정복의 득을 톡톡히 보았다. 스스로 인정했듯 그는 유럽 제국주의 권력의 수혜자였다. 그랬기에 그는 스스로를 "먼 세계를 정복하기 위해" 출정한 "지성의 권력"이라고 말했다. 과학자들의 연구 결과(진보)에서는 군화의 발자국 소리가 들린다. 알렉산더 폰 훔볼트는 스스로 많은 기여를 했던 학문의 성과와 학문의 발전이 방화와 약탈, 노예 제도를 동반한다는 암울한 인식 사이를 방황했다.

그리고 고문은 식민지 지배를 위한 잔혹하고도 효과적인 수단이었다. 스페인과 포르투갈의 고문 방법은 이미 모국에서부터 종교 재판을 통해 완벽한 테러 수단으로 발전해 있었다. 종교 재판 당시 고문을 해서 이단 혐의자의 고백을 강요했던 것이다. '신세계'의 정복자들은 원주민을 '야만인', '원시인', '야수'라고 부르며 고문의 도착적 쾌락을 마음껏 즐겼다.

식민지 전쟁 – 현대의 식민지 전쟁도 마찬가지다 – 이 이루 말

❖ ― 종교 재판을 하며 이단 혐의자를 고문하는 장면을 묘사한 그림. 유럽에서 발달한 고문 기술은 식민지 원주민들을 굴복시키는 유용한 수단이 되었다.

할 수 없이 불쾌한 이유가 바로 이 때문이다. 한 톨의 가책도 없이 인간을 동물로 취급하여 상상조차 하기 힘든 온갖 만행을 자행하는 것이다. 이는 괴롭혀도 상관없는 생명체로 생각할 때에만 할 수 있는 행동이다. 악행을 저지르는 인간을 두고 동물적이라느니, 야수 같다느니 하고 부르지만, 동물은 절대로 그런 악행을 저지르지 않는다. 고문을 하는 동물을 본 적이 있는가?

고문과 살인에 이은 식민지 전쟁의 세 번째 특징은 노예 제도다. 식민주의와 노예 제도는 함께 간다. 사실 '노예 제도'라는 말 자체가 너무 부드럽다. 노예 무역은 선적하여 이동하는 동안 죽어도 상관없다는 생각으로 사람들을 마구잡이로 끌고 간 추악한 짓거리였다.

아프리카의 눈물

지난 130년 동안 식민 정책으로 그 어느 곳보다 고통을 겪은 대륙은 아프리카였다. 스페인, 포르투갈, 영국, 네덜란드, 프랑스는 수백만의 아프리카 사람들을 잡아다 '신세계' 오지의 농장으로 끌고 갔다. 북브라질과 카리브해 연안, 훗날에는 미국 남부의 농장과 광산에서 노예들은 상상할 수도 없을 만큼의 부를 일구었다. 그러나 엄격하게 말해서 이들을 노예로 만든 사람들은 유럽인이 아니었다. 아랍과 아프리카의 노예 사냥꾼들이 가엾은 사람들을 잡아 유럽인에게 팔았던 것이다. 적지 않은 아프리카 종족이 수백 년 동안 이웃을 노예로 삼아 권력을 쥐었다. 현재 아프리카 국가들의 지배 계급 대부분이 노예 제도 시절 그런 사냥꾼들의 후손이다.

유럽의 농장주와 하수인들은 350년 동안 1,100만 명의 노예를 서아프리카 해안에서 아메리카 대륙으로 수송했다. 가축이나 물건처럼 갑판 밑에 몰아넣고 물도 제대로 주지 않은 채 끌고 가는 과정에서 목숨을 잃은 희생자가 엄청났다. 죽은 사람은 물론이고 병이 들어도 무조건 바다로 던져졌다. 그나마 살아남은 사람들은 사고파는 물건으로 전락하여 착취를 당했다. 가혹한 노동으로 목숨을 잃거나 아무것도 아닌 일로 학대를 당하다가 죽었다.

유럽의 초기 식민 정책 때만 노예 제도를 이용한 것이 아니었다. 잘 알려지지 않았지만 이슬람 세계도 유럽인 못지않게 많은 흑인을 노예로 삼았다. 7세기와 8세기에 숨 막히는 속도로 탄생한 이슬람

❖ ─ 쿠바를 점령한 스페인 정복자들이 원주민들을 학살하는 모습을 묘사한 그림

제국이 정복 전쟁으로 형성된 식민 제국이었기 때문이다. 이슬람 제
국의 영토는 서쪽으로 스페인에서부터 북아프리카와 소아시아를 거
쳐 동으로 인도까지 뻗어 있었다. 이렇게 땅이 엄청나게 넓다 보니
노예 수요도 엄청났다. 『쿠란』은 『성경』과 마찬가지로 노예 제도를
범죄로 보지 않는다.

　이슬람이 지배하는 지역이 확대될수록 아프리카는 노예의 '주
공급처'가 되어 갔다. 이슬람 세력이 아프리카로 들어가 전쟁을 한
이유도 오로지 노예를 얻기 위해서였다. 신앙의 확대는 부차적인 이

유였다. 이미 고대 그리스나 로마에서도 목격할 수 있는 노예 전쟁은 권력이나 명예, 영토를 목적으로 하는 '정상적인' 전쟁이 아니었다. 전쟁의 목적은 오로지 정복한 땅의 사람들이었다. 따라서 사람 씨앗 하나 남지 않을 정도로 주민들을 모조리 끌고 가 버리지는 않더라도 그곳의 사회적·정치적·문화적 정체성은 완전히 파괴되고 만다. 그러니 '민족 말살'이라는 말을 써도 전혀 과장이 아니다.

이슬람과 유럽의 식민 정책은 지금까지도 아프리카에 심각한 상처로 남아 있다. 1,250년 동안 아프리카에서 노예사냥으로 사라진 사람은 4,000만 명이 넘는다.

이처럼 초기 이슬람의 식민 정책(7~8세기)과 유럽의 식민 정책(16세기)은 아프리카의 노예화를 낳았지만, 19세기 유럽의 후기 식민 정책은 노예 제도를 종식시켰다. 특히 교회의 지배 계급과 달리 노예 제도를 비기독교적이라고 비판했던 유럽의 소수 기독교인들이 큰 공을 세웠다. 유럽 열강들은 자기들끼리 아프리카를 분할한 뒤 짧은 기간 안에 노예 무역을 금지했다. 그 이유는 식민지의 경제적 수탈(커피, 카카오, 차, 지하자원 등의 식민지 상품)에 총력을 기울이기 위해서였다. 하지만 그런 행위 역시 비기독교적일 수 있다는 비판은 아무도 제기하지 않았다.

그럼에도 서구 문화가 전 세계적으로 노예 제도를 종식하기 위해 엄청난 노력을 기울였다는 점만은 강조할 만하다. 민주주의와 더불어 서구 문화의 위대한 정치적 업적 가운데 하나일 것이다. 노예제 철폐 투쟁의 강도가 가장 강했던 곳은 북아메리카였다. 1861년

❖ — 스페인 식민지 점령군의 군인에서 성직자로 변신한 바로톨로메 데 라스카사스. 그는 어느 날 설교를 듣던 중 심경의 변화를 일으켜 아메리카 원주민 노예를 해방시켜야 한다고 주장하면서 아프리카 흑인이 훨씬 더 튼튼해서 노예로 값어치가 크다는 논리를 펼쳤다. 이를 계기로 노예 사냥꾼들은 아프리카를 주목하게 되었다.

부터 1865년까지 이어진 노예제 철폐 전쟁으로 36만 명의 미국인이 목숨을 잃었다. 전쟁의 시발점은 북부 지역 주州의 자유 교회(국가의 공식적인 교회에 속하지 않고 독립적으로 운영된 개신교의 여러 종파를 일컫는다. 장로교, 감리교, 침례교 등을 들 수 있다)에서 시작된 반노예제 운동이었다.

이슬람 세계에서는 아직도 노예 제도가 완전히 철폐되지 않았다. 특히 예멘, 모리타니, 사우디아라비아, 수단 같은 아라비아 국가에는 아직도 노예가 존재한다. 그중에서도 수단의 상황이 가장 열악하다. 이슬람 지배 계급은 아랍 기병대를 이용하여 흑인 종족을 착취하고 노예로 삼는 인종 전쟁을 멈추지 않고 있다.

'야만인'에게는 적용되지 않은 룰

앞서 말했듯 서구 세계는 19세기에 노예제를 폐지했다는 사실에 자부심을 느껴도 좋을 듯하다. 그러나 노예 제도 폐지는 유럽의 세계 정복 프로그램의 일환이었을 뿐, 유럽의 세계 정복 야욕은 끝나지 않았다. 식민지 주민들을 노예로 삼지는 않았지만 그 대신 '더 인간적인' 방법으로 억압했다. 형태만 부드러워졌지 인종주의는 변한 것이 없었다. 여전히 식민지 주민들은 열등한 존재이며 따라서 아무렇게나 대해도 된다고 믿었다.

유럽의 인종적 편견은 19세기 유럽의 군대가 식민지 대상으로 삼은 지역을 정복한 방법에서 여실히 드러난다. 그들은 인간을 경시했고 정복 방법은 잔인했다. 19세기에도 유럽 열강의 관심사는 오로지 권력 확대였다. 15세기와 16세기의 전통이 그대로 이어졌다. 다만 스페인과 포르투갈이 떠난 자리를 영국, 프랑스, 벨기에의 군인들과 측량 기사, 기술자, 상인들이 대신했을 뿐이다.

19세기 유럽에서는 거의 전쟁이 일어나지 않았고 그나마 일어난 소수의 전쟁은 상당히 문명화되었다. 다시 말해 일반 백성에게는 피해가 가지 않도록 아주 조심했다. 그러나 일단 유럽 땅을 떠났다 하면 말로 다 할 수 없는 만행들을 예사로 저질렀다. 그 이유는 앞에서도 이미 설명했다. '문명인'과 '야만인'을 구분하고 스스로는 문명인이라고 생각했기 때문이다.

인간은 본성상 그런 구분을 좋아한다. 사람들은 세상을 '우리'와 '남'으로 나누고, 선(우리)과 악(남)으로, '가치 있는 사람'과 '무가치한 사람'으로 나눈다. 이런 식의 분류는 최악의 경우 '남'에게서 인간의 권리를 박탈해 버리는 결과를 낳으며, 설사 그렇지 않다 해도 상대를 나보다 열등한 존재로 취급하게 한다. 1900년경 널리 보급되

❖ ─ 1879년 아프리카 줄루족을 상대로 펼친 영국군의 식민지 전쟁을 묘사한 그림

었던 전형적인 인종주의 저서들을 보면 그런 구절을 쉽게 찾아볼 수 있다. "한대 지방은 의지와 인간을 단련시키기 때문에 그곳 아이들은 온대 지방의 허약한 주민들보다 우월하다."

1898년에 나온 이른바 『민주주의 노래책』에는 이런 가사가 적혀 있다. "왜 우리 독일인들은 아프리카로 갔을까? / 들어봐, 들어봐! / 노예 제도는 우리가 폐지했어. / 멍청이가 우리한테 아무것도 원치 않거든 / 얼른 그놈의 입을 영원히 막아 버려야 해. / 빵빵, 탕탕, 빵빵, 탕탕, 만세! / 오, 행복한 아프리카! / 우리는 이교도에게 기독교를 설파하네. / 얼마나 용감한지! / 믿지 않겠다는 놈은 죽여 버리지. / 탕탕, 빵빵! / 기독교의 사랑을 / 우리한테 총칼로 배우는 / 야만인들은 행복하리니. / 빵빵, 탕탕, 빵빵, 탕탕, 만세! / 오, 행복한 아프리카!"

이러한 인종적 편견은 식민지에서 유럽 열강이 벌인 전쟁에서도 그대로 드러난다. 본토인들을 잔혹하게 말살한 사건은 수를 셀수 없을 만큼 많았다. 30년 전쟁의 잔혹함이 현대의 옷을 입고 다시 등장했고, 그 부분에서만큼은 영국도 프랑스도 독일도 다를 것이 없었다.

식민지에 파견된 유럽 군인들은 30년 전쟁 때와 마찬가지로 용병이 주를 이루었다. 유럽 대륙에서는 프랑스 혁명 이후 병력 의무제가 생기는 바람에 용병이 사라졌다. 군대는 국가의 교육 시설이되어 19세기 유럽 전쟁의 '인간화'에 많은 기여를 했다. 그러나 유럽 땅을 벗어나면 여전히 용병들을 고용했고, 심지어 이들이 식민지군의 기초를 형성했다. 식민지의 전투 방법이 잔혹했던 이유도 상당부분 용병 제도에 그 원인이 있었다. 지금까지도 존재하는 악명 높은 프랑스 외인부대는 19세기 이후 각국의 범죄자, 모험가, 경제 사범들의 집합소였다.

식민지의 국가들이 대부분 정식 군대를 양성하지 않았고, 특히아프리카의 경우 전통적으로 부족의 남자들이 모두 전사가 되었으므로 식민지 전쟁의 대부분은 부족 전체를 공격하는 양상을 띠었다. 1898년 영국군은 이집트에서 창으로 무장한 마디족 전사 수천 명을단 여섯 정의 기관총으로 몰살했다. 그것은 동등한 군대끼리의 전투

❖ — 1899년에 열린 제1차 헤이그 평화 회의. 군비 축소와 세계 평화를 논의한 이 회의에서는 전쟁시 독가스 살포를 금지하고 특수 탄환 사용을 중지하자는 등의 뜻을 모았다.

가 아니라 대량 학살이었다. 마디족의 전사들은 이 현대식 화력의 정체를 이해하지 못했고, 따라서 절망적인 심정으로 영국군 진지로 달려들었다.

　그야말로 식민지는 인간 학살의 무대였으며, 신무기와 대량 살상 무기의 시험 장소였다. 유럽에서는 오래전부터 국제 협약 - 1899년 헤이그 평화 회의의 규정 - 을 통해 전쟁의 '인간화'를 추진했지만 식민지에서는 아무도 적에게 그런 배려를 베풀지 않았다.

　예를 들어 유럽에서는 군사적으로 어쩔 수 없는 경우가 아니라면 전쟁에서 민간인을 폭력으로부터 보호해야 한다는 협약을 맺었다. 전쟁은 군복을 입어 군인이라는 신분이 확실하고 지휘관의 지휘를 받는 군인들끼리의 일이기 때문이다. 그러나 식민지로 파견된 군인들은 식민지의 국민 전체를 상대로 전쟁을 해도 좋다는 면벌부를 받았다. 식민지는 정부와 군대, 민간인 간의 경계가 명확하지 않았고 군복을 입은 군인 대신 부족의 남성 전체가 전사였기 때문이다. 정복자들에게 무기를 겨누는 즉시 그들은 강도나 게릴라 취급을 받았다. 여자와 아이라고 해서 예외가 아니었다. 따라서 온갖 만행을 저지를 수 있는 길이 열려 있었다. 유럽의 식민지 점령군은 전쟁을 하는 것이 아니라 사냥을 하는 것처럼 행동했다. 그곳 주민들은 한낱 야생 동물에 불과했다.

유럽에서 일어난 전쟁과 식민지 전쟁의 차이는 다음의 예에서도 확인할 수 있다. 1874년 브뤼셀 회의는 불필요한 고통을 유발하는 총기의 사용을 금지했다. 탄피가 없는 이른바 연금속 총으로, 이 총에 맞으면 부상의 정도가 아주 심했기 때문에 유럽 땅에서는 그런 식의 총탄을 쓰지 말자고 합의했던 것이다. 정확히 같은 시간, 영국군이 개발하여 '둠둠'이라는 이름으로 인도와 수단의 식민지 전쟁에서 사용했던 무시무시한 신무기에 대한 보도가 있었다. 당시의 뉴스를 보면 이런 구절이 있다. "효과가 무시무시하다고 하며 맞은 자리의 근육이 파열되기 때문에 상처가 너무 심해 대부분의 경우 회복이 불가능하다고 한다."

이 총기가 탄생하게 된 배경 역시 추악하기 이를 데 없다. 영국군이 기존에 쓰던 구경이 작은 총으로는 아무리 명중을 시켜도 적(식민지 부족의 전사)이 다시 일어나 돌진했다. 그래서 효과를 높이기 위해 부드러운 납심이 나올 때까지 딱딱한 탄피의 끝을 갈았다. 이 부드러운 끝이 사람 몸속으로 들어가면 눌려 납작하게 되기 때문에 전쟁의 목적 이상으로 심각한 상처를 입혔던 것이다. 그래도 둠둠을 '문명화되지 않은 원주민'들에게 사용해서는 안 된다고 생각한 사람은 하나도 없었다.

식민지 열강들

1871년 독일 제국으로 거듭난 독일은 유럽의 다른 열강들보다 한발 늦게 식민지 쟁탈전에 뛰어들었다. 때문에 다른 식민지 열강들이 먹다가 남겨 놓은 땅에 만족할 수밖에 없었다. 그런 상황을 만회하려는 의도였는지 식민지 개척에 대한 독일의 열의는 다른 어느 나라보다도 뜨거웠다. 그리고 독일에서는 지금도 독일이 아프리카 땅에서 실시한 '훌륭한 식민지 정책'의 전설이 나돌고 있다. 당시 식민지 원주민들이 영국이나 프랑스, 벨기에가 아닌 독일을 식민지 주인으로 섬기게 된 것을 기뻐했으며, 그 후손들이 오늘날까지도 그러한 사실을 다행으로 여기고 있다는 내용이다.

작가 조지프 콘래드는 벨기에령 콩고를 '어둠의 심장'이라고 불렀다. 그러나 독일이 지배한 남서아프리카(지금의 나미비아)는 아무리 점수를 후하게 주어도 '지옥의 심장'이라고밖에 부를 수 없다.

독일 식민지 부대는 1904년부터 1908년까지 유목 민족 헤레로를 상대로 유례없는 말살 전쟁을 펼쳤다. 독일이 저지른 최초의 민족 말살이었다. 독일령 동아프리카(현재의 탄자니아) 역시 만행의 별천지이기는 마찬가지였다. 현재 탄자니아 남부에 사람이 거의 살지 않는 아프리카 최대의 황무지가 있는 것은 독일의 식민지 지배, 다시 말해 완벽한 멸족 정책이 낳은 결과다. 나미비아의 경우 비옥한 토지 대부분은 지금도 백인 소유지다. 한때 그 땅의 주인이었던 헤레로족은 20세기 초만 해도 인구가 약 8만 1,000명이던 것이 4년의 전쟁 끝에 1만 5,000명으로 줄었다.

1904년 1월 11일 밤에 시작된 이 전쟁은 처음부터 의도적인 말살 전쟁이었다. 물론 유럽 열강의 식민지 전쟁이 하나같이 잔혹했지만 아프리카 남서부에서는 특별히 체계적인 대량 학살이 자행되었다. 이것이 동시대 다른 식민지 전쟁과의 차이점이다. 원래 종족 말살은 식민지의 구상과 어울리지 않는다. 백인 주인들은 흑인 노예가 필요하기 때문이다. 그것도 대량으로. 따라서 일을 시키려면 산 채로 잡아야 했다.

1904년 1월의 그날 밤 어느 편에서 먼저 총을 발사했는지는 아무도 모른다. 그러나 독일의 도발이 헤레로족의 저항을 촉발했을 것이라는 사실은 누구나 짐작할 수 있는 일이다. 백인들이 계속해서 땅과 가축을 빼앗아 갔다. 1884년 남서아프리카는 공식적으로 독일 제국의 '보호령'으로 지명되었고 몰려든 독일 이주민들의 만행은 헤레로족을 절망적인 저항으로 몰아붙였다. 무엇보다 일꾼들에 대한 가혹 행위와 여성들에 대한 강간이 저항심을 키웠을 것이다. 독일인들은 헤레로족의 자부심과 품위를 무너뜨리기 위해 의도적으로 이들을 멸시했다.

소박하기 이를 데 없는 무기를 사용하고도 처음에는 헤레로족이 승리를 거두어 몇 군데 마을을 제외하고는 모두 그들이 장악했다. 특히 외딴 마을에서는 헤레로족이 123명의 백인 이주민을 죽이기도 했다. 물론 독일 측의 거짓 선전과는 달리 이들은 여성과 아이들, 선교사는 보호했다.

이 사건으로 독일이 들끓었다. 독일 총독 로이트바인이 '헤레로족을 완전히 멸족시키자는 경솔한 목소리'를 향해 경고를 보냈지만, 그의 말은 더 이상 힘이 없었다. 베를린에서 총사령관 로타어 폰 트로타가 남서아프리카로 파견되었다. 그는 1900년 중국의 '의화단 사건' 때에도 무자비한 탄압으로 이름을 날렸던 인물이다. 폰 트로타는 이 전쟁을 처음부터 '인종 전쟁'이라고 보았고, 따라서 '저항하는 부족들은 피의 강물로' 섬멸해야 한다고 생각했다. 그리고 그의 뜻은 현실이 되었다. 결전은 1904년 8월 11일 워터버그에서 벌어졌다. 약 6,000명의 헤레로 전사가 여자들과 아이들, 가축을 이끌고 워터버그에 보루를 쌓았다. 독일군에게 포위를 당했고 군사적으로도 턱없이 열세였지만(폰 트로타는 400명의 잘 훈련된 군인들을 거느렸고 36문의 대포와 14정의 기관총으로 무장했다) 헤레로족 수천 명이 포위망을 뚫고 오마헤케 사막으로 도망을 쳤다. 그로써 전쟁은 끝이 났다.

그러나 그때부터 체계적인 학살이 시작되었다. 독일 '방위 부대'의 추격단은 남녀노소를 가리지 않고 무차별적으로 살해했다. 그리고 몇 안 되는 사막의 오아시스를 점령한 채 사람들을 고통스러운 갈증에 그대로 방치했다. 폰 트로타가 그 악명 높은 '말살 명령'을 내렸던 것이다. "독일 경계 안에서는 무기 소지, 가축 동반 여부를 가리지 않고 헤레로족은 무조건 사살한다. 여자나 아이라고 해서 봐주지 않을 것이며 모조리 자기 부족에게 되돌려 보내거나 사살해 버릴 것이다." 대부분의 헤레로족이 사막을 빠져나가지 못했다. 한 독일 장교는

❖ — 1905년의 로타어 폰 트로타

이렇게 적었다. "죽어가는 사람들의 헐떡이는 소리와 엄청난 분노의 절규가 끝없는 고요 속에 메아리쳤다." 잔혹함에서도 독일군은 타의 추종을 불허했다.

나라의 북쪽에서 독일군이 헤레로족을 말살하고 있을 시각, 남부의 나마족이 봉기했다. 나마족은 즉각 파견된 독일군을 상대로 극도로 지능적인 효과 만점의 국지전을 펼쳤고 승리를 눈앞에 두고 있었다. 하지만 이번에도 독일군은 나마족을 사막으로 내몰아 갈증으로 죽게 만들거나 아니면 그사이 나라 곳곳에 세워 놓은 '집단 수용소

Konzentrationslager'에 가두었다. 훗날 제3제국에서 잔악함의 대명사가 된 집단 수용소라는 개념이 독일 언어사에 처음으로 등장한 시점이 었다. 이 아프리카의 집단 수용소 역시 나치 시대와 마찬가지로 여자와 어린이들을 잡아 가두었고, 그중 상당수가 그곳에서 목숨을 잃었다. 한 예로 상어섬의 집단 수용소에서는 6개월 동안 1,795명이던 포로 중에서 1,032명이 죽었다.

전쟁이 끝나자 생존자들은 엄격한 통제를 받았다. 열네 살 이상의 모든 남녀는 표식을 달고 다녔고 강제 노동에 시달렸다. 목표는 총체적으로 계획된 강제 시스템을 구축하는 것이었다. 30년 후 나치의 말살 전쟁과 인종 학살을 예고하는 인종 국가였던 셈이다.

다행히 헤레로족과 나마족은 멸족의 위기를 넘기고 살아남았다. 그러나 그들은 지금도 민족 말살 전쟁의 후유증을 앓고 있다. 민족 말살이란 말은 한 민족이 완전히 멸족되었을 경우에만 사용할 수 있는 것이 아니다. 유엔 민족 말살 협약에 따르면 '한 민족, 한 종족, 한 인종, 한 종교 집단의 전체 혹은 일부를 파괴하기' 시작한 경우 이미 민족 말살이라는 말을 쓸 수 있다. 말살하려는 시도가 이미 말살인 것이다.

'태양의 옆 자리'를 원했던 황제의 꿈과 함께 시작되었지만 제1차 세계 대전으로 일찍 끝나 버린 독일 식민사에서 이 헤레로 전쟁이 가장 참혹한 현장이었다는 데에는 이견이 있을 수 없다. 그러나 20세기의 독일은 훨씬 더 끔찍한 범죄를 저질렀기에 헤레로족과 나마족의 고통은 일반인에게 알려지기도 전에 잊히고 말았다. 헤레로족은 지금까지도 그날의 악몽을 잊지 않았지만 독일은 그날의 범죄를 공식적으로 사과하지 않고 있다. 비싼 배상금을 물지 않기 위해서다.

다른 식민지 열강도 각자의 식민지에서 수많은 인명을 살상한 잔혹한 통치를 서슴지 않았다. 그러나 독일처

❖ ― 헤레로족 남성들. 1907년에 찍은 사진이다.

럼 체계적인 민족 말살 정책을 펼친 나라는 없었다. 단 한 나라만 빼면 말이다. 그 당사자인 이탈리아 역시 당시의 말살 정책을 거의 기억하지 못한다. 베니토 무솔리니Benito Mussolini, 1883~1945 치하의 이탈리아는 1890년 아프리카의 에리트레아와 소말리아를 식민지로 삼았다. 1935년 이탈리아는 아비시니아(에티오피아의 옛 이름)마저 손아귀에 넣자 이 3개국을 이탈리아 식민지인 '이탈리아령 동아프리카'로 통합할 때가 왔다고 생각했다. 이탈리아도 열강의 대열에 합류했다는 사실을 온 세계에 입증하고 싶었던 것이다.

아비시니아 정복전은 참담한 제1차 세계 대전을 겪고 난 후 유럽의 열강이 휘말려든 최초의 대전이었다. 전쟁 수행 방식 역시 유례가 없었다. 공식적인 선전 포고도 없이 습격을 감행했고 장갑차를 대량 투입했으며 공중 공격도 불사하였고 민간인 학살도 서슴지 않았다. 특히 이탈리아는 제1차 세계 대전에서 승리한 승전국이었기

때문에 군의 기계화, 공군의 현대화, 화학 무기 개발 등 20년 동안 아무 장애 없이 군 현대화를 추진할 수 있었다.

이탈리아가 아비시니아를 습격할 당시 로마의 실권자들은 현대식 무기로 무장한 이탈리아군이 허술하기 짝이 없는 아비시니아군을 이기는 것은 식은 죽 먹기라고 생각했다. 처음에는 계산이 맞아 떨어지는 것 같았다. 그러나 1935년 12월 아비시니아군이 역공을 시작하여 성공을 거두자 무솔리니는 지체 없이 독가스의 공중 살포를 결정했다. 그것도 군대가 아닌 민간인을 대상으로 말이다. 가스는 주거지나 우물, 가축 떼 위로 바로 살포되었다. 스위스의 역사가 아람 마티올리는 이렇게 말했다. "아비시니아 왕국은 이 조처에 대항하지 못했다. 대부분의 병사들은 맨발로 전투에 임했고 안전 전투복도, 가스 가루를 막아 줄 방독면도, 오염된 지역을 안심하고 건너갈 수 있는 특수 구두도 갖추지 못했다. 황제의 근위병을 위해 신속하게 장만한 방독면조차 경화 고무를 파먹는 이페리트 같은 독가스에는 무용지물이었다. 민간인들은 공중에서 뿌려 대는 가스에 무방비로 노출되었다."

특히 이페리트(머스터드 가스라고도 부른다)가 대량 살포되었다. 제1차 세계 대전 당시 독일군이 1917년 7월 이프르 전투에서 처음 사용했다고 해서 그런 이름이 붙었고 1930년대 중반까지도 당시의 화학 무기 중 가장 독성이 강했다. 아무리 미량이라도 일단 마시면 고통스럽게 서서히 죽어갔다.

세계는 이탈리아가 아비시니아에서 만행을 저지르고 있다는 사실을 잘 알고 있었다. 아비시니아 정부는 일찍부터 국제 연맹에 이탈리아의 범죄 행각을 알렸다. 그러나 열강은 무솔리니를 막지 않았다. 이탈리아를 반히틀러 동맹에 끌어들이고 싶었기 때문이다. 아무리 그렇다고 해도 어떻게 이탈리아가 국제적으로 비난을 받고 있던 이런 대량

❖ — 이탈리아가 아비시니아를 점령한 직후 나붙은 선전용 현수막. 아비시니아 국민들이 현수막 속의 무솔리니에게 예를 표하고 있디.

살상 무기를 아무런 거리낌도 없이 사용할 수 있었을까? 분명 국제 연맹의 무관심한 태도가 결정적 이유는 아니었다. 진짜 이유는 아마도 냉철한 군대식 실리주의, 군의 비겁함과 결합한 도덕적 비양심이 었을 것이다. 아비시니아가 화학 무기에 대항할 아무런 대책도 없다는 걸 이탈리아는 너무도 잘 알고 있었다. 장갑차와 비행기에 대항할 무기조차 없었다.

그러니 결국 잔혹한 식민지 전쟁의 가장 큰 이유는 앞에서도 살펴본 바로 그 인종주의다. 인종주의는 파시스트적 분위기의 이탈리아군에 특히나 널리 퍼져 있었다. 아무리 비난의 소리가 높아도 '검둥이들한테만' 살포했는데 뭐 어떠냐, 그렇게 생각했다.

독가스 살포는 극도로 비인간적인 처사다. 살충제로 곤충을 죽이듯 사람을 죽이겠다는 생각이니 말이다. 헤레로족을 말살한 독일처

럼 이탈리아의 대아비시니아전 역시 이보다 훨씬 더한 참상을 예고한 징후에 불과했다. 나치 독일은 제2차 세계 대전을 처음부터 세계 식민지 전쟁으로 보았고 더불어 세계 인종 전쟁으로 해석했다. 온 세계를 독일의 식민지로 삼고자 했던 것이다.

생각 없이 국경을 긋다

열강들이 식민지 전쟁을 일으킨 것은 식민지를 쟁탈하기 위한 것만은 아니었다. 서로를 시기하고 힘겨루기를 하던 유럽 열강들이 식민지에서 서로의 약탈품을 빼앗겠다는 목적으로 충돌한 현장이었다. 특히 영국이 건설한 식민지 제국은 다른 식민지 열강들을 힘으로 밀어붙여 조금씩 빼앗은 결과물이었다. 이 과정에서 무역 회사들이 주도적 역할을 했다. 이들은 국가가 부여한 권리를 바탕으로 식민지로 뻗어 나갔고 상당한 군수 물자까지 갖추고 있었다. 따라서 식민지를 차지하기 위한 군사 작전에도 자주 참여했다. 자기들끼리 '사냥터'를 두고 치열한 전투를 벌이기도 했다. 물론 승리는 가장 잔인하고 가장 전술이 좋은 무역 회사에 돌아갔다.

그러나 계속된 전쟁이 식민지 제국을 건설하고 유지하기 위한 목적으로만 일어난 것은 아니었다. 제2차 세계 대전 이후의 탈식민지화 추세 역시 전쟁을 통해 이룩한 성과였다. 1945년 이후 세계 정치가 위태로운 상황에서 식민지 국민들이 대거 자결권을 요구하고 나섰던 것이다. 민족 자결권은 제1차 세계 대전 후 미국 대통령 우드로 윌슨Thomas Woodrow Wilson, 재임 1913~1921의 머리에서 나온 아이디어였다.

1947년 인도가 수십 년 동안의 자유 전쟁 끝에 영국으로부터 독립을 쟁취했다. 그러나 독립은 이내 힌두교와 이슬람교의 내전을 낳았다. 갈등은 이슬람 국가(파키스탄)를 따로 건설하는 것으로 해결되었지만 인도를 사이에 두고 동서 양쪽으로 파키스탄의 영토가 자리 잡은 특이한 형태의 국가를 탄생시켰다. 1971년 다시 동파키스탄이 독립하여 방글라데시가 되었고, 그곳에서 또다시 내전이 발발했다. 과거의 서파키스탄(현재의 파키스탄)과 인도의 국경 지방 카슈미르에서는 지금까지도 전운이 가시지 않고 있다. 카슈미르는 파키스탄과 인도, 양 국가 모두에게 지분이 있지만 서로 자기 것이라고 우기고 있기 때문이다.

이른바 제3세계에서 국가들끼리 갈등이 잦은 것도 열강들이 자기들 멋대로 그어 놓은 국경선 때문이다. 심지어 같은 민족의 거주 지역 한가운데를 갈라 국경을 삼은 경우도 많다. 반대로 커다란 식민 제국이 해체되고 인위적인 형태의 국가들이 생겨나면서, 극도로 다양한, 심지어 서로 적대적인 민족들이 한 국가의 국민이 된 사태도 적지 않았다. 서로 맞지 않는 것을 억지도 한 곳에 밀어 넣은 형국이었다. 영국 식민 제국의 유산으로부터 탄생한 3개국인 시리아, 이라크, 이란이 대표적인 예로, 이 와중에 쿠르드족은 3개국으로 흩어졌고 나머지 상당수는 터키에 살고 있는 상황이다.

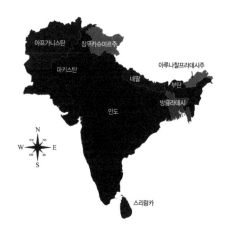

아프가니스탄

잠무카슈미르주

파키스탄

아루나찰프라데시주

네팔

부탄

방글라데시

인도

N

W　　　E

S

스리랑카

❖ ― 인도, 파키스탄과 주변 지역 지도

그러므로 이 지역의 골치 아
픈 정치 문제들은 결국 따지고 보
면 1차적으로는 오스만 제국이,
그다음으로는 영국이 저질러 놓
은 과거의 식민 정책 때문이다. 페
르시아(이란)는 한 번도 영국의 식
민지였던 적이 없었지만 위기가
닥칠 때마다 영국은 페르시아의
일부를 점령하기 위해 신속하게
달려왔다. 석유 때문이었다. 이곳
에서도 근동에 대한 영국의 이해관계를 대변한 주체는 영국군이 아
니라 '앵글로 페르시안 오일 컴퍼니'였다. "전략적 관점에서 보면 영
국이 석유가 나는 지역을 통제하는 것이 중요하다." 1922년에 이미
영국 해군 본부는 이렇게 선언했다.

또 다른 예가 수단이다. 수단이라는 인위적으로 만들어진 국가
에는 이슬람을 믿는 아랍 문화와 기독교 색채가 짙은 아프리카 흑인
문화의 교차점이 지나고 있다. 과거 노예 사냥꾼이던 아랍인들의 후
예와 그 사냥꾼들에게 잡혀 노예가 되었던 흑인들의 후예가 억지로
한 국가에서 살고 있는 셈이다. 그러니 양쪽이 화목할 리 없고 당연
히 지금까지도 유혈 폭력이 그치지 않고 있다.

팔레스타인에서 이스라엘과 아랍의 갈등이 끝없이 되풀이되는
것도 일부는 식민 정책에 그 뿌리를 두고 있다. 제1차 세계 대전이 끝

176

날 때까지만 해도 팔레스타인은 오스만 제국의 영토였고 따라서 터키의 식민지였다. 오스만 제국이 몰락하면서 영국의 위임 통치를 받게 되었지만 이 시기만 해도 유대인과 아랍인의 관계는 아무런 문제가 없었다. 제1차 세계 대전 중에는 유대-아랍 여단이 오스만 제국에 맞서 함께 싸웠고 1950년대 초만 해도 이스라엘에는 유대인과 아랍인이 함께 사는 키부츠(집단 농장)가 있었다. 유대인과 아랍인의 평화로운 공존이 가능하다는 것은 이렇듯 역사가 입증하는 사실이다.

영국이 다시 팔레스타인을 위임 통치해야 한다는 소리가 농담 삼아 나오고 있는 이유도 양측이 관계 문제를 해결할 정치적 능력을 갖추지 못했기 때문이다. 물론 영국은 이러한 제의를 정중히 거절했다. 이라크 전쟁이 시작된 뒤로 골치가 아파 죽을 지경이었기 때문이다. 이라크 역시 대영 제국에 뿌리를 두고 있는 위험 지역이다. 영국의 외무부 장관이었던 잭 스트로도 공개적으로 인정한 사실이다. "오늘날 우리가 겪고 있는 문제의 상당수는 과거 식민 정책의 결과다." 그는 그 예로 인도와 파키스탄, 아프가니스탄과 이라크를 꼽았다. "휘어진 국경선은 영국인들이 그어 놓은 것이었다."

영국은 제2차 세계 대전이 끝나자 이상할 정도로 허둥지둥 아프리카 식민지에서 퇴각해 버렸다. 많은 역사가들이 보기에도 지나치게 성급했다. 인위적으로 급조된 아프리카 국가들은 갑작스러운 독립으로 큰 부담을 안게 되었고, 더구나 백인 주인들은 돌아가지 않고 남아 권력을 그대로 유지했다. 독립은 그저 겉모습일 뿐이었다.

영국과 달리 프랑스는 식민지를 독립시키지 않으려고 오랫동안 버텼다. 가장 힘들었던 곳이 인도차이나와 알제리였다. 7년에 걸친 유혈 전쟁 끝에 결국 프랑스는 알제리의 완전한 독립을 승인했다. 인도차이나에서도 6년 동안 버텼지만 결국 독립을 인정할 수밖에 없었다. 이렇게 두 곳에서 식민지를 보존하려는 노력이 허사로 돌아가자 프랑스는 작은 점령지에 이르기까지 남은 식민지 모두를 별 저항 없이 포기해 버렸다.

벨기에는 콩고에서 물러났고 네덜란드는 인도네시아와 싸웠지만 결국 패하여 퇴각했다. 스페인은 아주 이성적으로 대처하여, 사하라의 점령지를 모로코와 모리타니1976에 아무런 저항 없이 내주었다. 반대로 포르투갈은 앙골라와 모잠비크에서 몇 년 동안 싸웠지만 결국 패배하여 독립을 인정할 수밖에 없었다.

그러나 식민지의 '독립'은 대부분 허울뿐인 독립이었다. 특히 아프리카가 그랬다. 새 주인들은 피부가 검었지만 과거 백인 주인의 신임을 받았거나 백인 주인의 영향력으로 정계에 진출한 인물들이었다. 또 식민지 시절 대부분 군인의 길을 걸었던 사람들이다. 독립이 선포되자마자 이들은 족장처럼 행세했고 과거 백인 주인들보다 더 잔인하게 나라를 통치했다. 그러면서 서구 열강의 이해관계를 대변했고 그 와중에 개인적으로 막대한 치부를 했다. 모부투Mobutu, 콩고 민주 공화국, 보카사Bokassa, 중앙아프리카 공화국, 이디 아민Idi Amin, 우간다의 독재 정권은 각자의 조국에 씻을 수 없는 상처를 남겼다.

열강의 식민 정책은 형태만 바뀌었을 뿐 하수인을 이용하여 여전히 음모를 꾸미고 있다. 온갖 잔꾀를 써서 과거의 식민지에 말 잘

❖ — 아프리카 지도와 각국의 국경선. 유럽 열강들은 아프리카를 나누어 먹으면서 제멋대로 경계를 지었기 때문에 국경선이 직선으로 그어진 경우가 많다. 이로 인해 서로 적대시하는 민족이 한 나라의 국민이 되기도 했고, 이러한 일은 내전의 원인이 되고 있다.

든는 꼭두각시 정권을 세우고 이들을 지원하여 지하자원이 가득한 이들 지역을 마음대로 주무르는 것이다. 은폐된 식민 정책이라 할 수 있다. 현재 이런 전 세계적 차원의 꼭두각시놀음에서 주도권을 쥐고 있는 나라는 미국이다. 물론 자국의 이익을 위해서다.

정리해 볼까요?

전쟁은 식민주의를 통해 그 추악한 민낯을 그대로 보여 주었다. 정복당한 먼 나라의 사람들을 기분 내키는 대로 죽일 수 있는 동물처럼 취급했다. 식민지 전쟁에 참전한 군인들은 여자와 아이들까지 눈썹 하나 까딱하지 않고 죽일 수 있는 비겁한 살인마들이었다. 이들의 만행을 부추긴 힘은 당연히 권력욕과 금전욕이었다. 유럽 열강들은 자신들이 세계의 중심인 양 거들먹거렸고 세상을 자기들끼리 나눠 먹었다. 먹잇감을 두고 서로 다투기도 했다. 이 식민 정책은 제2차 세계 대전이 끝나면서 서서히 막이 내리기 시작했지만 이른바 '제3세계' 국가들에는 아직도 그 흔적이 역력히 남아 있다. 이들 나라의 상당수─특히 아프리카─가 아직도 제 발로 설 수 없는 현실은 식민 정책에 그 뿌리를 두고 있다. 다음 장에서 살펴볼 제1차 세계 대전에서도 열강은 식민지의 세력권을 주장하고 확충하기 위해 혈안이 되었다.

동맹이 키운 전쟁,
제1차 세계 대전

유럽의 역사를 전쟁이라는 관점에서 살펴볼 경우 모든 전쟁에는 다음과 같은 전쟁의 싹이 숨어 있었다는 인상을 받게 된다. 1870~1871년 프로이센은 프랑스를 상대로 단기간 전쟁을 해서 승리를 거두었다. 전쟁의 원인은 독일 땅의 여러 소국들을 통합하여 프랑스에 맞설 수 있는 강력한 제국을 건설하려는 프로이센의 노력에 프랑스가 적대적 태도를 보였기 때문이다. 프랑스는 전쟁을 선포했고 패배했다. 그로 인해 알자스로렌은 전쟁 협상이 종결된 후 프로이센의 빌헬름 1세가 독일 황제로 등극하면서 세운 독일 제국의 영토로 합병되었다.

물론 독일 제국의 정치적 실권을 쥐고 있는 사람은 수상 오토 폰 비스마르크(Otto von Bismarck, 1815~1898)였다. 1870년 교묘한 정치 술수(엠스 전보 사건, 스페인 왕위 문제를 놓고 프랑스 대사와 프로이센의 빌헬름 1세 사이에 오간 내용을 담은 전보를 비스마르크가 고의적으로 왜곡하여 프랑스의 심기를

독일 황제 빌헬름 1세에게 항복의 의미로 칼을 넘기는 프랑스의 나폴레옹 3세. 1870년의 일이다.

건드린 일)로 프랑스를 자극하여 결국 선전 포고를 하도록 만든 장본인도 바로 그였다. 프랑스를 무찌른 독일 제국은 순식간에 유럽의 중심에 강력한 제국으로 부상했다. 그리고 그 후 몇 십 년 동안 엄청난 경제 발전을 이루며 힘을 쌓아 나갔다. 그런 독일 제국의 성장에 전쟁 배상금으로 프랑스가 지불한 50억 프랑이 큰 역할을 했음은 두말할 나위가 없었다.

하지만 독일 제국에는 처음부터 저주가 내려져 있었다. 인접국과의 전쟁이 퍼부은 저주였다. 물론 예로부터 국가란 전쟁을 통해 탄생하는 것이니 그 점이 특별할 건 없다. 문제는 비스마르크가 알자스로렌 지방을 점령한 데다 많은 액수의 전쟁 배상금을 받았다는 데 있다. 이로 인해 프랑스와 독일의 관계는 돌이킬 수 없는 상황으로 악화되었다. 더구나 전쟁에 패배함으로써 유럽의 선두 자리를 빼앗긴 프랑스의 자존심은 심한 상처를 입었다.

비스마르크는 이 저주를 잘 알고 있었다. 그래서 외교 정책에 많은 힘을 쏟았고 동맹을 맺어야 한다는 압박감에 시달렸다. 이런 각종 동맹의 목표는 단 하나, 유럽의 다른 열강—영국, 러시아, 오스트리아-헝가리 제국—과 동맹을 맺어 프랑스가 독일에 저항하지 못하도록 하겠다는 것이었다. 비스마르크는 이들 국가 모두를 자국의 동맹 시스템에 끌어들이기 위해 노력했다.

오스트리아-헝가리 제국은 큰 문제가 없었다. 발칸반도 깊숙이 뻗어 있는 다민족 국가는 부패하고 쇠약해서 급부상 중인 독일이 자기편에 서 주겠다는 것이 오히려 고마운 처지였다. 프랑스에 대해서는 프랑스의 식민 정책을 적극 지원했다. 식민지 열강 영국과 대적시키기 위해서였다. 독일이 특히 신경을 쓴 부분은 러시아와의 우정이었다. 물론 그 또한 결국에는 프랑스와 관련이 있었다. 러시아가 이상적인 파트너인 프랑스와 동맹을 맺어 독일을 공격하지 못하게 하기 위함이었다.

영국은 비스마르크가 내민 동맹의 손길을 환영했다. 애당초 프랑스와 러시아를 적국으로 보았던 영국은, 이제 새롭게 부상한 열강 독일을 통해 그 두 나라를 견제할 수 있다고 생각했던 것이다. 그러나 한편으로는 독일이 세계열강으로 떠오르면서 영국의 입지가 좁아질 수 있다는 두려움도 있었다. 사실 영국의 두려움은 근거가 없지 않았다. 독일이 제국으로 통일되자마자 전함 구축에 나섰던 것이다. 영국으로서는 우려되는 상황이 아닐 수 없었다. 바다에서만큼은 그 어떤 라이벌도 용납할 수 없다는 것이 영국의 자존심이었기 때문이다.

이렇듯 비스마르크의 동맹 정책은 극도로 위태로운 사안이었으며 위험과 변수가 많은 게임이었다. 가장 위험이 높은 지역은 역시 정치적 긴장이 팽팽한 발칸반도였다. 일단 갈등이 터졌다 하면 발칸반도에 관

독일 제국의 철혈 재상 비스마르크. 그는 유럽 각국이 균형적으로 서로를 견제하는 가운데 긴장이 완화될 수 있다는 판단 아래 동맹 정책을 추구했지만, 이는 결과적으로 유럽을 양대 세력으로 나눈 동시에 동맹국들이 자동적으로 전쟁에 뛰어드는 시스템을 만든 꼴이 되었다.

심이 많은 두 나라 오스트리아-헝가리 제국과 러시아의 전쟁 발발로 이어질 수 있었다. 그래서 비스마르크는 1878년 조약을 체결하여 발칸반도를 러시아 영향권과 오스트리아-헝가리 제국 영향권으로 분할함으로써 긴장 완화를 추구했다. 발칸반도에서 아주 작은 정치적 갈등의 불씨만 생겨도 순식간에 온 유럽을 휩쓸 대규모 전쟁이 발발하리라는 것을 비스마르크는 예상하고 있었던 것이다. 그리고 그의 예상은 틀리지 않았다.

1890년 비스마르크는 이미 해체 직전에 이른 동맹 시스템을 남

기고 정치 무대를 떠났다. 그의 후계자들은 러시아를 독일의 편에 묶어 두지 못했고 러시아는 언제라도 프랑스의 동맹이 될 수 있는 상황이었다. 실제로 1891년 양국은 동맹을 체결하여 독일과 오스트리아-헝가리 제국에 저항했다.

프랑스와 러시아의 동맹을 우려의 눈길로 지켜보던 영국이 독일과 동맹을 체결했더라면 그나마 힘의 균형이 유지될 수 있었을 것이다. 그러나 대륙 열강의 동맹에 개입하지 않는 것이 영국의 전통이었다. 더구나 독일이 전함을 구축하면서 해양 대국 영국에 도전장을 내밀고 있는 상황이었다. 양국의 전함 경쟁은 그때까지만 해도 우호적이던 양국의 관계를 급속도로 악화시켰다. 동시에 영국은 전통적인 적국 프랑스 및 러시아와 우호 관계를 맺기 시작했다. 모두들 동맹의 블록을 이용해 자국의 안녕을 추구했다. 긴장을 외교나 대화로 풀어 보려는 생각은 아무도 하지 못했다.

1912년 발칸반도에 처음으로 먹구름이 드리우기 시작했다. 이 구름은 두 차례의 발칸 전쟁을 낳았다. 사실 이들 전쟁은 오스만 제국이 점진적으로 해체된 것과 관련이 있다. 투르크족이 발칸반도에서 영향력을 잃으면서 세르비아인을 비롯한 슬라브 민족이 자유를 향한 의지를 불태우게 되었다. 그들 뒤에는 러시아가 방위군으로 떡하니 버티고 있었다. 그러나 오스트리아-헝가리 제국역시 발칸반도에 영토를 갖고 있었다. 1908년 오스트리아가 보스니아 헤르체고비나를 점령하자 유럽은 세계 전쟁 직전까지 치달았다.

그 직전인 1905년에도 이미 한 차례, 이른바 1차 모로코 위기가 있었다. 프랑스가 모로코에서 세력 확장을 꾀했고 독일이 이를 자국의 식민지 이해관계에 대한 침해로 느꼈던 것이다. 그로 인해 1911년 2차 모로코 위기가 발발했다. 이 역시 자칫하면 프랑스와 독일의 전쟁으로 이어질 뻔했다.

1차 발칸 전쟁(1912년 10월부터 1913년 3월까지)에서는 발칸 동맹

THE BOILING POINT.

1900년대 초 발칸반도의 정치 상황을 풍자한 그림. 'Balkan Trouble'이라고 적힌 솥이 끓어 넘치는 것을 막기 위해 독일, 러시아, 영국, 프랑스, 오스트리아-헝가리의 지도자들이 애쓰고 있다.

(세르비아, 불가리아, 그리스, 몬테네그로)이 오스만 제국과 싸웠다. 오스만 제국을 발칸반도에서 몰아내는 것이 발칸 동맹의 목적이었고, 뜻대로 되었다. 승전국들은 소국 마케도니아를 나누어 가졌고 독립국 알바니아를 탄생시켰다. 그러나 마케도니아를 분할하는 과정에서 동맹국들 간에 분쟁이 생겨 2차 발칸 전쟁이 일어났다. 두 차례의 전쟁이 끝난 뒤 세르비아와 루마니아의 세력이 커졌지만 발칸의 긴장은 계속되었다. 발칸은 지금까지도 정치적 화약고로 남아 있다.

특히 두 차례의 전쟁으로 인구가 두 배나 불어난 세르비아가 '대세르비아'의 야망을 불태웠고 그 일환으로 보스니아계 세르비아인

들을 오스트리아의 지배로부터 '해방'하고자 했다. 공공연하게 진행된 이 세르비아의 '해방 운동'은 테러 공격에도 눈 하나 까딱하지 않았고, 세르비아의 돌진을 마땅치 않게 생각하던 오스트리아–헝가리 제국의 두려움에 불을 지폈다. 1914년 6월 28일 보스니아 헤르체고비나의 수도인 사라예보에서 합스부르크 왕가의 황태자 프란츠 페르디난트가 황태자비와 함께 암살범이 쏜 총에 맞아 목숨을 잃자 마침내 발칸의 화약고에 불이 붙었다.

아무도 예상치 못했던 거대한 전쟁

처음에는 아무도 세계 대전의 위험을 보지 못했다. 1908년 이후 발칸반도는 늘 위기의 땅이었기에 사람들은 오히려 무덤덤했다. 또 한 번 발칸 전쟁이 터지려나 보다, 다들 그렇게만 생각했다. 하지만 암살 사건을 좌시할 수 없었던 오스트리아–헝가리 제국은 이번에야말로 세르비아에 대한 제한적 '처벌'에 그치지 말고 대량 공세를 퍼부어 '평화 교란자 세르비아'의 손발을 영원히 묶어 버려야겠다고 생각했다.

그러나 혼자서 일을 다 떠맡을 엄두는 나지 않았다. 자국의 허약함을, 특히 군사 부문의 열세를 잘 알고 있었기 때문이다. 게다가 러시아가 세르비아 형제들이 당하는 꼴을 가만히 두고 볼 턱이 없었다. 그래서 오스트리아는 전쟁이 터질 경우 지원해 주겠다는 베를린의 확답을 원했다. 그리고 세르비아를 침공하더라도 러시아가 개입하지 않기를 바랐다. 독일 황제 빌헬름 2세재위 1888~1918는 '관례적인 동맹의 신의'를 들먹이며 즉각 지원을 약속했다. 그때부터 동맹의 의무라는 자동 기계가 미친 듯이 작동하기 시작했다.

1914년 7월 28일 오스트리아가 세르비아에 선전 포고를 했다. 7월 29일 영국이 대전이 터질 경우 프랑스 편을 들겠다고 선언했다. 7월 30일 러시아가 전 군대에 동원령을 내렸다. 7월 31일 독일이 러시아 차르에게 러시아가 동원령을 철회하지 않으면 전쟁을 하겠노라고 위협했다. 동시에 프랑스가 동원령을 내렸다. 8월 1일 독일이 러시아에 선전 포고를 하면서 동원령을 내렸다. 8월 3일 독일이 프랑스에 선전 포고를 했고 즉각 중립국 벨기에로 진군했다. 난공불락이라는 프랑스 동부의 요새들을 피해 북쪽에서 신속한 대량 공세를 펼치면 몇 주 안에 프랑스를 함락할 수 있을 것이라고 생각했기 때문이다. 프랑스를 함락하고 나면 러시아로 밀고 들어갈 예정이었다. 8월 4일 영국이 독일에 선전 포고를 했다. 독일군이 국제법을 위반하고 벨기에로 진군했다는 이유였다. 이렇게 해서 제1차 세계 대전이 시작되었다. 4년 동안 약 1,500만 명의 목숨을 앗아 갈 전쟁이었고, 그중 민간인이 약 600만 명이었다.

어떻게 보면 제1차 세계 대전은 순전히 실수였다는 느낌이 든다. 아무도 원치 않았지만 어쩔 수 없이 전쟁에 휘말려 들었기 때문이다. 실제로 동맹 시스템은 순식간에 전 유럽을 빨아들인 자동 기계 장치였다. 프리드리히 엥겔스Friedrich Engels, 1820~1895는 공산주의 이념의 창시자인 카를 마르크스Karl F. Marx, 1818~1883와 함께 1887년에 이

제1차 세계 대전 중 병사들을 사열하고 있는 독일 황제 빌헬름 2세

미 놀랄 정도의 혜안으로 '지금껏 유례가 없었던 규모와 강도의 세계 대전'을 예견한 바 있다. 그는 "800만~1,000만의 군인이 서로의 목을 조를 것이다"라고 말했다.

　전쟁의 결과 역시 엥겔스는 놀랄 정도로 정확하게 예상했다. "30년 전쟁의 황폐함이 3~4년 안에 집약되어 전 대륙을 휩쓸 것이다. 기아와 전염병 (…) 군대와 일반 대중의 야만화 (…) 무역, 산업, 신용의 대책 없는 혼란은 보편적 파산으로 끝을 맺을 것이다. 낡은 국가들이 붕괴하여 (…) 수많은 왕관들이 도로 위를 굴러 다녀도 아무도 집어 들지 않을 것이다. 그 모든 것이 어떻게 끝이 날지, 누가 승자가 될 것인지 예상하는 것은 완전히 불가능하다."

협상과 유화적인 외교 정책을 잘 활용했다면 불행을 막을 수 있었을지도 모른다. 그러나 아무도 그렇게 하지 않았다. 왜 그랬을까? 비스마르크의 동맹 정책은 유럽 대륙을 두 개의 세력권으로 나누었다. 한쪽은 오스트리아-헝가리 제국과 독일 제국의 동맹인 중유럽 제국—아직도 꿈속을 헤매며 19세기를 살고 있던 허약한 이중 군주국과 과대망상에 빠져 세계 지배의 야욕을 숨김없이 드러낸 야심만만한 젊은 제국—이었다. 다른 한쪽은 프랑스 공화국, 입헌 군주국 영국, 후진국에다 독재국인 제정 러시아로 구성된 '연합군'으로 오로지 공동의 적인 독일 때문에 성립된 동맹이었다.

독일 제국이 공격적으로 야욕을 드러내자 프랑스와 영국, 러시아는 식민지 이해관계로 얽힌 지난 몇 십 년간의 반목을 꾹 참고 힘을 합쳤다. 이러한 사실을 통해 전쟁의 결정적 원인일 수 있을 1차적 원인을 유추할 수 있다. 독일 제국, 더 정확하게 말해 독일 황제와 군 수뇌부는 오래전부터 대전을 염두에 두고 있었고, 그 사실을 눈치 챈 다른 열강들은 독일을 억누르기 위해 억지로 동맹을 맺었던 것이다.

제1차 세계 대전처럼 엄청난 역사적 사건을 하나의 원인(독일의 세계 제패 야욕)으로 귀결시킬 경우 복잡하기 이를 데 없는 역사적 진실을 외면할 위험이 높아진다. 사실 상황이 너무 복잡하다 보니 이 '20세기의 원초적 재앙'의 더 심오한 원인을 두고 역사학자들 간에도 지금껏 견해의 일치를 보지 못하는 상황이다. 다만 독일 황제 빌헬름 2세와 그의 장성들은 물론 늙은 오스트리아 황제 프란츠

요제프 1세(재위 1848~1916)와 그의 자문들에게 막중한 책임이 돌아가야 한다는 사실만은 논란의 여지가 없다.

결국 주사위를 던진 당사자는 베를린과 빈, 두 제국의 소수 권력자들이었다. 그들이 바로 전쟁을 일으켜 수백만의 젊은이를 전쟁터로 내몰았던 원흉들이다. 참전국의 백성은 아무런 결정권이 없었다. 지배층에서 진실을 말해 주지 않았기에 모두들 자기 나라가 침공을 당했고 따라서 나라를 지키러 나가야 한다고 믿었다. 이런 국민에 대한 거짓을 선전이라 부른다. 전쟁에서 선전은 결정적인 역할을 한다. 전쟁은 말로 불러오는 것, 아니 외침으로 불러오는 것이니까 말이다.

베를린과 빈의 요직을 다른 인물들이 차지하고 있었더라면 전쟁을 피할 수 있었을까? 독일 황제가 좀 더 생각이 깊고 이성적인 인물이었다면 – 역사를 살펴보면 분명 그런 황제가 있었다 – 독일은 세계 제패를 꿈꾸지 않았을 것이다. 그리고 전쟁도 없었을 것이다.

그러므로 유럽의 정세가 불안한 시기에 매우 호전적인 인물인 빌헬름 2세가 독일 황제가 되었다는 사실은 크나큰 불행이었다. 그는 철저한 군국주의자로 과도한 야망에 사로잡혀 있었지만 사실은 병적인 열등감에 시달렸다. 전시가 아니어도 그는 늘 고위 장성들을 대동한 최고 사령관 자격으로 군복을 입고 있었다. 그의 그런 모습은 외국인들의 비웃음을 샀지만 결국 1914년 7월, 그것이 심각하게 우려해야 할 제스처였다는 사실을 모두가 깨닫게 되었다.

빌헬름 2세는 19세기 말부터 영국과 '해군 군비 경쟁'에 돌입했고, 그 결과 막강한 적들을 만들었다. 프랑스는 1870∼1871년 당시 이미 독일의 막강한 적이었다. 이런 적대 관계는 유럽 땅을 넘어 식민지로까지 확대되었고, 유럽의 각국은 아직 점령되지 않은 식민지 땅을 서둘러 제 것으로 만들거나 서로의 기존 식민지를 쟁탈하려고 안간힘을 다했다. 1911∼1912년부터 독일은 해군보다 육군 쪽의 군비 증강에 힘을 쏟았다. 재정이 부족한 탓에 영국의 거대 함대를 쫓아갈 수 없었기 때문이다.

독일이 군비를 증강한 목표는 결국 대륙 차원의 전쟁을 치르기 위해서였다. 무기는 재미로 사 모으는 물건이 아니다. 언젠가 쓸 일이 있을 때를 대비해서 쌓아 놓는 비축품이다. 독일의 엄청난 경제 성장은 군비 증강의 속도를 높였다. 1914년 당시 독일은 2등과 월등한 격차를 벌이며 대륙에서 가장 막강한 육군을 보유하고 있었다.

그럼에도 독일과 오스트리아−헝가리 제국이 상황 파악에 조금만 더 냉철했더라면 3개국의 열강(영국, 프랑스, 러시아)을 상대로 한 전쟁이 결국 재앙으로 끝날 수밖에 없으리라는 사실을 깨달을 수 있었을 것이다. 누구보다 독일 황제의 과대망상이 심각했다. 자국의 위치는 무한히 높이 평가한 반면 적국의 힘은 낮잡아 보았다. 특히 영국은 전통적으로 해양 열강이기에 내륙전에는 개입하지 않을 것이라고 믿었던 그의 판단은 완전한 착각이었다.

손자의 말대로 전쟁에서 내리는 모든 결정은 엄청난 위험을 안고 있다. 그러나 1914년에는 그 위험이 너무도 컸다. 그럼에도 왜 베를린은 전쟁을 시작했을까? 과대망상과 적의 군사력에 대한 그릇된 판단은 물론이고 전쟁의 양상에 대한 오판도 큰 이유였을 것이다. 다들 단기간의 격전이 될 것이라고 생각했다.

19세기 말부터 계속되어 온 군비 경쟁 탓에 유럽에는 늘 대전의 위험이 도사리고 있었다. 오스트리아 황태자 암살 사건이 터진 후 4주 만에 전쟁이 일어났다는 사실은 이런 주장의 현실성을 뒷받침한다. 경쟁적인 군비 증강은 곧바로 경쟁적인 전쟁으로 이어졌다. 모두들 전쟁을 피할 수 없다고 확신했고, 이 전쟁에 나라의 존망이 걸려 있다고 생각했다. 만연한 민족주의가 이런 분위기를 부추겼다. 소용돌이의 끝은 유럽의 자멸이라는 낭떠러지였다. 사람들은 임박한 전쟁을 인간의 힘으로는 어쩔 수 없는 자연 재앙처럼 받아들였다. 전쟁은 아무도 빠져나가지 못하는 운명의 손아귀였다.

전쟁을 가장 열망했던 사람은 독일 황제였다. 전쟁은 세계 제패라는 방으로 들어가는 문의 매력적인 손잡이였다. 독일은 이미 열강이었다. 역사상 처음으로—너무 늦은 감이 있었지만—통일을 이루어 민족 국가로 거듭났고 단기간 안에 산업 및 무역 부문에서도 선두 대열로 올라섰기에 자국을 세계 최고의 국가라고 생각했다. 훗날 나치의 망상 역시 여기에 뿌리를 두고 있었다. '독일의 본질이 세상을 치유한다'는 사명감으로 '영국의 구멍가게 주인 정신', '프랑스의 위선', '러시아의 야만성'을 무찔러야 한다고 생각했다. 무엇보다 대영 제국을 '올바른 길'로 인도하고 싶어 했다.

패전 이후 오랫동안 독일에서는 자국의 전쟁 도발이 지극히 당연한 주장을 했던 것뿐이라는 생각이 만연해 있었다. 유독 독일만 열강의 대열에 끼워 주지 않았기 때문에 동등권을 주장했을 뿐이라고 말이다. 그러나 역사학자들이 밝혀낸 사실은 전혀 다르다. 제1차 세계 대전이 터지자마자 나온 이른바 9월 강령에 이미 독일의 전쟁 목표가 적혀 있었다는 것이다. "독일 제국의 동서 국경을 영원히 확정한다. 이를 위해 프랑스의 세력을 약화해야 하며 러시아는 독일 국경에서 최대한 멀리 쫓아내고 비러시아계 속국에 대한 러시아의 지배를 무너뜨려야 한다."

불구대천의 원수 프랑스에 대해서는 구체적으로 모든 프랑스 식민지를 독일에 양도할 것과 프랑스 북동부 지역의 양도, 100억 마르크 금화의 배상금, 병력 의무의 철폐, 모든 요새 시설의 철거 등을 요구했다. 나아가 벨기에와 룩셈부르크를 독일 제국에 합병해야 한다고 주장했다. 한마디로 당시의 독일 제국은 오만불손에 빠져 눈이 멀어 있었다. 따라서 전후의 주장과 달리 '순결한 마음'의 혼란에 빠진 것이 아니라 처음부터 야심찬 목표를 갖고 있었던 것이다.

독일의 군 지휘부는 어차피 전쟁을 피할 수 없다면 하루라도 빨리 개전을 하여 급습하는 것이 유리하다고 생각했다. 프랑스와 러시아의 군사력이 아직 독일보다 약한 지금, 바로 1914년이 적기였다. 2~3년만 있으면 양국이 독일의 군사력을 따라잡을 것이고 그러면 승리는 요원해질 것이었다.

사라예보 암살 사건을 보고받고 독일 황제가 "바로 지금이야!"라고 외쳤다는 이야기도 이런 배경을 알고 나면 쉽사리 이해가 간다. 물론 그가 처음부터 대전을 생각했는지에 대해서는 의문이 든다. 그가 이런 말을 덧붙였기 때문이다. "세르비아 놈들을 쓸어버려야 해, 당장!" 그러나 오스트리아-헝가리 제국의 대세르비아전이 세계 대전으로 이어질 수밖에 없으리라는 사실은 독일 황제도 알고 있었을 것이다. 세르비아를 공격하는데 러시아가 가만히 두고 보지 않으리라는 것쯤은 불을 보듯 뻔했다. 그러므로 유럽이 실수로 제1차 세계 대전에 휩쓸렸다는 주장은 부분적으로만 옳다. 독일 제국은 물론 오스트리아-헝가리 제국 역시 세계 대전의 위험을 알고도 감수했다.

그러나 책임자들 중 어느 누구도 전쟁의 양상이 어떻게 될지는 예상하지 못했다. 겪어 보기 전에는 아무도 모른다. 어쨌든 그 누구도 그런 식의 전면전을 원했던 건 아니었다. 심지어 빌헬름 2세까지도 전쟁이 시작되자마자 자신의 정책이 물고 온 불행에 경악했다. 그는 신경 쇠약에 시달렸고 전쟁 기간 내내 그 때문에 몸이 쇠약해졌다. 한 가지만은 분명하다. 독일이 러시아와 프랑스에 선전 포고를 했기 때문에 제1차 세계 대전이 시작되었고 개전 즉시 중립국 벨기에를 급습하여 국제법을 위반했다는 사실 말이다.

누구도 예상하지 못한 재앙

현대의 역사 연구가 입증하듯 제1차 세계 대전은 황제와 고위

군 간부들을 필두로 한 독일의 권력 엘리트들이 원한 바였다. 그러나 독일 국민들은 어땠을까? 오랜 시간 역사책들은 독일 국민도 1914년 8월 1일의 대러시아 선전 포고와 8월 3일 대프랑스 선전 포고에 환호를 보냈다고 기록해 왔다. 베를린 사람들이 개전 소식에 열광했던 건 맞다. 빈과 파리, 런던, 상트페테르부르크 역시 베를린과 다르지 않았다.

작가 슈테판 츠바이크Stefan Zweig, 1881~1942는 자서전 『어제의 세계』에서 빈에서 직접 겪었고 그 자신도 빠져나올 수 없었던 1914년 여름의 도취를 '뭔가 숭고한 것, 매혹적인 것, 심지어 유혹적인 것'이라고 설명했다. "모든 개인이 자아의 고양을 경험했다. 개인은 과거의 고립된 인간이 아니라 군중의 일원이 되었다. 개인은 백성이었고, 이런 일이 없었더라면 아무도 관심을 갖지 않았을 개인의 인격이 의미를 얻었다. 이 잔은 너무도 갑자기 인류의 머리 위로 쏟아졌기에 거품을 내며 넘쳐흘러서는 인간 동물의 어두운 무의식적 충동과 본능을 위로 낚아챘다."

개전 소식을 들은 빈과 베를린의 젊은이들은 고루하고 따분하기 짝이 없는 군주국의 숨 막히는 탁한 공기에서 해방된 듯한 기분을 느꼈다. 마치 천둥이 치듯 긴장의 물꼬가 터졌다. 지난 몇 년 동안 위협과 압박감으로 유럽을 뒤덮고 있던 긴장이었다. 특히 오스트리아 황태자가 암살당한 이후 조성된 1914년 7월의 위기는 소나기가 내리기 직전의 참을 수 없는 후덥지근함 같은 것이었다. 끝없는 두려움보다는 두려운 끝이 낫다고 다들 생각했다.

출정하는 독일군 병사들을 응원하고 있는 베를린 시민들

엄격하게 말하자면 임박한 전쟁에 대한 열광은 없었다. 그것보다는 이제 모든 것이 완전히 뒤집힐 것이라는 기대감이 컸다. 무엇보다 젊은이들이, 젊은 남자들이 이런 느낌에 사로잡혔다. 출발의 느낌, 투쟁과 모험, 공동체 의식! 모두들 8월 1일을 새로운 '독일의 길'이 열린 시간이라고 말했다. 물론 젊은이들의 그러한 민족의식은 이전에 학교와 군대가 심어 놓은 것이라는 사실을 간과해서는 안 된다. 그 정신의 씨앗이 이제야 발아한 것이다.

모두들 임박한 참상을 잘못 판단했다. 술집에서 젊은이들이 치고받는 싸움질 정도로 생각했다. 1,500만 명의 사망자와 그보다 더 많은 장애인을 만들어 내리라고는 꿈에도 상상치 못했다. 아무도 이 전쟁이 가져올 말로 다 할 수 없는 참상을 예견하지 못했다. 그들이 머릿속에 그린 전쟁은 여전히 19세기의 전쟁이었다. 1870~1871년의 전쟁은 오래된 과거였지만 그들이 기억하는 마지막 전쟁이었다. 그리고 그것은 단기간에 끝난, 전반적으로 '인간적인' 전쟁이었다. 모두들 이번 전쟁도 금방 끝날 것이며 따라서 큰 희생은 없을 것이라 확신했다.

그렇다고 해도 수많은 사람들이 정말로 집단적 도취 상태에 빠져들었다는 사실은 놀라운 일이 아닐 수 없다. 시대의 권태와 고루함이 낳은 젊은이들의 감정 과잉으로 해석할 수도 있을 것이다. 그러나 특히 예술과 학문 분야의 엘리트들이 전쟁에 열광했으며, 심지어 직접 전장으로 달려갔다는 사실은 납득하기가 쉽지 않다. '시인과 사상가들'은 물론 화가, 음악가, 사제, 교육자들이 앞서 외쳐 부른 '정신의 동원령'이라 해도 과언이 아니었다.

'세계 양심'에게 보내는 호소문에 93명의 저명한 예술가와 학자가 서명했다. 그중에는 작가 게르하르트 하우프트만과 화가 막스 리버만도 끼어 있었다. 독일 문화를 적의 선전으로부터 보호하자는 것이 호소문의 취지였다. 그러나 그것 자체가 이미 선전이었다. 독일이건 오스트리아건 프랑스, 영국, 러시아건 모두들 자기가 공격당한 피해자이며, 따라서 방어 전쟁을 하는 것이라고 우겼다. 또 전쟁은 일종의 생물학적 필연성이며, 동물의 왕국에서 그러하듯 생존 투쟁의 한 축이라는 분위기도 팽배했다. 이 책의 1장에서 우리는 이런 견해를 짚고 넘어간 바 있다. 전쟁을 '민족이라는 종'을 선별하고 진화시키는 수단이라고 보는 견해 말이다.

나아가 모두들 전쟁을 '남성다움을 시험하는' 무대로, 여성화된 도시 생활에서 빠져나갈 수 있는 기회로 보았다. 평화를 주장하는 사람－물론 초기에는 소수에 불과했다－들은 도덕적으로 타락한 인간이며 겁쟁이라는 비난을 들어야 했다. 따라서 황제에게 충성을 다한 사람들은 말할 것도 없고 수십 년 동안 문화 분야에서 황제를 비판했던 아주 진보적이고 자유주의적인 인사들까지 열렬히 전쟁을 지지하는 웃지 못할 상황이 벌어졌다.

그러나 최근의 역사 연구는 '8월의 열광'이 대도시에만 국한된 현상이었을 뿐 소도시나 시골에서는 거의 반향이 없었노라고 주장한다. 소도시나 시골의 경우 처음부터 전쟁에 대한 우려가 지배적이었다고 말이다. 집안의 남자들이 다 전쟁터로 나가 버리고 나면 아직 거두지 못한 곡식은 누가 수확할 것인가? 개개인에게는 전쟁이 재앙이었다. 노동자들의 분위기도 비슷했다. 그들의 마음속은 불안과 두려움과 공포가 뒤섞여 있었다. 가장이 전쟁터로 나가 버리면 가족은 어떻게 먹고살까? 베를린의 노동자 구역 모아비트에서 한 목사는 이렇게 말했다. "먹고살 걱정 없는 배운 사람들이나 전쟁에 열광하지 나는 그럴 수가 없다. 백성은 아주 현실적으로 생각한다. 궁핍이 무겁게 가슴을 내리누른다."

나이가 많고 생각이 깊으며 경험이 많은 시민들은 젊은이들의 환호성에 놀라 어쩔 줄 몰랐다. 헤센의 대공 에른스트 루트비히는 전쟁 초기에 이렇게 말했다. "모두가 사지로 끌려가고 있는 게 뻔한데 그것도 모르고 밤새 노래를 부르는 젊은이들의 목소리를 듣

제1차 세계 대전 중 전사한 미군 병사들의 시체

고 있자니 말로 형용할 수 없이 이상한 기분이 들었다." 그런 젊은
이들 가운데 하나가 1916년 열여덟 살의 나이로 자원입대한 작가
에리히 레마르크Erich Maria Remarque, 1898~1970였다. 전쟁의 무의미함을
노골적으로 묘사한 그의 유명한 소설 『서부 전선 이상 없다』에는
이런 구절이 있다. '모두가 무슨 일이 닥쳤는지 감이 없었다. 가난
하고 소박한 사람들이 가장 합리적이었다. 그들은 전쟁을 즉각 불
행으로 생각했다. 그러나 잘사는 사람들은 기뻐 어쩔 줄 몰랐다.
가난뱅이들에 비해 전쟁의 결과를 훨씬 더 잘 예측할 수 있었을 텐
데도 말이다.'

전쟁이 시작되고 불과 몇 주 만에 젊은이들은 전쟁의 진짜 얼굴을 목격했다. 한 자원병은 벨기에의 플랑드르에서 집으로 이런 편지를 보냈다. "어머니, 얼마나 들뜬 기분으로 전쟁터로 왔는지 모릅니다. 그런데 지금 저는 공포에 떨며 이곳에 앉아 있습니다." 대학생들이 대부분이었던 젊은 자원병들은 군사 훈련도 제대로 받지 못한 채 열심히 국가만 부르며 전장으로 향했고 적의 기관총 세례를 받고 쓰러졌다. 낭만적 전쟁, 전쟁놀이를 기대했지만 그들이 만난 건 현대 최초의 전면전이었다.

정리해볼까요?

제1차 세계 대전은 마른하늘에 떨어진 날벼락이 아니라 10년 동안 충분히 익은 술이었다. 제1차 세계 대전이 일어나기 전 두 차례에 걸쳐 발칸반도에서 국지전이 발발했다. 세계 대전의 결정적 불꽃이 점화된 곳도 바로 그곳이었다. 이 전쟁이 어떻게 될지 아무도 몰랐다. 적어도 민족주의에 눈먼 지배자들은 아무것도 보지 못했다. 두 세력권으로 나뉜 열강은 동맹 때문에 서로를 지원할 의무가 있었고, 따라서 누가 먼저였건 선전 포고는 유럽 전체를 전쟁의 소용돌이로 몰아넣을 수밖에 없었다. 현대 최초의 전면전이 발발했던 것이다.

6

인간을
위한
전쟁은 없다

산업화된 전쟁, 물량이 승패를 가르다

제1차 세계 대전은 정말로 인류 역사 최초의 전면전이었을까? 그에 관해 의혹이 제기되었다. '전면전'이란 군인들끼리만 하는 전쟁이 아니라 민간인을 향한 공격도 서슴지 않는, 심지어 대량 공세를 퍼붓는 전쟁을 뜻한다.

예로부터 전쟁은 그 자체가 전면전의 성격을 안고 있었다. 전쟁을 하는 두 나라는 적의 영토에서 전투를 치르기 위해 노력했는데, 적의 영토에서 전투를 치르면 적의 힘을 약화시키기가 더 쉬웠기 때문이다. 적국의 생활 터전만 부수어 버리면 되었다. 그래서 전쟁과 기아, 전염병은 거의 함께 붙어 다녔다. 고대에도 전쟁은 의도적으로 일반 백성을 목표로 삼았다. 도시를 포위하여 식량 공급을 차단함으로써 굶주리게 만든 후 습격을 하고, 그래도 살아남은 사람들은 살해하고 여자들은 강간했다. 그 모든 만행을 견디고 살아남은 사람은 노예로 끌고 갔다.

앞에서 살펴보았던 유럽의 30년 전쟁은 분명 전면전의 조건을 충족했다. 30년 전쟁 동안 유럽 전역, 특히 독일이 황무지로 변했다. 그 황폐함은 몇 세대 후까지 영향을 미칠 정도였다. 30년 전쟁에서는 군인과 민간인의 명확한 구분이 없었다. 전 유럽 인구의 4분의 1이 칼에 맞아서, 먹지 못해서, 병에 걸려 죽었다. 떠돌아다니는 용병들이 민간인에게 저지른 만행은 수를 헤아릴 수 없을 정도로 허다했다. 미국의 내전(남북 전쟁, 1861~1865)도 비슷했다. 그 역시 전면전의 양상을 보였다.

그러나 제1차 세계 대전은 기존의 모든 전면전을 능가했다. 현대 최초의 전면전으로, 다시 말해 현대식 말살 전쟁으로 단연 두각을 나타냈다. 더구나 제1차 세계 대전의 참상은 당시 시대상과 전혀 어울리지 않았다. 막 작별을 고한 19세기가 전쟁이라는 제도에 어느 정도의 '인간적' 면모를 선사하고 떠난 참이었다. 계몽주의 그리고 그와 결합된 인도주의 이상에 대한 관심 덕분이었다. 따라서 30년 전쟁이 끝난 후부터 제1차 세계 대전이 일어나기 전까지 유럽의 전쟁은 전 국토의 황폐화와 민간인 살상을 피하기 위해 노력하였다. 전쟁을 피할 수야 없지만 적어도 전쟁 주변으로 '울타리를 둘러치기' 위해 애를 썼다. 군사적 패배가 국가의 멸망으로 이어져서는 안 되었다. 전국토의 황폐화, 민간인 학살은 경멸받아 마땅한 야만성의 표현으로 취급되었다.

그러나 군인들의 사정은 정반대였다. 19세기 중반부터 전장의 풍경은 날로 무자비해졌다. 크림 전쟁이 시작되었던 1853년 여름을 기점으로 전쟁은 전과 다른 산업의 형태를 띠기 시작했다. 크림 전쟁을 선동한 인물은 음울한 독재자, 러시아의 니콜라이 1세(Nikolay I, 재위 1825~1855)였다. 이전에도 폴란드 봉기[1830~1831]와 헝가리 봉기[1849]를 유혈 진압한 인물이었다. 그는 오스만 제국이 곧 붕괴될 것이라고 확신했다. 따라서 러시아가 약간의 도움을 주어 오스만 제국의 일부, 특히 콘스탄티노플과 보스포루스 해협을 합병하는 것이 현명한 일이라고 생각했다. 그러나 영국과 프랑스가 그냥 두고 볼 리 없었다. 안 그래도 거대한 러시아 제국이 더 이상 커져 가는 꼴을 가만히 지켜볼 수만은 없을 것이기 때문이다.

그리하여 러시아는 영국과 프랑스의 지원을 받은 오스만 제국과 전쟁을 했다. 가장 참혹했던 전투는 유럽에서 풍경이 좋기로 유명한 크림반도의 러시아 요새 세바스토폴에서 벌어진 전투였다. 1854년 10월 25일 연합군의 포위 작전이 시작된 직후 전투는 끈질긴 진지전으로 발전했다. 현대 최초의 진지전이었다. 무능한 양측 장군들의 무의미한 공격 명령은 수천 명의 병력을 희생시켰다. 아무 소용없는 전투가 거의 1년 동안이나 계속되었다. 세바스토폴을 방어하던 러시

❖ ─ 크림 전쟁 중 가장 참혹한 전투였던 세바스토폴 전투를 묘사한 그림

아군은 운명에 몸을 맡긴 듯 꿋꿋하게 싸웠고 그 병사들 중에는 어린 레프 톨스토이Lev Nikolaevich Tolstoi, 1828~1910도 끼어 있었다. 훗날 그는 단편 소설 「12월의 세바스토폴」에 당시의 경험을 담았다.

물질적인 우세 덕분에 점차 연합군이 우위를 차지했다. 전투의 부담은 주로 프랑스가 졌다. 1855년 9월 9일 마침내 요새가 함락되었다. 의미 없는 학살로 7만 3,000명의 러시아군, 7만 명의 프랑스군, 2만 2,000명의 영국군이 목숨을 잃었다. 역사가들은 세바스토폴 전투를 제1차 세계 대전에서 가장 참혹했던 베르됭 전투의 '예고편'

으로 보고 있다. 크림 전쟁은 최초의 산업 전쟁이었다. 오로지 물질적 우세, 다시 말해 투입된 대포와 유탄의 수가 승패를 좌우했다. 이 전쟁에서 병사들의 생명은 중요하지 않았다. 그저 대포의 먹잇감일 뿐이었다.

그로부터 4년 후인 1859년 6월 24일 이탈리아 가르다 호숫가의 솔페리노에서 프랑스군과 오스트리아군이 북이탈리아의 패권을 두고 치열한 전투를 벌였고 오스트리아가 패했다. 전투가 벌어진 며칠 동안 앙리 뒤낭Henri Dunant, 1828~1910이라는 이름의 젊은 스위스 상인도 전장에 함께 있었다. 그가 직접 목격한 전장의 모습은 말할 수 없는 충격을 주었다. 부상당한 병사들을 며칠 동안 오물 속에 방치하다니, 이 얼마나 비인간적인가! 야전 병원까지 제 발로 기어 왔거나 전우들에게 업혀 온 수백 명의 부상병이 더위와 갈증, 통증에 시달리며 방치되어 있었다.

뒤낭은 전장에 병사만 보낼 것이 아니라 위생병도 함께 파견해야 한다는 결론을 내렸다. 그러나 이 위생병들이 부상을 당해서는 안 된다. 다시 말해 위생병들의 차량과 야전 병원을 모두가 알아볼 수 있는 표식을 해서 보호해야 한다. 그리고 아무리 적군이라도 부상을 당한 경우에는 적으로 보아서는 안 된다. 앙리 뒤낭은 유럽 국가들의 합의를 촉구했고 그 결과 체결된 조약은 그의 고향을 기리는 뜻에서 '제네바 조약'으로 불렸다. 1863년 그는 조직적 봉사 단체를 창설하고 '적십자'라는 이름을 붙였다. 그리고 그 공로를 인정받아 1901년 최초의 노벨 평화상을 수상했다.

제네바 조약은 원래 부상병의 처지 개선을 목표로 삼았지만 1929년에 와서 그 취지가 확대되었다. 직접 전투에 참가하지 않는 사람들은 어떤 상황에서도 인간적인 대우를 받아야 하며 국적이나 종교로 인해 불이익을 당해서는 안 된다는 것이 적십자의 원칙이었다. 제1차 세계 대전의 참상이 낳은 결과였다.

❖ — 1901년의 앙리 뒤낭

무자비한 무기의 등장

제1차 세계 대전을 전면전으로 만든 것은 무엇인가? 이제 전쟁은 자기 안에서 잠자던 '전면성'의 족쇄를 풀어 버렸다. 앞의 내용을 다시 한 번 떠올려 보자. 우리는 19세기 유럽군이 유럽 대륙에서는 극도의 자제력을 보인 반면 식민지에서는 원주민들을 상대로 이루 말할 수 없는 만행을 저질렀다는 사실을 살펴본 바 있다. 그러므로 전쟁은 적을 인간으로 보지 않을 때 전면전의 양상을 띠게 된다.

또 한 가지는 전투의 수단, 다시 말해 무기가 기관총처럼 무자비하고 무적에 가까울 때 전쟁은 전면전이 된다. 기관총은 화염 방사기, 장갑차, 폭격기, 잠수함, 지뢰, 독가스와 더불어 현대 전면전의 상징이라 할 수 있다. 그러므로 현대의 전면전은 고도의 기술력을 조건으로 한다. 현대의 전투는 고성능 병기에 의존하므로 예나 지금이나 별 보호 장치 없이 전장을 오가는 일반 사병들로서는 그런 병기들에 속수무책일 수밖에 없다. 그렇지 않고서는 제1차 세계 대전 동안 전장에서 목숨을 잃은 그 수많은 전사자의 수를 설명할 길이 없다.

제1차 세계 대전에서 역사상 처음으로 기계가 사람을 죽였다. 불과 하루 동안 최고 10만 명의 병사가 목숨을 잃은 전투도 있었다. 불과 몇 주 안에 부대 전체가 피를 흘리며 죽어갔던 것이다.

제1차 세계 대전의 전면성은 병사의 수에서도 여실히 드러난다. 전 세계적으로 이 전쟁에 투입된 병사는 약 7,000만 명이었다. 독일에서만 1,350만 명이 입대하여 200만 명 이상이 목숨을 잃었고 400만 명 이상이 중상을 입었다. 역시 수백만이 출정했지만 아무도 그 공을 인정해 주지 않은 생물이 있었다. 바로 말이다. 유탄 소리가 그치자마자 전장은 부상당한 말들의 비명 소리로 뒤덮였다.

앞에서도 인용한 바 있는 레마르크의 소설을 보면 이런 구절이 나온다. "우리는 모두 참을 수 있다. 그러나 여기선 땀이 스며 나온다. 비명 소리를 듣고 있을 수가 없어 일어나 어디로건 달려가고 싶다. 사람이 아니라 말들의 비명이다." 소설에 등장하는 한 군인은 이렇게 말한다. "내 너희에게 말하건대 동물을 전쟁에 끌고 오는 건 비열한 짓 중에서도 가장 비열한 짓이다." 한 번도 경험한 적이 없었기에 그 누구도 전쟁이 그렇게 참혹할 줄 예상하지 못했다.

❖ — 제1차 세계 대전 당시의 러시아 기병대. 기계화된 신식 무기들이 등장한 전장에서 말들은 구시대 전쟁의 유물이었고, 그래서 비극적인 존재였다.

19세기 말의 비약적, 아니 폭발적인 과학의 발전 – 그리고 그에 따른 막강한 산업 생산력의 증대 – 이 없었더라면 이런 현대식 전면전은 불가능했을 것이다. 전쟁 자체가 산업화되었다. 사회의 모든 생산력이 전쟁을 지원했다. 경제는 전시 경제로 탈바꿈했고 군수품 생산과 관계가 없는 산업 부문이 없을 지경이었다. 전쟁은 전선에서만 벌어지는 것이 아니라 후방에서도 함께 치르는 것이었다. 이를 두고 '고향 전선'이라 불렀다. 이런 방식으로 전쟁은 끝없이 연장될 수 있었다. 공장에서는 무기와 화약이 거의 무제한으로 생산되었고, 이 무기는 현대식 철도 시스템을 이용하여 아무 문제없이 신속하게 전선으로 수송되었다. 무기의 대량 생산은 참호 속의 대량 살상을 낳았다. 참전국 모두가 더 효과적인 무기를 더 많이 확보하는 것이 승리의 지름길이라 믿었다.

제1차 세계 대전이 발발하기 10년 전부터 과학과 기술의 진보가 인류 역사상 최고 수준에 달했다. 이 10년 동안 물리학과 화학 부문의 발견과 발명은 모두 전쟁에 응용되었다. 과학자들과 기술자들이 자발적으로 협력했다. 이 모든 것이 폭력의 난무를 낳았고 이런 살인의 위력 앞에 병사들은 무력하기 짝이 없었다. 살인의 힘이 병사들을 토막 내고 으깨고 짓이기고 갈기갈기 찢어 버렸다. 전장에서 사망한 전사자의 50퍼센트 이상이 대포의 제물이었다. 시신의 모습도 과거의 전쟁 때와 확연히 달랐다. 피 흘리는 고기 조각과 천 조각밖에 남은 것이 없는 시신이 수두룩했다. 이름도 얼굴도 없는 전사자들이었다.

전면전은 희생자들을 알아볼 수 없게 만든다. 병사들의 생명뿐 아니라 정체성까지 갈취하며, 그 정체성을 알아볼 수 없을 지경까지 갈가리 찢어 버린다. 전쟁 기념비에 적혀 있는 '무명용사'는 사실 신분을 알아볼 수 없게 되어 버린 병사다. 무명용사는 실종된 병사다. 그 자신을 증명할 어떠한 것도 남아 있지 않기에 실종 처리된 병사다. 몸뚱이는 물론 이름과 생년월일, 부대 이름을 적어 놓은 '군번표' 하나 남지 않았다. 유탄 사격으로 온통 구멍이 패어 있던 서부 전선의 땅바닥에는 잘린 사지와 사람의 살 조각이 어디나 널려 있었다.

❖ ── 참호에서 기관총을 쏘아 대는 독일군. 살상력이 엄청난 기계식 화기들은 병사들의 몸을 갈기갈기 찢어 버렸고, 전장에는 고깃덩이로 변해 버린 시체가 널려 있었다.

레마르크의 소설은 그런 참혹한 전선의 죽음을 노골적으로 묘사한다. "집중포화, 저지 사격, 탄막 포화, 지뢰, 가스, 탱크, 기관총, 수류탄, 말. 그러나 말은 세상의 전율을 껴안는다. 하이에 베스투스는 등이 찢긴 채 끌려온다. 숨을 쉴 때마다 상처 사이로 허파가 고동친다. 내가 할 수 있는 건 그의 손을 잡아 주는 것뿐이다. 파울, 너무 피곤해. 그가 신음 소리를 내며 고통에 팔을 깨문다. 두개골이 없어도 살아 있는 사람들을 본다. 두 발이 갈기갈기 찢긴 채 달리는 병사들을 본다. 그들이 조각난 그루터기에 걸려 넘어져 바로 옆 구덩이에 처박힌다. 병장 하나는 박살이 난 무릎을 끌고 2킬로미터를 손으로

긴다. 구호소까지 걸어가는 다른 병장의 배에선 꽉 누른 양손 틈으로 창자가 삐져나온다. 입 없는 사람, 아래턱이 없는 사람, 얼굴 없는 사람들을 본다. 피를 흘리지 않기 위해 두 시간 동안 이로 팔의 혈관을 물고 있는 사람이 있다. 태양이 뜨고 밤이 온다. 유탄이 피리 소리를 내고 생명이 끝나 가고 있다."

무자비한 무기는 군인들을 잔혹하고 질긴 인간으로, 언제부터인가는 아예 무딘 전쟁 기계로 만들어 버렸다. 수많은 사람들이 이성을 잃었다. 결단력 없는 군 지휘관들이 수백만의 젊은이를 전쟁터로 몰아넣었고 남은 것은 산더미 같은 시신이었다. 신속한 기동전으로 승패를 결정할 가망이 없자 군은 '화력'에 모든 승부를 걸었다. 이 소모전에서 적을 패배시키려면 화력을 엄청난 수준으로 증강하는 수밖에 없다고 생각했던 것이다. 그리하여 양측에서 '전면적 동원'이 실시되었다. 참호 속 병사들로서는 점점 거세어지는 화력을 버티고 살아남아야 한다는 의미였다. 그러나 불을 뿜는 거대한 철 방아는 무자비하게도 생명이란 생명을 모조리 갈아 버렸다.

1918년의 하루 유탄 사용량은 1914년에 비해 다섯 배가 증가했다. 솜 강변과 마른에서 몇 달 동안 계속되었던 물량전에서는 1제곱미터당 약 1톤의 화약을 퍼부었다. 전장은 달 표면처럼 울퉁불퉁했고 병사들은 숨 쉴 틈 없이 쏟아지는 유탄을 어떻게든 피해 보려고 땅속 깊이 참호를 파고 들어갔다. 마비된 전선을 풀어 보고자 자살을 결심하고 적의 요새로 돌진하지 않는 한 적의 얼굴을 볼 일이 거의 없었다. 물론 돌진이 성공하는 경우도 거의 없었다. 그러다 육탄전에서 적의 얼굴을 갑자기 대면하는 순간, 그것은 나의 얼굴과 똑같았다. 더럽고 수척하고 공포에 질린 얼굴.

그런 드문 순간을 제외하면 이 전쟁은 서로 멀리 떨어져 치르는 전쟁이었다. 최고 100킬로미터까지 날아가는 강력한 유탄, 1분당 최고 300발을 쏘아 400미터 이상 떨어져 있는 목표물을 맞힐 수 있는 기관총, 높은 포물선을 그리며 적의 참호 속으로 떨어지는 수류탄, 비행기나 폭격기에서 쏟아붓는 폭탄 그리고 바다에선 눈에 보이지 않는 잠수함이 치명적인 어뢰로 적의 함대와 화물선을 공격했다.

전면전은 고도의 익명 전쟁이다. 살인은 기계가 대량으로 저지르고, 날로 더 잔혹한 무기가 개발된다. 공포를 불러일으켰던 장갑차는 제1차 세계 대전의 전형적인 발명품이었다. 참호 속 병사들은 밀려오는 장갑차에 속수무책으로 당했다. 영국의 장갑차(탱크)를 처음 본 독일 병사들은 경악을 금치 못했다.

독가스 살포는 더욱 참담했다. 무기라는 말을 쓰기조차 거북할 지경이었다. 적군은 근절해야 마땅한 해충에 불과했다. 독가스와 더불어 군인의 명예는 완전히 무너졌다. 독가스를 처음 사용한 쪽은 독일이었다. 마비된 전선을 풀어 다시 기동전으로 갈 수 있겠다는 믿음에서였다. 그러나 계산은 어긋났다. 적이 같은 무기를 사용할 수 있으리라는 생각을 미처 하지 못했던 것이다. 이로써 전면전은 비인간성의 절정에 도달했다. 인류 역사에서 처음으로 대량 살상 무기가, 염소 가스와 머스터드 가스가 살포되었다.

처음에는 효과 만점이었다. 영국군과 프랑스군은 완전히 겁을

❖ ─ 제1차 세계 대전 때 등장한 영국군의 장갑차

집어먹고 7킬로미터에 이르는 구간의 전선을 그냥 내주었다. 동부 전선에서도 독가스가 살포되었다. 제1차 세계 대전 중 가스로 사망한 9만 9,000명의 군인 중에서 러시아군이 5만 6,000명이었다. 그러나 연합군도 신속하게 독가스를 개발했고 전쟁은 도덕적 최저점에 도달했다. 독가스를 양심 없이 먼저 사용한 독일의 책임이었다. 독가스는 훗날 노벨상을 수상한 유명한 화학자 프리츠 하버Fritz Haber, 1868~1934의 지휘 아래 개발되어 무기로 사용된 현대 화학 연구의 생산품이었다.

전쟁은 사람을 잡아먹는 괴물이 되었다. 유럽의 젊은이들을 먹어치웠고 20세기 초 유럽이─식민지와 공장 노동자까지도 가혹하게 착취한 대가로 – 이룩했던 복지를 잡아먹었다. 전쟁은 전장뿐 아니라 민간 사회마저도 군사화했다. 장기전이 될 것이라는 전망이 나오자 온 사회가 전쟁에 동원되었다. 경제는 다시 전시 경제로 전환되었고 무엇보다 중공업과 에너지, 수송, 화학 부문의 역할이 컸다. 독일의 화학 산업은 화약 제조에 집중했고, 특히 칠레에서 수입하던 화학 원료 질산칼륨이 영국이 해상을 봉쇄하는 바람에 독일로 들어오지 못하게 되자 신속한 대체 물질을 개발하기 위해 열을 올렸다.

군인의 전쟁에 실험실과 공장의 전쟁이 추가되었다. 전쟁은 전혀 새로운 과학 부문과 산업 부문을 낳았고, 이 부문들은 전쟁 덕분에 큰 발전을 보았던 자동차 산업을 필두로 향후 세계 경제의 중심으로 자리 잡았다. 프랑스군은 1914년 당시 독일보다 월등히 앞서 있던 자국 자동차 산업의 덕을 톡톡히 보았다. 부대의 이동이 훨씬 신속하고 유동적이었던 것이다. 파리의 택시 부대를 이용해 전선으로 대체 병력을 실어 나른 사례도 있었다.

전쟁은 늘 두 개의 얼굴을 가진다. 여기서는 파괴하고 저기서는 새로운 것을 창조한다. 특히 비행기 산업의 발전이 그러했다. 내륙전과 해상전에 이어 공중전이 추가되면서 인류 역사상 처음으로 도시 상공에서 폭격을 퍼부었다. 적의 민간 후방을 공격하여 공장 시설을 파괴하려는 목적이었다. 그 와중에 수많은 민간인이 목숨을 잃었다. 제1차 세계 대전 동안 독일의 영국 공습으로 약 1,400명이 죽었다. 전쟁이 끝날 무렵에는 벨기에의 상공에서 수백 대의 전투기가 공중의 패권을 두고 싸웠다. 제1차 세계 대전 동안 이렇게 진보한 공중전은 훗날 제2차 세계 대전에서 전면 공중전으로 비약하게 된다.

최악의 전면전, 제1차 세계 대전

전면전은 직접 전투에 참가하지 않은 사람들의 일상생활에까지 깊숙이 침투했다. 독일의 경우 개전 직후부터 심각한 생필품 부족 현상을 겪었고, 러시아의 상황은 더욱 열악했다. 독일은 전쟁 초기에 영국 함대가 항구를 봉쇄한 탓에 식량 문제를 겪었고, 이는 종전 무렵에 이르러서는 기아 상황으로 비화되었다. 가장 큰 피해자는 어린이들이었다. 독일은 식량의 3분의 1을 수입했다. 전쟁이 발발하기 전까지 독일 제국은 전 세계 최대의 농산물 수입국이었다. 전쟁 초기에만 해도 군에 보급품을 수송하는 문제는 신속하게 해결했지만 전쟁이 길어지면서 후방의 생필품 부족은 나날이 심각해져 갔다. 병사들이 휴가를 나갈 때 먹을 것을 집으로 가져갈 정도였다. 대도시의 노동자 구역보다 참호 속이 그나마 먹을 게 더 많았던 것이다.

전쟁은 기아와의 전쟁이 되었다. 제1차 세계 대전 중 독일에서 영양실조로 사망한 사람이 약 70만 명에 이른다. 특히 어린아이들의 피해가 컸다. 독일은 1916년 봄에 이미 식량 경제 면에서 패배했다고 볼 수 있다. 결국 주린 배를 견디다 못한 국민들이 들고 일어났고, 이는 제국에 대한 봉기로, 결국에는 혁명으로 이어졌다.

러시아의 사정도 다르지 않았다. 그나마 독일 국민들은 그래도 무기의 공격으로부터는 안전했다. 독일 땅, 적어도 서부에서는 한 번도 전투가 벌어진 적이 없었기 때문이다. 반대로 벨기에 국민들은 개전과 더불어 빠른 속도로 밀려오는 독일군 때문에 큰 고통을 겪었다. 벨기에 리에주의 한 마을에서 민간인들이 독일군을 공격한 사건이 있었다. 이에 독일군은 국제법을 위반하고 민간인들에게 마구잡이 공격을 퍼부었다. 마을 주민들을 집에서 내쫓았고 집을 불태웠다. 조금이라도 의심되는 경우 그 자리에서 사살했다.

따라서 개전 첫날부터 독일군은 엄청난 수의 피난민을 만들었다. 고향을 빼앗아 뿌리를 뽑아 버리는 만행, 이 역시 현대 전면전의 상징이다. 행동이 굼떠서 피난을 가다 독일군에게 붙잡히기라도 하는 날에는 무슨 일을 겪을지 알 수 없었다. 독일군은 피난민을 무조건 게릴라라고 생각했다. 그 결과 불과 몇 주 안에 5,500명의 벨기에인과 900명 이상의 프랑스인이 남녀노소 구분 없이 독일군이 멋대로 쏜 총에 맞아 목숨을 잃었다. 독일군은 건물도 무차별적으로 불태웠다. 그중에는 중세 시대에 지은 루뱅 대학과 가치를 따질 수 없는 그 대학의 도서관도 포함되어 있었다. 그러고 나면 약탈이 이어졌다. 독일군은 전쟁이 시작되자마자 도덕적 차원에서 패배했다. 설사 군사적으로 승리했다 해도 이런 도덕적 패배를 만회할 수는 없었을 것이다.

초기의 기동전이 이내 진전 없는 참호전으로 바뀌자 서부 전선의 국민들은 그나마 폭력으로부터 해방될 수 있었다. 그러나 동부 전선은 달랐다. 서부 전선의 전투가 잔인했다면 동부 전선의 전투는 잔혹했고, 이는 민간인들에게도 해당되었다. 1915년 패배한 러시아 군은 퇴각하면서 폴란드와 리투아니아를 중심으로 한 광활한 땅을 폐허로 만들었다. 진군하는 독일군에게 '불에 탄 땅'만 남겨 주겠다는 의도였다. 유대인이나 독일인으로 의심되는 사람들은 학대를 당했고 스파이 누명을 쓴 채 총살당했다. 발트해에서 흑해에 이르는 동부 전선에서 피난민의 수는 대략 200만 명에서 1,000만 명을 육박했다.

독일군이라고 해서 러시아군보다 나을 게 없었다. 독일은 발트해 국가들, 폴란드, 백러시아(현 벨로루시) 일부를 전쟁에서 이긴 후 독일인의 주거지로 만들 심산이었다. 그래서 독일과 문화적으로 다른 그곳 주민들을 아무런 권리도 없는 사람들처럼 취급했다. 식민지에서 행세하던 그대로였다. 과거 아프리카 식민지에서도 독일 점령군은 원주민의 인격을 인정하지 않았고 우월한 주인 행세를 했다.

그러나 이 모든 행각이 너무나 역겨웠고 동유럽 주민들이 겪었던 고통이 상상할 수 없을 정도로 심했다 해도 전쟁 범죄, 그러니까 민간인에 대한 만행이나 대량 학살로 이어지지는 않았다. 제1차 세계 대전의 가장 추악한 사건은 유럽 땅이 아니라 주 무대에서 멀리 떨어진 곳, 오스만 제국에서 일어났다. 1915~16년 오스만 제국이 기독교를 믿는 아르메니아 사람들을 대량으로 학살했던 것이다. 1914년 10월 오스만 제국은 독일과 오스트리아의 편에 서서 참전했다. 오스만 제국의 주 전선은 카프카스였는데 그곳에서, 흑해에서 카스피해까지 이어지는 산유량이 풍부한 지역을 두고 불구대천의 원

❖ — 오스만 제국에 의해 집단 학살된 아르메니아인들. 1915년에 촬영한 사진이다.

수 러시아와 싸웠다. 오스만 제국은 이번 전쟁이 아르메니아인들을
제거할 수 있는 호기로 보았다. 1894년과 1896년, 1909년 등 과거
에도 여러 차례 아르메니아인들에게 박해를 가했고 당시에도 수천
명의 아르메니아인이 오스만 제국의 무슬림에게 목숨을 잃은 바 있
었다.

아르메니아인들은 근면과 지성으로 다민족 국가인 오스만 제국
에서 부를 축적했다. 특히 상인, 수공업자, 약제사, 변호사가 많았다.
그 때문에 가난한 오스만 제국 이웃은 늘 아르메니아 사람들을 질투
했다. 게다가 민족의 독립을 요구하는 아르메니아인들의 민족 운동

이 날로 거세졌고 오스만 제국의 불구대천 원수 러시아가 이들을 지원하고 있었다. 오스만 제국을 지원하던 독일은 아르메니아인들에 대한 오스만 제국의 학살을 은폐했다. 독일인 대부분이 믿는 공동의 종교인 기독교도 전혀 중요하지 않았다. 독일이 똑같이 기독교를 믿는 프랑스와 영국, 러시아와 싸운 걸 보면 애당초 종교는 아무런 의미가 없었다. 신교 신학자이자 의사, 철학자인 알베르트 슈바이처Albert Schweizer, 1875~1965는 "제1차 세계 대전은 기독교의 파산 선고였다"라고 말했다.

아르메니아인들에 대한 오스만 세국의 학살 방법은 상상할 수 없이 잔혹했다. 대략 150만 명의 아르메니아인 - 이 가운데 3분의 2가 오스만 제국의 국민이었다 - 에게 사막 횡단을 강요하여 고통 속에서 죽게 만들었다. 이 대량 학살극은 토로스산맥의 제이툰에서 시작되었다. 1915년 4월 그곳 주민의 일부가 추방령에 저항했다. 150명이 수도원으로 들어가 진지를 구축했고, 이에 4,000명의 오스만 제국 군인이 그들을 몰살했다. 다음 날 도시의 주민들은 시리아 사막으로 내쫓겼다. 시인 프란츠 베르펠Franz Werfel, 1890~1945은 유명한 소설『무사 다그의 40일』에서 이 용감한 절망의 저항을 위해 감동적인 문학적 기념비를 세워 주었다. 그러나 오스만 제국의 후신인 터키 정부는 100년이 지난 오늘날까지도 이날의 학살을 부인하고 있다.

민간인을 대상으로 한 대량 살상은 전면전의 가장 끔찍한 형태였다. 시대를 막론하고 민간인들은 전쟁으로 인해 심한 고통을 당했다. 여자들은 강간을 당했고 사람들은 피난을 가지 않으면 고향에서 쫓겨났다. 수많은 사람이 전쟁이 몰고 온 기아와 전염병으로 사망했다. 고문 역시 언제나 전쟁이 낳은 참혹한 현상이었다. 그러나 국가 기관에서 계획하여 체계적으로 자행된 민간인 학살은 현대에 와서야 처음 등장한 현상이었다.

앞에서도 언급했듯 전면전으로 볼 수 있는 30년 전쟁이 끝난 이후 모두들 국제법을 통해 전쟁에서 민간인이 입는 피해를 최소화하기 위해 노력했다. 네덜란드의 법학자 휘호 흐로티위스Hugo Grotius, 1583~1645는 30년 전쟁을 겪은 후 이 국제법의 기본 사상을 구성했고, 그 때문에 그는 '국제법'의 아버지로 불린다. 국제법은 평화의 법이자 전쟁의 법이다. 전쟁은 군사적 대상만을 목표로 할 뿐 민간인과 그들의 사유 재산을 공격해서는 안 된다는 것이 이 국제법의 골자다. 국제법이 허용하는 민간인 피해는 불가피한 부작용으로, 군사 작전과 적절한 관계에 있는 경우에 한정한다. 그러나 이 '적절한'이라는 문구의 의미가 정확히 규정되어 있는 것은 아니다.

국제법의 근본적인 문제는 상위 권력 기구가 없기 때문에 집행이 쉽지 않다는 데 있다. 아무도 지키지 않는 규정은 의미와 유효성을 잃고 만다. 1945년 국제 연맹의 후속 기구로 세계 평화 보장을 위해 창설된 유엔 역시 아직까지 합당한 집행력을 갖지 못했다. 그리고 집행력이란 것도 결국에는 군사적인 방법일 수밖에 없는 것이다.

처음부터 민간인을 겨냥하다

제1차 세계 대전은 참전국 국민에게 말할 수 없는 고통을 안겨주었지만 그럼에도 제2차 세계 대전의 묵시록적인 참상에 비하면 서곡에 불과했다. 사실 저자로서도 적절한 말을 찾기가 너무 힘들다. '참상' 같은 말로 대체 무엇을 표현할 수 있을까? 강도를 높여 참상의 최고조라는 표현을 써 보았자 어차피 '참상'이란 말에서 나온 표현일 뿐이다. 인간은 인간의 언어로 도저히 설명할 수 없는 끔찍한 짓을 저지를 수 있는 존재다.

제1차 세계 대전 당시 독일군 사령관은 에리히 루덴도르프Erich Ludendorff, 1865~1937 장군이었다. 제1차 세계 대전을 통틀어 가장 역겨운 인간, 가장 냉혈한으로 꼽는 데 주저할 필요가 없는 인물이다. 그는 여러 권의 추악한 책들을 썼는데 마지막 저서가 1935년에 나온 『전면전』이다. 그 책에서 그는 제1차 세계 대전을 개인적으로 총결산했다. 그 말은 결국 그가 개인의 잘못을 남에게 뒤집어씌우려 했다는 뜻에 불과하다. 특히 유대인, 공산주의자, 사회주의자에게 전쟁의 책임을 돌렸는데, 그가 보기에 이들은 어차피 다 똑같은 인간들이었다.

또 그는 클라우제비츠의 전쟁 철학에 책임을 돌렸다. 클라우제비츠가 전쟁은 다른 수단을 이용한 정치의 연속이라고 주장했기 때문이다. 그 말을 믿었기에 독일이 제1차 세계 대전에 패배했다는 것이다. 루덴도르프가 보기에는 현대의 조건이 클라우제비츠의 주장과

❖ — 제1차 세계 대전 당시의 독일군 사령관 에리히 루덴도르프. 그는 훗날 히틀러의 정치적 후견인 역할을 했다.

는 정반대를 요구하므로 거꾸로 정치가 전쟁의 연속이 되어야 하며, 정치는 '민족의 생존 투쟁'을 옹호하고 무제한적으로 무자비하게 싸워 이겨야 한다.

그런 의미에서 루덴도르프의 입장에서 제1차 세계 대전은 전면전이 아니었다. 모든 면에서 전쟁의 걸림돌이 너무 많았기 때문이라는 것이다. 한마디로 말해 루덴도르프는 독일 제국이 진짜 전면전을 치르기에는 너무 자유주의적이었다고 주장한다. 루덴도르프가 생각하는 절대적 전면전은 독재 정권하에서만 가능하기 때문이다. 온 나라가 거대한 군대로 변신하여 남녀노소가 각자의 자리에서 맡은 바 임무를 다해야 한다. 전시뿐 아니라 평상시에도 그래야 한다. 전쟁은 국가의 지속 상태다. 미래의 현대식 전면전은 그 규모가 엄청날 것이기에 기본적으로 공격적이며 철저히 군사적으로 조직된 독재 사회만이 감당해 낼 수가 있다는 것이다.

1933년 바이마르 공화국이 자유선거에서 히틀러와 그의 국가사회당에 권력을 넘겨주면서 독일은 - 물론 루덴도르프의 협력이 있었다 - 그런 군사 독재 국가가 되었다. 그 이후 7년 동안 독일은 전쟁 준비에 총력을 기울였다. 그것은 인류 역사상 최초로 전체주의적 전쟁이었고 완전히 국민의 말살을 목표로 삼은 전쟁이었다. 제1차 세계 대전은 폭력이 난무했던 20세기의 '원조 재앙'이었다. 제2차 세계 대전은 이 '원조 재앙'의 연속이자 무한한 확대였다. 수백만 명의 유럽 유대인을 살해한 홀로코스트에서 그 무엇과도 비교될 수 없는 완벽한 야만성을 낳았던 전쟁이었다.

제2차 세계 대전은 처음부터 민간인을 상대로 한 전쟁이었다. 학교에서 배우는 역사책에는 제2차 세계 대전이 1939년 9월 1일 새벽 독일 훈련함 슐레스비히-홀슈타인호가 '자유 제국 도시 단치히'의 폴란드군 초소에 대포 사격을 함으로써 시작되었다고 적혀 있다. 그러나 그건 틀린 말이다. 전쟁은 그보다 8분 전, 정확히 4시 40분에 시작되었다. 슐레스비히-홀슈타인호는 4시 47분에 '발포 허가'를 받았고 4시 48분에 처음으로 발포했다. 그러나 그보다 앞서 4시 40분, 잠들어 있던 폴란드의 소도시 비엘룬에 폭탄이 투하되었다. 당시의 독일 동쪽 국경에서 17킬로미터 떨어진 지점이었다.

제2차 세계 대전에서 독일군이 노린 이 첫 번째 목표 지점은 제2차 세계 대전 내내 동부 유럽에서 자행되었던 온갖 만행을 상징하는 사건이었다. 주민들이 아직 잠을 자고 있는 시각에 무방비 상태의 소도시에 폭탄을 투하하다니, 군인의 명예를 헌신짝처럼 버린 비겁한 짓이었다. 비엘룬은 군사적으로 볼 때 아무런 의미가 없었다. 산업 시설이라고는 설탕 공장 하나뿐이었다. 비엘룬을 폭격한 단 한 가지 이유는 신형 급강하 폭격기 JU-87의 성능을 시험하기 위해서였다. 몇 시간 동안 계속된 폭격으로 폐허가 된 도시에서는 1,200명이 넘는 사망자가 나왔다.

폴란드 폭격의 지휘자는 볼프람 폰 리히트호펜 장군이었다. 2년 전 스페인 내전 당시 파시스트 편에 서서 역시나 무방비 상태의 바스크 소도시 게르니카를 폭파한 '콘도르 군단'의 지휘관이었던 인물이다. 비엘룬과 달리 게르니카는 피카소의 그림 덕분에 잊히지 않고 세인의 기억 속에 남았다. 피카소의 그림을 보면 군인은 한 사람도 없고 죽은 아이를 품에 안고 울부짖는 여자 등의 민간인뿐이다. 그림은 현대의 전면전이 마을과 도시에 살고 있는 전쟁과 무관한 사람들을 노린다는 사실을 보여 주고 있는 것이다. 비엘룬은 폴란드의 게르니카다.

'도시 폭격'이라는 개념은 1933년 이탈리아의 줄리오 두에가 개발한 아이디어로 1936년 독일 공군 복무 규정에서도 그에 관해 언급한 것이 발견된다. 물론 규정은 적국의 도시에 대한 테러 폭력을 명백히 금지했지만, 독일 공군은 개전과 동시에 적국의 도시들을 폭격했다. 분명히 말하지만 제2차 세계 대전 당시의 폭격 테러는 독일 측에서 먼저 시작했다.

비엘룬과 바르샤바에 이어 1940년 8월 24일 런던에도 폭격이 가해졌다. 뒤이은 9월 7일의 2차 폭격으로는 450명이 사망하고 약 1,500명이 중상을 입었다. 공격 지점이 순수 주거 지역이 아니었기에 민간인에 대한 직접적 공격이 아니었다고 볼 수도 있지만 여러 차례의 오폭으로 주거 지역의 민간인들도 큰 피해를 입었다. 사실 민간인 피해는 독일군이 은근히 바라던 실수였다. 1940년 말이 되자 영국에 대한 폭격은 점점 더 테러전의 양상을 띠었다. 1940년 11월 15일 새벽에 실시한 코번트리시市 폭격으로 568명이 목숨을 잃었다. 건물의 75퍼센트가 붕괴되거나 심하게 훼손되었고 그중에는 14세기에 지은 대성당도 포함되어 있었다.

이러한 전쟁의 초기 양상은 그 후로도 이어졌다. 독일군의 대폴란드전은 개전 첫날부터 민간인 범죄로 일관했다. 히틀러는 개전 직전까지도 군 지휘관들에게 폴란드를 무자비하게 섬멸해야 한다고 강조했다. "목표는 살아 있는 세력의 제거와 폴란드를 남김없이 파괴하는 것이다." 그러자면 '최대의 비정함', '잔혹한 행위'가 필요하며 모두가 '동정심의 문을 걸어 잠가야' 한다고 말했다. 아마 장교들의 귀에는 그런 말도 특별히 잔인하게 여겨지지 않았을 것이다. 프로이센의 군국주의 전통은 철저히 잔인했다.

앞으로 폴란드인들의 교육은 겨우 제 이름이나 쓸 정도면 충분하며, '독일인에게 복종하는 것이 신성한 계명'이라는 사실을 가르쳐야 한다고 생각했다. 이를 위해 최단 기간 안에 폴란드 지성인들을 거의 모조리 살해했고 폴란드의 모든 학교를 폐쇄했으며 예배를 금지했다. 정복당한 폴란드 서부(나치는 '바르테가우'라고 불렀다)의 주민들은 10년 안에 이 지역을 완전히 '독일화'한다는 계획 아래에 추방당했다.

그래도 폴란드가 장기간 항복하지 않자 아름다운 수도 바르샤바(동방의 작은 파리)를 잿더미로 만들었고 바르샤바 주민 6만 명의 목숨을 앗아 갔으며 10만 명에게 부상의 고통을 안겨 주었다. 그것으로 폴란드의 테러전은 끝이 났지만 테러는 멈추지 않았다. 아니, 이제부터가 본격적인 시작이었다.

독일이 서부 유럽에서 저지른 만행도 적잖이 끔찍했지만 – 히틀러가 전 유럽을 대상으로 계획했던 유대인 학살을 제외하면 – 민간인 학살 사건은 벌어지지 않았다. 그러나 동부 전선은 달랐다. 폴란드는 민간인 학살 계획의 실험장에 불과했다. 처음부터 동유럽을 러시아에 이르기까지 독일의 주거지로 만들어 '게르만화'함으로써 '독일인의 벽'으로 '슬라브의 홍수'를 막겠다는 계획이었다. 그러자면 그곳에 살고 있던 사람들을 추방하거나 노예로 삼거나 살해해야 했다. 이런 생각 자체가 새로운 것은 아니었다. 독일 제국 역시 제1차 세계 대전을 통해 독일의 국경을 멀리 동유럽까지 확장하겠다는 꿈을 꾸었다. '생활 공간'이 필요하다는 이유에서였다.

바르샤바 주민의 약 3분의 1을 차지할 정도로 수가 많았던 폴란드의 유대인들은 1940년 나치가 애초의 추방 계획(예를 들어 마다가스카르로 추방할 계획이었다)을 포기하면서 마련된 게토로 끌려갔다. 4제곱킬로미터 면적의 바르샤바 게토에 35만 명의 유대인들을 말 그대로 '처넣었다.'

날이 갈수록 대량 학살의 수위가 높아졌다. 특히 1941년 여름에 소련전이 시작되면서부터는 폭력이 과격 양상을 띠기 시작했다. 나치 친위대와 경찰 중에서 인력을 뽑아 민간인 대량 학살만을 목적으로 창설된 기동대가 독일군의 지원을 받아 대량 학살을 자행했다. 여자와 어린이도 예외가 아니었다. 이 기동대의 잔인함과 철저함은 유례가 없었다. '볼셰비키', '게릴라', '의용병', '강도', '비사회적 인간', '정신병자'도 이들 기동대의 담당이었다. 언제부터인가는 '게릴라전'이라는 말로 끔찍한 민간인 학살을 미화했다. 마을에 게릴라가 숨어 있다는 억지 주장 한마디면 마을 주민 전체를 죽이기에 충분했다.

전선의 '정상적인' 전투라고 해서 대량 학살이 아닌 것은 아니었다. 그것은 유대인과 한통속이라고 보았던 '볼셰비즘'을 무찌르기 위해 일어선 십자군 전쟁의 결과였다. 1942년 봄까지 200만 명의 러시아 전쟁 포로가 목숨을 잃었다. 그냥 철조망 속에 가두어 놓고 죽도록 내버려 두었다. 독일 점령 지역의 소련 주민 수백만 명도 굶어 죽거나 총살을 당했다. 나치는 대러시아전을 사활이 걸린 인종 전쟁

❖ — 폴란드의 유대인들. 1942년에 찍은 사진이다.

으로 생각했기 때문에 러시아인 대량 학살마저도 전혀 가책 없이 저지를 수 있었다.

'유대인'은 '볼셰비즘', '아시아의 위험', '게릴라'를 상징하는 코드였다. 따라서 나치 정부는 러시아 땅에서 제일 먼저 시작한 유대인학살을 전 유럽이 처한 유대인 문제의 '해결책'이라고 느꼈고, 이를

'유대인 근절'이라 불렀다. 유럽 내 '유대 민족 제거'는 이미 1939년 1월 30일 공개 연설에서 히틀러의 입을 통해 흘러나왔던 협박이었다. 그러므로 히틀러가 유대인에게 무슨 짓을 할 생각이었는지 모르는 사람은 없었다.

발트 3국, 즉 리투아니아, 라트비아, 에스토니아의 경우 독일군이 점령한 지 몇 달 만에 그곳에 살고 있는 유대인의 거의 전부에 해당하는 25만 명의 유대인이 목숨을 잃었다. 정복 전쟁의 일부였던 이런 대량 학살극은 1941년 가을이 되자 폴란드의 수용소 아우슈비츠, 마이다네크, 트레블링카, 소비보르, 벨제크, 헤움노 등지에서 수백만의 유대인을 정부 차원에서 철저하게 계획하여 공장에서 대량으로 살해하기에 이르렀다. 홀로코스트로 지칭되는 이 인종 학살로 약 600만 명의 유럽 유대인이 희생되었다. 특히 폴란드와 발트 3국, 백러시아, 우크라이나의 유대인들은 거의 전멸을 당했다. 이 중에는 적어도 50만 명의 비유대인도 포함되어 있었는데 특히 집시들의 피해가 컸다. 인류사를 통틀어 이 정도로 규모가 크고 잔혹한 대량 살상은 유례가 없었다.

오랜 시간 독일은 홀로코스트의 어둠을 이용하여 독일 정규군이 저지른 범죄를 간과하거나 은폐하려 애써 왔다. 그러나 독일이 저지른 이 엄청난 죄를 '아우슈비츠'라는 이름만으로는 다 지칭할 수 없다는 사실을 깨닫기 시작한 것은 제2차 세계 대전이 끝나고도 50년이 지난 후였다.

그동안 독일인들은 자신은 강제 수용소의 간수나 살인자가 아니었다며, 혹은 책상에서 대량 학살을 지휘한 적이 없다며 쉽사리 발뺌을 했다. 그러나 독일 공장에서 일했던 강제 노동자들의 고통 - 강제 노동이란 말은 노예 노동을 미화하는 말이다 - 과 고향에서 유대인들에게 저질렀던 모욕과 박해, 게슈타포와 '보안대'의 만행, 군대의 범죄를 떠올린다면 사정은 달라진다. 자기 자신은 물론 남편, 아버지, 할아버지, 형제, 삼촌의 무혐의 주장에 의문이 일 것이다. 한 가지만은 분명하다. 죽음의 공장 소각장 굴뚝에서 연기가 나기 전까지, 대러시아전이 시작되고 처음 6개월 동안에만 약 50만 명의 유대인이 살해당했다.

인종 학살을 위한 전쟁

1941년부터 1944년까지 동부 전선에서 독일군이 저지른 전쟁 범죄는 독일이 민간인을 대상으로 전면전을 치를 각오가 대단했음을 입증한다. 그랬기에 종전 후에는 모든 것을 기억에서 지워 버리고 '깨끗했던' 것처럼 행동하겠다고 단단히 마음먹었다. 더러운 전쟁에서 깨끗했던 사람은 아무도 없다. 범죄 정부를 위해 범죄 전쟁에서 싸운 사람이라면 이미 잠재적 범죄자다. 그 무엇으로도 가릴 수 없는 진실이다.

독일군이 동부 유럽에서 치른 전투처럼 잔혹한 전쟁에서는 설사 직접 민간인을 죽이지 않은 일반 사병일지라도 자신이 혹여 다양한 방식으로 살인 행각에 기여한 것은 아니었는지 쓰디쓴 양심의 가책을 느끼지 않을 수가 없다. 이런 유례없는 말살 전쟁이 저 혼자 일어났을 리는 만무하다. 아무리 나는 살인자가 아니라고 우겨도 그것은 파렴치한 부인과 미화, 위조일 뿐이다. 역사가들은 독일군 병사의 약 4~5퍼센트만이 직접 전쟁 범죄를 저질렀다고 주장하지만, 설사 그 비율이 맞는다 해도 어쨌든 전범은 70만 명에 이른다.

그러나 그따위 숫자가 무엇을 의미하겠는가? 사실 아무런 의미도 없다. 독일군 병사 모두가 매일 범죄를 저지르지 않았다고 해도 어차피 희생자들에게는 이 전쟁이 끔찍하기는 마찬가지였다. 단 한 가지만은 그 무엇으로도 미화될 수 없는 분명한 진실이다. 병사들은 모두가 민간인 말살을 목표로 삼은 전쟁 기계의 부품이었다는 사실 말이다.

동유럽의 경제적 기반, 특히 농업 기반을 강탈한 것 역시 이런 말살 정책의 일환이었다. 생산 시설은 물론 수확물과 가축까지 끌고 갔다. 베를린의 책임자들은 처음부터 대러시아전이 러시아에 최대의 기아 재앙을 불러올 것이라는 사실을 알고 있었다. 기아는 원치 않은 전쟁의 부수 현상이 아니라 냉철한 계산의 결과, 더 심하게 말하면 미래 독일 이주민들의 터전을 마련하기 위한 '러시아 경지 정리' 계획의 일부였던 것이다.

그러므로 나치의 말살 전쟁은 식량 전쟁이기도 했다. 인종주의의 광기를 관철하기 위한 수단으로 적국의 국민을 굶어 죽게 내버려 두었던 것이다. 러시아 전쟁 포로들 역시 그런 식으로 굶어 죽게 방치

✤ — 프랑스 노르망디 지방의 도시를 순찰하고 있는 미군 병사들. 미군이 도착했을 때 이 도시는 독일군에 의해 95퍼센트 이상 파괴되어 있었다.

했다. 1942년 봄까지, 그러니까 불과 9개월 만에 200만 명의 러시아 병사가 독일군 포로가 되어 목숨을 잃었다. 이들 중 일부는 수용소의 가스실에서 살해당했다. 제2차 세계 대전 중에 굶어 죽은 사람의 수를 모두 합친다면 이 전쟁이 20세기 최대의 기아 재앙을 이끌었다는 결론을 짓는 데 아무도 이의를 제기하지 못할 것이다.

독일이 유럽에 선사한 전면전은 결국 독일인들에게로 총구를 되돌렸다. 사실 그리 놀랄 일도 아니었다. 몇 년 동안 영국군과 미군 폭격기가 독일의 여러 도시에 대량으로 폭탄을 퍼부어 60만 명의 민간인을 살상했던 것은 분명 테러 행각이었지만 독일이 먼저 불을 질렀던, 그래서 이제 독일로 되돌아온 테러였다.

승산이 없다는 깨달음이 들면 항복을 하는 것이 정상이다. 대러시아전이 예상 밖으로 빨리 끝날 기미가 보이지 않았던 1941년의 겨울이 그런 상황이었다. 그러나 독일은 정반대의 반응을 보였다. 항복은커녕 동부 전선에서 체계적인 대량 학살을 시작했던 것이다. 가망 없는 전투를 멈추지 않은 이유가 오로지 유대인을 대량 학살할 기간을 최대한 연장하기 위해서가 아니었을까 하는 생각마저 들 정도다.

히틀러는 이 전쟁으로 두 가지 목표, 즉 세계 지배와 유대인 말살을 추구할 것이라고 자기 입으로 떠들고 다녔다. 그러나 1941년 첫 번째 목표가 - 무엇보다 미국의 참전으로 - 가망 없이 멀어지자 그는 두 번째 목표에 더더욱 광적으로 집착했다. 두 가지 목표는 전혀 관계가 없었다. 히틀러가 유럽의 모든 유대인들을 죽여 버린다 해도 독일의 승리가 보장되는 것은 아니었다. 1944년 여름만 해도 헝가리의 유대인 50만 명을 아우슈비츠로 실어 나르기 위해 전투에 꼭 필요한 수송 수단을 투입했고, 그 유대인들 중 3분의 2를 죽였다.

1943년부터 동부 전선에서 후퇴하기 시작한 독일군은 '불타 버린 대지'의 수법을 써먹었다. 또 다른 폭력의 극대화였다. 후퇴하면서도 오히려 더 많은 민간인들을 끌고 갔다. 군수품 생산에 필요한 노동 인력의 수요가 날로 증가하고 있었기 때문이다. 이런 노예 정책은 1941년만 해도 큰 활약이 없었던 게릴라 운동이 1943년부터 엄청난 군사적 의미를 지닌 진정한 민중 운동으로 발전하는 데 견인차 역할을 했다. 물론 점령 지역에서 노동력을 가진 주민들을 끌고 가기 시작한 건 이미 1942년 봄부터였다. 극장에서 연극을 보거나, 교회에서 예배를 드리거나, 시장에서 물건을 사는 사람들을 무작정 끌고 갔다.

역사가 크리스티안 슈트라이트는 이렇게 적었다. "1942년 4월부터 12월까지 이런 식으로 주당 평균 4만 명, 총 140만 명 이상의 소련 국민을 끌고 갔다. 그중 절반가량이 여자였고 평균 연령은 20세였다. 16세 미만의 아이들도 높은 비율을 차지했다. 일할 힘이 없는 노인이나 만삭의 임신부, 어린아이까지 끌고 가는 경우도 흔했다. 대부분은 신발도 안 신었고, 끌려올 때의 차림 그대로 속옷이나 팬티만 걸치고 있었다. 수송 여건도 참담했다. 특히 1942년이 심했다. 사람들을 가축을 수송하는 열차에 쑤셔 넣은 다음 며칠 동안 먹을 음식도 마실 물도 주지 않는 경우가 허다했다."

1943년이 되자 비무장 상태의 민간인들을 한곳에 몰아넣고 총살하는 사건도 늘어 갔다. 승리가 요원해지면서 파괴의 분노가 더 강렬해지는 현상은 말살전의 전형적인 특징인 듯하다. 나치는 그 어느 때보다도 몰락이 가까워진 시점에서 인간을 말살하는 테러 시스템의 성취감을 더욱 갈구했던 것 같다.

이런 이유로 한 나라 전체가 패배를 눈앞에 두고서도 전쟁을 계속할 수 있었고 완벽한 자기 파괴에 이를 때까지 계속 투쟁할 수 있었던 건 아닐까? 그런 의문이 든다. 그러나 오늘날까지 어느 누구도 설득력 있는 대답을 찾지 못했다. 종전을 앞둔 며칠 동안 나치 친위대를 필두로 독일에서는 믿을 수 없을 정도로 잔혹한 대량 학살이 자행되었다. 나치 수용소에 수용되어 있던 사람들에게 강요된 죽음의 행진은 몰락을 눈앞에 둔 살인의 축제였다. 무조건적인 항복의 순간까지 광기에 의한 살인 행각은 멈출 줄을 몰랐다.

　세계사에서 유례를 찾기 힘든 말살 전쟁과 유대인 대량 학살을 떠올리면 최근 들어 일부 독일인들이 마치 스스로가 전쟁의 피해자 – 폭격과 추방의 피해자 – 인 양 행세하는 꼴은 그저 기가 막힐 따름이다. 제2차 세계 대전과 같은 범죄를 저지른 당사자라면 응분의 대가를 치러야 마땅하다. 세계를 그런 전쟁으로 몰아넣고서 어떻게 자신만 아무런 피해를 입지 않고 빠져나오기를 기대할 수 있단 말인가! 폭력의 씨를 뿌린 자는 폭력의 열매를 거두는 법이다. 이것이 지독히 진부한 폭력의 논리다. 독일이 동유럽에서 자행한 만행의 정도가 얼마나 엄청났는지를 생각한다면 독일이 당한 피해 정도는 감사의 마음으로 받아들여야 마땅하다. 설사 전후 독일이 독립국의 자격을 박탈당했다 한들 그게 뭐 그리 놀랄 일이었겠는가. 충분히 박탈당할 만했다.

　유럽에서는 1945년 5월에 전쟁이 끝났지만 아시아에서는 몇 달 더 계속되었다. 결국 일본의 히로시마1945년 8월 6일와 나가사키1945년 8월 9일에 원자 폭탄이 투하되면서 제2차 세계 대전은 완전히 막을 내렸다. 이 원폭으로 사망한 사람이 수십만에 달했고, 그 후로 방사선의 후유증에 시달리는 사람의 수를 헤아릴 수 없었다.

인간의 대량 살상을 목표로 삼은 전면전은 원자 폭탄과 더불어 새로운 차원에 도달했다. 한꺼번에 인류가 멸망할 가능성이 열린 것이다. 아이러니한 점은 이 같은 지구 멸망의 위험이 오히려 제3차 세계 대전의 발발을 막았다는 사실이다. 그 대신 전 세계는 '냉전'에 돌입했고, 이로써 지구를 멸망시킬 수 있는 핵전쟁의 위험이 상존하게 되었다. 나중에야 밝혀진 사실이지만 실제로 쿠바 위기 당시 1962~1963 인류는 간발의 차로 핵전쟁을 피했다.

'냉전'의 그늘 속에서도 열강은 전면전을 수행했다. 미국은 베트남에서, 러시아는 아프가니스탄에서 그리고 최근에는 체첸 공화국에서.

정리해 볼까요?

현대의 전면전은 인류 자신을 겨냥한 전쟁이다. 또 인간 존중과 동정, 자비 같은 인간적 감정들을 모조리 말살하는 전쟁이다. 그러나 아무리 철저한 전면전도 완벽하게 전면적이지는 않다. 남의 아픔에 공감하는 진정한 영웅 정신으로 전면전에 맞서 싸우는 세력들도 있기 마련이니까. 그렇기에 아무리 잔혹한 전면전도 시민의 용기와 친절, 예의를 잃지 않는 감동 스토리를 늘 만들어 낸다.

전면전은 무자비한 범죄 정치가들의 전체주의적 정치가 낳은 결과다. 더 안타까운 점은 국민의 다수가 자유선거로 이들을 뽑았다는 사실이다.

집단적 광기가 빚은 비극,
제2차 세계 대전

제2차 세계 대전은 인류의 역사에서 가장 어두운 암흑기였다. 어떻게 해서 제2차 세계 대전이 일어났는지 묻는다면 히틀러가 원했기 때문이라고 대답할 수 있을 것이다. 제2차 세계 대전은 '히틀러의 전쟁'이었고 그 자신도 이 전쟁을 '자신의' 전쟁이라고 생각했다. 히틀러는 1939년 '대大독일 제국'의 망상을 품고 계획적이고 의도적으로 이 전쟁을 일으켰다.

물론 이 말이 맞기는 하다. 그러나 세상사가 다 그렇듯 제2차 세계 대전의 원인 또한 그렇게 간단하지만은 않다. 한 인간이 혼자서 세계를 그런 범죄 전쟁으로 몰아넣을 수는 없다. 전쟁이 터지기 위해서는 국가가 필요하고 독재 정치를 통해 나라를 망가뜨려야 한다. 다시 말해 독재자에게 동조하는 국민이 필요한 것이다.

하지만 독일인의 다수는—1914년에 일어난 제1차 세계 대전 때와는 달리—전쟁을 원치 않았다. 특히 제1차 세계 대전의 비극을 몸소 체험한 사람들의 거부감이 컸다. 그런데도 히틀러는 전쟁을 일으켰다. 독일 국민에게 전쟁을 원하는지 물어보지도 않았다. 사실상 1939년 당시에는 '국민의 이름으로' 전쟁을 결정할 수 있을 만한 독일 정부가 존재하지도 않았다.

왜 독일 국민은 히틀러를 믿었을까?

사실 우리의 예상과는 달리 나치 지도부는 물론이고 군 지휘부에서도 전쟁에 찬성하는 목소리가 그리 크지 않았다. 외교관들이야 말할 것도 없었다. 제1차 세계 대전 때도 그랬듯 세계열강을 상대로 전쟁을 해서 이길 확률이 높지 않다는 점은 삼척동자도 다 아는 사실이었다. 군사력을 따져 보아도 1939년의 독일은 그런 전쟁에서 이길 수 있는 상황이 아니었다. 히틀러 자신도 세계 지배의 망상을 믿었던 것이 아니라 – 망상의 속성이 그렇듯 – 망상에서 헤어날 수 없었던 것이 아닌가 하는 생각이 든다.

히틀러는 미치광이였다. 그러나 자살 행위인 줄 알면서도 그런 정신병자에게 모든 것을 맡긴 국민 역시 그 못지않은 미치광이였다. 도대체 히틀러처럼 불쾌한 인간이 어떻게 그런 엄청난 호감과 사랑, 추종을, 심지어 종교에 가까운 신뢰를 얻을 수 있었는지 아무리 생각해도 이해가 되지 않는다. 왜 모두들 모든 것을 잃어버린 마지막 순간까지도 그의 정신 나간 명령을 따랐던 걸까?

히틀러는 미치기만 했던 것이 아니다. 살인마이기까지 했다. 살

히틀러에게 경의를 표하며 눈물을 흘리는 독일 여인. 히틀러는 독일 국민의 패배감과 굴욕감을 자극함으로써 대중의 이상을 충족시켰다. 이는 독일 전체를 전시 체제로 만드는 가장 큰 에너지였다.

인마란 무엇인가? 수많은 사람을 죽이거나 죽이도록 명령하는 것은 물론이고 인간의 모든 질서를 무시하는 사람을 살인마라고 부른다. 따라서 살인마는 인간 공동체와 철저하게 대립한다. 그러나 '제3제국'에서는 살인마 히틀러가 공동체와 융합하여 하나가 되었다. 히틀러가 살인마이자 정치가였기에 가능한 일이었다. 히틀러는 살인마이자 정치가가 되는 방법을 터득하고 있었다.

히틀러의 추종자 가운데 외무부 장관 리벤트로프 같은 전쟁광조차 영국이 참전하지 않을 것이라는 확신이 설 때까지는 전쟁을 피하고 싶어 했다. 물론 영국이 참전하지 않으리라는 기대는 망상이었다. 히틀러의 전쟁 구상에는 '생활 공간'을 확대하기 위해 동유럽으로 진격하는 것뿐만 아니라 프랑스에 대한 보복전이 포함되어 있었다. 그런 상황을 영국이 가만히 두고 볼 리 없었다. 그러나 아무리 최측근이라 해도 히틀러 앞에서 대놓고 전쟁을 반대하지는 못했을 것이다. 그리고 독재자로서는 측근의 충언을 무시하고 끝까지 자신의 뜻을 밀어붙이기가 누워서 떡 먹기보다 쉬웠을 것이다.

살인마 정치가는 어쩔 수 없이 전면전을 향해 달려간다. 끝을 모르는 광적인 과대망상 때문이다. 그에게는 전부가 아니면 아무것도 아니며, 승리가 아니면 몰락이 있을 뿐이다. 후퇴도 타협도 있을 수 없다. 히틀러의 살인욕은 끝을 몰랐다. 그리고 그 욕망은 결국 유럽 유대인들을 대량 학살할 살인 공장을 만들기에 이르렀다.

히틀러는 엄청난 정치적 수완을 발휘하여 당시까지 스스로 문명 민족이라 자부하던 국민들을 살인 정치의 동조자로 만들었다. 군국주의 전통이 강했던 독일 사회의 충성심과 의무감도 결정적인 영향을 미쳤을 것이다. 독일 국민도 세계 대전에 대한 두려움이 컸겠지만 '지도자'의 뜻을 거스른다는 생각이 더 두려웠을 것이다. 그런 생각을 하는 것만으로도 죄책감이 들었을 것이고, 이를 과도한 굴종으로 만회하려 했을 것이다. 그처럼 광적인 히틀러의 목표를—더구나 처음부터 모두가 알고 있는 상황에서—그 정도의 인내와 끈기를 가지고 자멸에 이를 정도로 추종할 각오가 된 국민이 세상에 또 어디 있겠는가? 늑대들과 함께 울부짖었고, 그럼으로써 몰락의 순간에도 마음의 안정을 누리는 섬뜩한 느낌에 빠져 있었을 것이다. 광기를 다른 사람들과 함께 나누지 않을 경우 그들의 증오를 한 몸에 받을 것이기 때문이었다. 차라리 살인마의 동조자가 되는 편이 나았다. 설령 그러다 파멸하는 한이 있더라도.

물론 독일 국민이 그런 식의 범죄 전쟁에 몸을 던진 데에는 또 다른 이유들이 있었다. 1933년 자유선거를 통해 정치권력을 히틀

제1차 세계 대전 이후에 체결된 베르사유 조약에 따라 독일은 프랑스에 엄청난 전쟁 배상금을 물어야 했다. 사진은 루르의 탄광 지역에 설치할 파이프를 실어 나르는 프랑스 군인들을 찍은 것이다. 프랑스는 독일이 전쟁 배상금을 제대로 갚지 못하자 독일의 지하자원에 손을 댔고, 탄광이 있는 루르 지역에는 프랑스 군인들이 주둔했다.

러에게 넘겨준 사람들은 히틀러가 기운 빠진 민주주의를 순식간에 호전적 독재 정권으로 탈바꿈시키는 과정을 조용히, 넋을 잃은 채 지켜보았다. 독재는 독일 국민 다수가 의식적으로는 원치 않았으되 잠재적으로는 은근히 바라고 있었던 전면전의 조건이었다.

1918년의 패배는 독일인의 가슴에 깊은 상처로 남아 있었고, 베르사유 평화 조약의 치욕은 아무리 세월이 흘러도 지워지지 않았다. 그랬기에 그들은 베르사유 조약을 거부했고 제1차 세계 대전의 결과를 인정하지 않으려 했다. 독일인의 마음 깊은 곳에는 복수심이 불타고 있었다. 바로 이런 잠재적 복수심을 히틀러는 교묘하게 이용했다. 복수심을 자극하면서 베르사유의 치욕을 갚아 주겠노라고 약속했다. 독일 국민은 고무되었고 히틀러를 믿었다. 그가 짧은 시간 안에 ─ 나치의 박해로 생명의 위협을 느낄 정도로 생계가 어려워진 사람들을 제외하면 ─ 다수 국민의 생활 여건을 개선해 주었기 때문이다.

특히 제1차 세계 대전 이후 대량 실업과 극심한 빈곤 등 재앙 수준에 이른 열악한 경제 상황은 사회적 아버지인 '지도자'를 향한 강렬한 욕구를 일깨웠다. 황제의 자리를 대신하여 국가의 정상에서 줄 강력한 인물을 갈망했고, 히틀러는 급진적이고 무자비한 행동, 과거의 영화와 존경을 되돌려 주겠다는 약속으로 독일 국민들의 이상을 충족시켜 주었다.

"독일의 본질이 세상을 치유한다!"라는, 이미 독일 제국 시절부터 귀에 못이 박히도록 들어 온 독일의 사명을 히틀러가 다시 일깨웠다. 프랑스에 대한 복수심과 전 세계, 특히 동유럽 국민들과 비교되는 인종적·문화적 우월감 등 기존의 편견에도 다시 불을 지폈다. 독일인들은 동유럽 주민들을 야만적이라고 생각했고, 그래서 추방을 해도, 노예로 삼아도 마땅한 민족으로 취급했다. 많은 수의 독일 국민이 그러한 민족주의적 사상에 물들어 있었다. 히틀러는 독일 사회에 만연한 그 사상을 그저 급진시켰을 뿐이다. 지배 민족은 '하류 인간'들이 점거하고 있는 생활 공간을 차지할 권한이 있기에 독일은 동유럽에 식민지 제국을 건설할 세계사적 사명을 안고 있다! 히틀러는 수많은 사람들의 머릿속에 숨어 있는 망상을 자극하며 쉼 없이 떠들어 댔다. 독일 대중은 독일 제국의 광신적 이데올로기를 통해 이미 히틀러의 망상을 준비해 왔던 것이다.

전쟁에 모든 것을 걸다

유대인을 향한 적대감 역시 히틀러의 창작품이 아니었다. 제1차 세계 대전 당시, 즉 1916년경부터 반유대주의 사상이 표면으로 떠오르기 시작했고, 빌헬름 2세 역시 세상이 다 아는 유대인 혐오자였다. 전선에서 적국의 국민에게 주저 없이 독가스를 살포한 이후 독일 황제의 머릿속에는 독가스를 이용하여 유대인을 학살하겠다는 계획이 똬리를 틀고 있었다.

제1차 세계 대전 당시 독일이 동유럽을 거쳐 러시아 내륙까지 정복했다는 사실을 기억하고 있는 사람은 많지 않다. 독일이 혁명 러시아에 거대한 영토와 경제적 보상을 요구했던 브레스트리토브스크 평화 조약(1918년 3월) 이후 독일 군대는 우크라이나를 지나 카프카스까지 밀고 갔다. '독일 대제국'의 꿈이 손에 잡힐 듯 가까웠다. 그러나 1918년 11월 서부 전선에서의 패배로 독일의 꿈은 산산조각 나 버렸다. 그러므로 히틀러가 머릿속에 그렸던 러시아 정복의 꿈과 '생활 공간' 이데올로기 역시 히틀러의 창작품이 아니었다. 때문에 1941년 히틀러가 동유럽에 마수를 뻗쳤을 때 독일인들은 낯설다는 느낌을 전혀 받지 않았다. 물론 많은 사람들이 이번에도 독일의 야욕이 실패로 돌아갈 것이라고 예언했지만 말이다.

히틀러는 하나의 카드에 모든 것을 걸었다. 그 카드의 이름은 '전쟁'이었다. 국내와 국외의 전쟁. 국외 전쟁은 처음부터 전면전으로 계획되었다. 제1차 세계 대전보다 더 무자비하고 파괴적인 전쟁을 벌일 참이었다. "세계 권력이 아니면 파멸이다.", "사활이 달린 투쟁." 이런 구호들로 그는 니벨룽의 신화, 신들의 황혼, 죽음에 대한 동경 등 독일인의 마음 깊은 곳에 자리한 어두운 영혼의 밑바닥을 건드렸다.

1918~19년의 상황은 이미 새로운 대전의 기폭제를 숨기고 있었다. 이 기폭제를 제거할 수도 있었으련만 그러기에는 바이마르 공화국의 민주주의 정당들에 혜안 있는 정치가 부족했다. 바이마르 공화국은 이미 과격화의 길을 걸었고 내전과 흡사한 상황으로까지 치달았다. 패전 후 1,300만 명의 독일 병사가 일상생활로 복귀했다. 그들의 꽃다운 청춘 4년은 잔혹한 폭력과 지속적인 생명의 위험, 부상과 불구, 독가스로 얼룩졌고 수천만의 죽음을 목도할 수밖에 없는 어두운 시간이었다. 이런 죽음의 일상화는 고향으로 돌아온 후에도 그들의 태도에 흔적을 남겼다. 수십만 젊은이가 우파 '철모단'에서 좌파 '붉은 전선 전투병 동맹'에 이르기까지 급진 정당의 전투 부대로 몰려들었고 나치당의 '돌격대' 역시 이런 단체들 중 하나였다.

제1차 세계 대전은 종전과 더불어 끝난 것이 아니라 계속 국내 정치에 영향을 미쳤다. 전쟁으로 인한 증오심, 인간성의 황폐화는 이제 저항할 능력도 없는 사람들에게로 향했다. 우파는 증오의 대상으로 유대인들을 선택했다. 갑자기 유대인들이 패전의 책임자가 되었고, 공산주의자들의 배후에서 몰래 조종하는 주모자가 되었으며, 나아가 국가 전체, 세계 전체를 멸망시키는 인간들이 되었다.

날이 갈수록 백주대로에서도 폭력이 난무했고, 결국 정치가 마티아스 에르츠베르거와 발터 라테나우가 암살당했다. 정치인 히틀러는 이런 폭력적인 분위기에서 성장했고, 그의 정당은 이런 폭력을 부추겼다. 게다가 바이마르 공화국은 1930년부터 정부 내 군인들의 영향력이 날로 커지면서 급속도로 의회 민주주의에서 군사 독재로 발전해 가고 있었다. 그런 사정 역시 히틀러의 출세에 발판이 되어 주었다.

1933년 1월 30일 위태롭던 공화국이 히틀러의 손에 정치권력을 넘겨줄 당시, 이미 독일 사회는 너무나 폭력에 길들어 있었다. 사회주의자, 공산주의자, 자유주의자, 평화주의자, 유대인 등 테러의 피해자를 제외한다면 온 국민이 높아져 가는 폭력의 수위를 전혀 느끼지 못할 정도였다. 이제 나치는 한 걸음 한 걸음 말살 전쟁으로 가기 위한 '청소'를 감행했지만 세계는 아직 전쟁을 예감하지 못했다. 6년 동안 온 국민이, 무엇보다 특히 전쟁을 주도할 자라나는 청소년들이 전쟁 준비에 동원되었다.

1929년부터 이미 독일에는 민족주의적 색채가 짙은 전쟁 서적과 영화가 넘쳐났다. 물론 반대편도 있었다. 에리히 레마르크나 루트비히 렌 같은 작가들의 반전 소설 역시 수백만의 독자를 확보했다. 그러나 히틀러가 권력을 잡자 이런 양심의 소리들은 단번에 입이 틀어막히고 말았다.

히틀러는 집권 첫날부터 신속한 재무장을 추진했다. 베르사유 평화 조약이 독일의 무장을 금지했지만 아랑곳하지 않았다. 1933년을 기점으로 전후 시대는 새로운 전쟁 준비의 시간으로 변모했다. 나치는 즉각 전쟁 준비에 돌입했다. 기존 계획을 적극 활용하기도 했다. 바이마르 공화국 말기부터 이미

1933년 독일 바이마르 공화국의 대통령 힌덴부르크와 악수를 나누는 히틀러. 히틀러 뒤에 게슈타포를 창설한 괴링과 나치의 선전부 장관으로 활약한 괴벨스가 보인다.

독일은 아무도 모르게 재무장을 시작했던 것이다.

3년 후인 1936년, 히틀러는 4년 안에 전쟁을 시작할 수 있도록 군과 국가 경제를 발전시키라고 명령했다. 계획한 전쟁은 제1차 세계 대전보다 더 가혹한 전면전의 양상을 띠어야 했기에 외교를 필두로 독일 정치는 독일의 무장과 전쟁 계획을 숨기는 데 사력을 다했다. 이 몇 해 동안 히틀러와 나치의 주요 정치가들이 돌아가며 '평화 연설'을 했고, 1936년 올림픽 경기에서 독일은 조용하고 평화로운 문명국이라는 인상을 온 세계에 심어 주었다. 독일이 이미 무장이 잘된 국가라는 사실을 모를 수가 없는 상황이었음에도 세계는 속아 넘어갔다. 나치 정부는 이러한 위장 작업을 완벽하게 연

출했다. 가히 정치적 속임수의 대작이라 할 만했다.

안으로는 마지막 남은 저항 세력을 무자비한 테러로 짓밟았고 동시에 광범위한 선전을 통해 그리 호전적이지 못한 국민의 분위기를 띄우기 위해 노력했다. 1933년 10월 독일이 국제 연맹에서 탈퇴했을 때 세계는 놀랄 정도로 초연한 반응을 보였다. 이런 반응이 히틀러의 중무장 계획에 힘을 실어 주었다. 세계를 향해서는 다른 국가들도 모조리 무장을 하는 이 마당에 독일이라고 가만히 있을 수 있겠느냐는 핑계로 무장을 정당화했다. 동시에 히틀러는 독일이 '서양 문화' 전체를 공산주의의 위험으로부터 막아 주는 보루라고 주장했다. 이런 허풍이 먹혔던 건 서구 민주주의 국가들이 실제로 공산주의의 공격을 매우 두려워하고 있었기 때문이다. 1940년 나치의 선전부 장관 괴벨스Paul Joseph Goebbels, 1897~1945는 지난날을 돌아보며 1933년의 이런 탁월한 위장 작전에 대해 이렇게 적었다.

지금까지 우리는 적이 독일의 진짜 목표를 파악하지 못하도록 만드는 데 성공했다. 국내의 정적들도 1932년까지는 우리가 어디로 가고 있는지 전혀 감을 잡지 못했고, 합법성의 맹세가 속임수에 불과했다는 것도 눈치 채지 못했다. 우리는 합법적으로 권력을 쥐고자 했지만 그 권력을 합법적으로 사용하고 싶지는 않았다. 그들은 우리가 옴짝달싹 못하게 만들 수도 있다. 그러나 그들은 우리가 위험 지구를 통과하도록 내버려 두었다. 그들의 외교 정책이 정확히 그랬다. 1933년 프랑스 수상은 말했어야 했다. (내가 프랑스 수상이었다면 그 말을 했을 것이다.) 『나의 투쟁』을 쓴 남자가 제국 수상이 되었다고, 그 남자를 우리 이웃으로 두고 볼 수가 없다고, 그가 꺼지지 않으면 우리가 진군할 것이라고. 그것은 지극히 논리적인 주장이었을 것이다. 그런데 그들은 그렇게 말하지 않았다. 우리를 내버려 두었고, 우리가 아무 방해 없이 위험 지구를 통과하도록 내버려 두었다. 우리는 위험한 모든 암초를 돌아갈 수 있었고, 우리가 모든 준비를 마치고 그들보다 훨씬 우수한 무장을 갖추었을 때 그들이 진쟁을 시작했다.

괴벨스의 회고는 마지막 문장만 빼면 모두가 진실이다. 전쟁을 시작한 주범은 독일이었다.

괴벨스는 '위험 지구'라는 말을 썼다. 그곳을 나치 정부가 지나가야 했노라고 말이다. 위험 지구란 세계를 속이는 일이었다. 열성을 다해 무장을 하되 그 사실을 세계가 몰라야 했다. 베르사유 조약이 독일의 무장을 금지했기 때문이다. 베르사유 조약이 허락한 최대의 병력은 10만 명이었고, 군사력에서 큰 비중을 차지하는 공군과 전함은 전혀 허용되지 않았다. 나치는 대량 무장이라는 위험 지구의 기간을 2~3년으로 예상했다. 히틀러의 지상 최대 목표는 수완 좋은 외교 정책을 통해 2~3년의 유예 기간을 버텨 내는 것이었다. 그것의 성패에 모든 것이 달려 있었다.

그러니까 1933년 당시 상황은 놀랄 정도로 단순했다. 독일은 물론 다른 유럽 국가들에도 문제는 단 하나였다. 독일이 재무징이라는 위험 지구를 무사통과하도록 내버려 둘 것인가, 아니면 무력을 사용해 이 위험한 길에서 억지로 끌어 내릴 것인가? 1933년부터 1936년까지 이 질문은 전 세계 문제의 초점이었다. 물론 세계대전의 위험을 확실히 간파했던 사람들도 있었다. 1934년 『환상의 끝』을 출간했던 언론인 레오폴트 슈바르츠실트Leopold Schwarzschild, 1891~1950도 그중 한 사람이었다.

14년의 실수를 만회할 수 있는 마지막 기간이 아직 몇 달 남았다. 이 몇 달 동안 무슨 수를 쓰더라도 독일의 무장 진행을 막아야 하는 것이 세계의 임무, 절대적 임무. 여러 민족의 구원이, 독일 민족 자체의 구원이 그것에 달려 있다. 진실을 해명할 마지막 순간이다. 전쟁을 일으키겠다는 비수처럼 날카로운 협박, 무자비한 무력 사용이 유일한 평화 수단이다. 방법은 간단하다. 독일이 아직 몇 달 동안은 그동안 모은 군사력으로 프랑스나 겨우 침공할 수준이기 때문이다. 무력을 사용하되 전쟁을 일으키지는 말고 유럽이 서둘러 진군한다면 아직은 말살 전쟁을 막을 수 있다. 그러나 수단은 폭력뿐이다. 기한도 몇 달뿐이다. 이 몇 달이 지나면 전쟁도 소용없다. 전쟁을 해 보았자 오래갈 것이고 심지어 몇 년 동안 질질 끌 수도 있다. 이 몇 달이 지나면 그 무엇으로도 독일을 막지 못한다.

그의 말이 옳았다. 1933년부터 1936년까지 독일의 재무장을 막

독일 민족주의와 군국주의에 배치되는 수천 권의 금서를 불태우는 나치

을 수 있었던 단 한 번의 기회를 유럽은 놓치고 말았다. 유예 기간은 지나갔다. 히틀러는 무사히 위험 지구를 통과했다. 1935년 봄그는 일반 병력 의무 제도를 도입했다. 그의 연설에서는 늘 칼 소리가 요란했다. 군사력을 되찾은 그의 말투에 협박이 깔리는 횟수가 잦아졌다.

그 이후 전쟁이 발발하기까지의 정치는 그저 비극적 마술에 불과했다. 1936년 전쟁을 시작할 수 있는 군대를 확보한 히틀러는 강한 자신감을 보였다. 이런 호전적 민족주의가 제1차 세계 대전의 참혹한 희생을 통해 힘겹게 얻어낸 민주주의를 모태로 삼아 성장했다는 사실은 비극이 아닐 수 없다.

제1차 세계 대전의 승전국들에게 전혀 제재를 받지 않고 위험 지구를 통과하여 재무장을 끝낸 나치는 한 걸음 한 걸음 권력 정치의 행동반경을 넓혀 나갔다. 나치가 독일 국내에서 무자비하게 권력을 남용하고 있다는 건 이미 세계가 다 알고 있는 사실이었다. 그러나 모두들 그것은 독일 국내의 문제라고 생각했다. 아무도 국내의 만행이 세계적인 만행의 예고편이라는 사실을 알려고 들지 않았다.

유럽의 복잡한 이해관계 속에서 자라난 전쟁

왜 전 세계는 범죄 국가 나치 독일에 그렇게 많은 호의를 베풀었을까? 장기적으로 볼 때 의기소침하여 골골거리는 독일보다는 군사력으로 당당히 프랑스와 어깨를 나란히 하는 독일이 세계 평화를 위해 더 바람직하다고 믿었기 때문이다. 프랑스의 군사력을 넘어서지만 않는다면 독일이 무장을 해야 한다고 믿었다. 그러나 프랑스와 동등한 군사력 따위는 애당초 히틀러의 관심사가 아니었다. 초기에 세계의 눈이 무서워 그런 척했을 뿐이다. 프랑스와 세력 균형에 도달했어도 독일은 액셀러레이터에서 발을 떼지 않고 계속 달려갔다.

1939년까지 히틀러 정치의 특징은 공격적 행동과 그에 이은 유화 정책의 상호 작용이었다. 1936년 3월 독일군은 베르사유 조약의 비무장화 규정을 어기고 갑자기 라인란트로 진군했다. 다른 유럽국들이 눈을 부릅뜨고 지켜보았다. 히틀러는 다시 소리 높여 평화를 외쳤고 독일은 이제 더 이상의 영토를 원하지 않는다고 맹세했다. 그러나 1938년이 되자 히틀러의 연설은 다시 공격적인 언사들로 넘쳐났고 3월 12일 독일군은 오스트리아로 밀고 들어갔다. 히틀러는 이를 '평화 활동'이라고 주장했다. 독일이 오스트리아를 내전으로부터 지켜 주겠다는 것이었다.

히틀러의 다음 목표는 체코슬로바키아였다. 일단 그는 체코슬로바키아에 살고 있는 주데텐 지역 독일계 주민들을 '집으로 데려온다'는 명목을 내세웠다. 그들이 체코인들에게 핍박을 받고 있다는 것이었다. 그러나 사태는 '주데텐 위기'로 치달았다. '제3제국'의 여론 조사자들이 처음으로 독일 국민에게서 전쟁의 공포를 느낄 수 있었다고 보도할 정도였다. 그러나 1938년 9월 말 히틀러가 영국 수상 체임벌린Arthur Neville Chamberlain, 1869~1940, 프랑스 수상 달라디에Édouard Daladier, 1884~1970, 이탈리아의 독재자 무솔리니를 만나 뮌헨 협약을 체결하면서 상황은 다시 호전되었다. 당사자인 체코슬로바키아에는 물어보지도 않고 열강이 자기들끼리 주데텐 지역의 양도를 결정했고, 그에 따라 1938년 10월 10일 독일군이 그곳으로 진군했다.

어떤 희생을 각오하고서라도 평화를 유지한다! 이것이 당시 영국과 프랑스의 외교 원칙이었다. 그러나 전쟁 기회를 호시탐탐 노리고 있는 히틀러에게 이런 유화 정책은 처음부터 아무런 의미가 없었다. 뮌헨 협정에 서명하는 순간 이미 히틀러는 '나머지 체코'

의 정복을 노리고 있었다. 그리고 1939년 3월 체코를 침공했다. 막강한 적을 막을 힘이 없었던 체코슬로바키아는 히틀러 군대에 정복당한 최초의 타민족이 되었다.

체임벌린, 달라디에와 맺은 평화 조약도 끝이 났다. 1939년 3월 영국 수상은 폴란드에 대한 영국의 조건 없는 방어를 선언했다. 폴란드가 공격을 받으면 영국과 프랑스가 독일에 선전 포고를 하겠다는 뜻이었다. 히틀러는 1939년 2월 28일 조롱과 위선이 넘치는 연설로 응답했다. 교활했고 빈정거렸으며 거만하기 짝이 없었다. 히틀러는 폴란드와 맺은 불가침 조약을 파기했고 상황은 악화 일로를 걸었다. 폴란드 침공이 의문의 여지가 없는 목표였으니 상황이 완화될 리 없었다. 그러나 여전히 프랑스와 영국은 히틀러가 자신들의 갑작스럽고 단호한 태도에 놀라 욕심을 접기를 바랐다.

그러나 히틀러는 전쟁 직전 또 한 번 비장의 카드를 내놓아 세상을 놀라게 했다. 소련의 독재자 스탈린과 조약을 체결한 것이다. 폴란드에는 사형 선고나 다름없는 소식이었다. 이데올로기의 두 적−나치당의 독일과 공산당의 소련−이 협상을 체결했던 것이다. 폴란드는 진퇴양난에 빠졌다. 조약의 의도는 폴란드를 정복한 후 소련과 독일이 나누어 가지겠다는 것이었다. 폴란드 민족 전체를 싸구려로 팔아 치운 행각이었다. 이제 제2차 세계 대전은 확정된 것이나 진배없었다.

1939년 9월 1일 제2차 세계 대전이 시작되었다. 공개 동원령도 없이, 공식적인 선전 포고도 없이 강도떼처럼 밤을 틈타 담을 넘

어왔다. 곤한 잠에 빠져 있다 습
격을 받은 폴란드는 영웅적으
로 저항했지만 4주도 버티지 못
하고 잔혹하고 막강한 권력 앞
에 무릎을 꿇었다. 1914년 8월
제1차 세계 대전이 시작될 때와
는 다르게 독일 국민의 열광적
호응은 느낄 수 없었다. 당황스
러움, 수동적 자세, 압박감, 두려
움, 불안, 체념이 뒤섞인 분위기
였다. 독일 국민의 다수는 전쟁
을 원치 않았다. 그러나 모두가
히틀러의 살인적인 광기를 좇았
다. 마지못해 그의 명령에 복종
했다.

히틀러는 독일 국민의 패배감과 굴욕감,
경제 부흥과 강력한 독일을 추구하고자
했던 야망, 유대인과 동유럽 민족에 대한
인종적 우월감이 한데 어우러져 빚어낸
괴물이었다.

정리해 볼까요?

이 장에서 우리는 히틀러에게 권력이 양도됨과 동시에 제2차 세계 대전은 불가피한 결과였다는 사실을 살펴보았다. 히틀러가 전쟁을 원했기 때문이다. 유화 정책과 양보 정책으로 히틀러를 달래 보려던 유럽 열강의 노력은 결국 실패로 돌아가고 말았다. 인류 역사상 제2차 세계 대전처럼 전쟁의 책임 여부가 명확한 경우도 없을 것이다. 히틀러는 세계 지배를 원했고 그를 위해 수단과 방법을 가리지 않았다. 마지막 순간까지도 그는 전쟁을 이용하여 유럽 유대인들을 말살했다.

7

테러와 내전

제3제국의 내전 체제

    많은 역사학자들이 제2차 세계 대전을 세계 '내전'으로 보는 데에는 그만한 이유가 있다. 여러 국가의 국민에게 저질러진 상상을 초월하는 만행과 장소를 불문한 테러, 고문, 살인이 제2차 세계 대전에 유럽을 강타한 '대규모 내전'이라는 성격을 부여하기 때문이다. 그러나 수백만 명의 유럽 유대인을 체계적으로 살해한 홀로코스트는 그 만행의 성격이 내전의 차원을 넘어선다. 지옥의 문이 열린 것과 마찬가지였다.

계몽주의 이후 유럽인들은 전쟁을 폭력이 불가피한 상황에서 일정한 법적 규정(전쟁 국제법)에 따라 무력을 사용하는 국가 간의 대결로 보았다. 하지만 앞에서 살펴본 대로 제1차 세계 대전 때 그러한 협의는 여러 차례 무시되었고, 제2차 세계 대전은 독일이 소련을 침공하면서 이 협의를 완전히 포기했다. 따라서 기사도 정신에 입각한 전쟁 같은 것은 애당초 불가능했다. 저항할 기미만 보여도 독일 정규군과 나치 친위대, 게슈타포, 보안대는 법적 절차를 무시하고 무자비한 테러를 가함으로써 아예 저항할 엄두조차 내지 못하도록 만들었다.

'제3제국'은 내전을 통해서 탄생한 국가였다. 바이마르 공화국 때부터 백주대로의 폭력이 만연했고, 이러한 폭력은 공화국을 안에서부터 좀먹고 있었다. 히틀러는 1920년대부터 무장 돌격대와 친위대를 조직하여 공개적으로 대동하고 다녔다. 다른 정치 세력도 나름의 군사 조직을 갖추었기에 백주대로의 유혈 사태가 빈번했다. 국가사회당(국가사회주의 독일 노동자당. 히틀러가 속해 있었고 '나치'로 약칭된다)이 태연하게 저지른 각종 테러는 이미 바이마르 공화국 시절에 뿌려진 씨앗의 결과였다. 나치를 유명하게 만든 갈색 유니폼의 깡패 집단은 공공의 안전을 심각하게 위협하는 수준에 이르렀다. 히틀러가 권력을 장악할 당시 이미 나라는 완전히 폭력에 찌들어 있었다.

나치는 거기서 한 걸음 더 나아가 독일 국민으로 하여금 유대인 멸시를 당연시하도록 길을 들였다. 사실 대부분의 독일 국민은 당시에 이미 유대인들의 시민권을 박탈하여 격리하고 관직 및 직장에서

❖ ― 1920년대 히틀러의 무장 돌격대가 거리를 활보하는 모습

쫓아내며 사유 재산을 몰수하는 법적 조치를 받아들일 준비가 되어 있었다. 결국 1938년 11월 9일 밤부터 10일 새벽까지 독일 전역의 유대인들을 상대로 최초의 조직화된 테러가 감행되었다. 이른바 '제국 정화의 밤'이었다.

이 과정에서 자행된 폭력 ― 사상자가 91명, 부상자는 수를 헤아릴 수 없었고 3만 명이 체포되어 강제 수용소에 일시 구금당했다 ― 은 독일 국민에게 큰 충격을 주었다. '평범한' 시민들은 여전히 이와 같은 공공연한 반달리즘과 과도한 폭력에 거부감을 느꼈다. 독일 유대인을 상대로 한 이 공개 내전에 적극 개입한 사람은 극소수에 불과했다. 대부분의 독일 국민은 왠지 마음이 개운치 않은 '관객'이거나 '방관자'였다.

그러나 개전과 더불어 독일 사회는 나날이 견고해지는 폭력의 길을 걸었다. 유니폼의 색깔과는 상관없이 수많은 독일인이 의무감에 사로잡힌 채 수백만 유대인의 대량 학살에 휘말려 들었다. 이런 와중에 지극히 평범한 사람들조차 삶 자체를 증오하기 시작했고 마음은 황폐해져 갔다.

유대인이 아니라고 해서 안심할 수는 없었다. 시간이 가면서 제3제국에 대한 약간의 비판도 허용되지 않을 만큼 분위기가 험악해졌다. 테러는 가정집 문 앞이라고 해서 걸음을 멈추지 않았고 독가스처럼 일상생활 깊숙한 곳까지 스며들었다. 외국 방송을 듣는 것조차 위험했다. 정부에 불만이 있어도, 나치에 기부금을 내지 않아도, 나치 조직에 가입하지 않아도, 편지에 걱정스럽다는 말 한마디만 적어도 위험에 처할 수 있었다.

아무도 믿을 수 없는 세상이었다. 내전은 이웃이 이웃을 추격하는 전쟁이다. 사방에 염탐꾼이 널려 있었다. 형사, 게슈타포, 나치 친위대 등 어둠의 세력은 경찰 제복을 입고 긴 가죽 외투를 걸쳤다. 의심만으로도 충분했다. 한밤중에 들이닥쳐 '교육'을 시킨다는 목적으로 끌고 가 강제 수용소에 감금했다. 그곳에는 유대인과 공산주의자, 사회주의자, 좌파 인사들이 있었고, 나치에 협력하지 않겠다는 용기를 갖춘 노동자와 교사, 성직자와 관리, 장교와 귀족이 있었다.

일부러 공포 분위기를 조성하여 – 모든 테러리즘의 전형적인 방법이다 – 맹목적 충성을 강요하는 것, 이것이 바로 잔악한 제3제국의 통치 수단이었다.

제3제국을 내전 국가로 보고 이들이 불을 지핀 전쟁을 세계 내전으로 보면 내전의 기본 성격이 확연히 드러난다. 내전 국가란 절대적 전횡이 지배하는 국가, 끝을 모르는 만행이 자행되는 국가다. 문명사회의 규칙과 가치관은 통하지 않는다. 그러므로 내전은 전면전의 특수한 형태, 전면전의 극단적 형태라 할 수 있다.

내전이 더 치명적일 수밖에 없는 이유

내전은 대부분 세계관 때문에 일어나는 전쟁이다. 때문에 잔인하고 무자비하다. 적을 동등한 인격체로 보지 않고 경멸해 마땅한 타자로, 수단과 방법을 가리지 않고 제거해야 할 존재로 규정한다. 따라서 폭력이 난무하며, 폭력 중에서도 가장 혐오스러운 폭력인 고문이나 린치가 횡행한다.

전통적인 전쟁, 그러니까 전면전이 아닌 국가 간의 전쟁에서는 양쪽 국민의 대부분이 상대 국가의 국민에게 적대 감정이 없고, 멀리 떨어진 지역에서 살기 때문에 폭력을 행하는 데에도 어느 정도 한계가 있다. 양측의 군대가 충돌하는 것이지 국민끼리 충돌하는 것이 아니기 때문이다. 그러나 내전에서는 서로 적대하는 여러 공동체가 같은 영토에서 쟁탈전을 벌이기 때문에 피를 보지 않을 수가 없다.

내전 때 일어나는 대량 학살은 복수의 원칙을 따른다. 몇 세대 전의 해묵은 감정들까지도 되살아난다. 복수심은 자신에게 이익이 돌아오는 것만으로는 절대 만족하지 않는다. 반드시 상대가 해를 입어야 한다. 나의 이익은 부차적으로 얻는 것일 뿐이다. 각 집단이 상대 집단 구성원을 최대한 많이 죽이려고 하는 이유는 내전 이후 수적 우세를 차지하기 위해서다. 언젠가 선거가 있을 예정이라면 더더욱 상대편을 많이 죽여야만 자기편이 다수를 확보할 수 있다. 따라서 내전은 대량 학살로, 종족 말살로 치닫는 경향이 강하고, 만약 내전이 끝까지 갈 경우에는 집단의 존립 자체가 위태로워질 수 있다.

내전은 '일반' 전쟁보다 훨씬 큰 충격으로 사회를 혼란에 빠뜨린다. 내전이 일어나면 국가 자체가 흔들리기 때문이다. 국가와 국민 사이에 맺어진 모든 계약이 파기됨으로써 계약에 따른 규칙과 가치가 부인된다. 자발적으로 권력 독점을 포기할 국가는 없다. 그렇기 때문에 국가 권력은 혹독한 탄압 정책으로 저항 세력과 맞선다. 그러나 폭력은 더 큰 폭력을 낳을 뿐이다.

잔혹한 수단을 사용하는 국가는 스스로가 내전의 한 집단으로 전락할 위험에 처한다. 국민을 만족시켜야 할 국가 본연의 최우선 과제를 등한시함으로써 국가는 스스로 합법성을 저버린다. 그 결과 국가 질서는 무너지고, 그러다 언젠가 한쪽 세력이 우세를 차지하면 새로운 국가 권력이 (대부분 독재로) 탄생한다.

양측의 세력과 힘이 비슷할 경우 내전은 양측 모두가 완전히 나

❖ ── 스페인 내전 당시의 마드리드. 1936년 프랑코의 쿠데타로 시작된 스페인 내전은 제2차 세계 대전의 전초전 양상을 띠었다.

가떨어질 때까지 한없이 지속될 수 있기 때문에 자멸을 향해 달려갈 소지가 매우 높다. 설사 한쪽이 타협을 원한다 해도 타협 제안을 힘이 떨어진 것으로 해석한 적이 폭력의 수위를 높일 가능성이 있기에 애당초 타협은 고려 대상이 될 수 없다. 따라서 내전은 현대에 와서도 문명 이전의 잔혹함을 버리지 못하는 것이다.

　'세계 내전'이라 할 만한 제2차 세계 대전을 통해 6년 동안 유례를 찾아볼 길 없는 잔악한 만행을 저지른 뒤 유럽은 상당 부분 내전의 위험에서 벗어났다. 그러나 내전의 유령을 완전히 추방한 것은 아니었다. 북아일랜드에서는 구교도와 신교도 사이의 무력 충돌이 끊이지 않았고, 나중에는 왜 싸우는지 이유도 모른 채 서로를 죽였다. 분명 종교가 문제의 핵심은 아닐 것이다. 스페인에서는 바스크 분리주의자들이 국가를 향해 총부리를 겨누고, 프랑스에서는 코르시카섬 주민들이 코르시카의 독립을 요구하며 무력을 행사했다.

유럽의 화약고 발칸은 참담했던 내전(1992년부터 1995년까지 보스니아와 헤르체고비나의 내전, 1996년부터 1999년까지의 코소보 내전)을 겪고도 유엔 평화 유지군에 의해 불안한 안정이 유지되고 있다. 여전히 갈등의 불씨가 남아 있다. 다민족 국가 유고슬라비아가 해체되면서 시작된 이 내전은 여러 민족이 섞여 사는 지역에서는 차마 입에 담을 수 없는 만행이 자행되었고, 어느 쪽이건 대량 살상과 학살의 피해자일 수밖에 없었다.

보스니아계 세르비아인들은 1995년 스레브레니차의 유엔 안전지대를 점령하여 유엔 평화 유지군이 지켜보는 가운데 보스니아계 이슬람교도들을 무참하게 학살하기도 했다. 발견된 시신만 약 1,000구에 이르고 실종된 사람이 8,000명에 달했다. 제2차 세계 대전 이후 최대의 피난 행렬이 발칸반도를 수놓았다. '인종 청소'(이 말은 1992년 독일에서 '올해 최악의 유행어'로 뽑혔다)라는 구호 아래 보스니아계 세르비아인들이 다른 민족을 추방하는 일에 앞장섰지만 보스니아계 크로아티아인들도 만만치 않았다. 이 내전으로 총 20만 명가량이 목숨을 잃었고 400만 명이 고향 땅을 떠날 수밖에 없었다. 이 모두가 현대 유럽 대륙의 한가운데에서 벌어진 일이었다.

히틀러는 이 현대의 내전에도 적잖은 책임이 있다. 1918년에 탄생한 유고슬라비아 역시 히틀러의 먹잇감이었다. 그런데 히틀러의 침공과 더불어 오랫동안 숨죽이고 있던 인종 갈등이 불거졌고 시간이 갈수록 전선은 복잡하게 뒤엉켰다. 사태는 만인의 만인에 대한 투쟁으로 확대되었고, 그 과정에서 군사적인 이유로도 정당화될 수 없는 온갖 만행이 자행되었다.

그러나 발칸반도를 제외한다면 오늘날의 유럽은 내전 지역이 아니다. 아프리카의 상당 부분, 아시아와 남아메리카의 일부 지역에서 내전이 계속되고 있다. 특히 아프리카가 지난 수십 년 동안 치열한 내전에 휩싸이게 된 것은 19세기와 20세기 아프리카 대륙을 괴롭혔던 유럽의 식민지 정책과 관련이 깊다.

물론 아프리카라는 넓은 지역에 만연해 있는 증오가 오로지 유럽 식민 정책의 탓이라고 주장하는 것은 아니다. 유럽의 식민지가 되기 전에도 아프리카는 평화로운 낙원이 아니었다. 우리가 알고 있는 아프리카의 역사 역시 부족, 종족, 민족, 지역, 국가 등의 전쟁과 갈등을 담고 있었다. 13세기와 19세기 차드호 근처에 자리 잡은 보르누 왕국의 기병대는 공포의 대상이었고 남아프리카 줄루족은 늘 이웃 부족을 침략했다. 티그레족과 암하라족은 에티오피아에서 강력한 전사 계급을 키워 다른 부족을 약탈했다.

그럼에도 현대의 학살 전쟁에 비한다면 과거 아프리카의 전쟁쯤은 코흘리개 장난이었다. 1960년대 콩고에서 일어났던 내전을 한번 생각해 보라. 나이지리아 동부 지역 비아프라는 1967년에 독립했고 엄청난 기아를 동반한 유혈 내전1967~1970을 거친 후 다시 나이지리아에 합병되었다. 중앙아프리카 공화국의 보카사나 우간다의 이디 아민 같은 독재자의 전횡, 수단·앙골라·모잠비크·에티오피아· 부룬디의 끝없는 내전, 소말리아의 제 살 깎아먹기 식의 내전, 시에라리온의 대학살 등을 떠올려 보라.

불과 100일 동안 80만 명의 사람을 죽인 – 시간당 330명이다! – 르완다의 대량 학살1994은 또 어떤가! 치밀한 계획과 조직력이 발휘된 대량 학살이었다. 투치족과 온건 후투족의 대량 살상은 수천 명의 유엔군만 투입되었어도 막을 수 있었을 것이고, 설령 막지는 못했어도 적어도 서둘러 중지시킬 수는 있었을 것이다.

르완다의 경우 발칸반도와 달리 여러 인종들이 복잡하게 뒤엉켜 싸우는 형국이 아니었다. 유럽의 식민지가 되기 전만 해도 후투족과 투치족은 사회적 지위와 경제적 역할을 달리하여 평화롭게 공존했다. 식민지가 되기 전 소수 민족인 투치족은 가축을 키웠고 다수인 후투족은 농사를 지었다. 그리고 두 종족은 같은 언어를 사용했다.

현재의 르완다와 부룬디 땅에 처음으로 발을 디딘 독일 식민지 지배자들은 투치족을 '열등한' 후투족을 다스렸던 지배층이라고 생각했다. 그렇게 식민지 지배자들의 손에 의해 두 종족은 졸지에 지배 계급과 피지배 계급으로 나뉘고 말았다. 제2차 세계 대전 후 이 지역을 유엔 신탁으로 통치하게 된 벨기에 역시 투치족을 지배층으로 이용했고, 그 결과 독일 지배 시절의 과오를 답습했다.

아직 벨기에의 통치가 끝나지 않았던 1959년 첫 분규가 발생했다. 후투족이 들고 일어나 지배 계급인 투치족을 실각시켰다. 이후 불안은 계속되었고 잦은 유혈 사태로 나라는 혼란스럽다. 또 벨기에는 르완다인 신분증명서에 후투족인지 투치족인지 정확히 기재하도록 조처했다. 그런데 1994년 투치족을 대량 학살했던 후투족의 극단주의자들은 외모나 언어로는 도저히 구분할 수 없는 두 종족을 구분하기 위해 바로 이 신분증을 이용했다.

보통 민족 분규나 종족 분규가 발생한 경우 분규의 당사자들 사이에는 – 진짜건 억지로 만들어 낸 것이건 – 차이점이 있다. 그러나 르완다 사태는 꼭 그러한 차이점이 없어도 대량 학살이 발생할 수 있음을 보여 준다. 한쪽은 가축을 키우고 다른 한쪽은 밭을 갈며, 한쪽은 수가 많고 다른 한쪽은 수가 적다는 이유만으로 충분하다. 현재 르완다의 정권은 다시 투치족의 손에 들어가 있다.

1994년 르완다에서 인종 학살이 발생한 이후 아프리카 대륙에서는 수많은 쿠데타, 군사 혁명, 민중 봉기, 대량 학살이 일어났다. 나이지리아, 토고, 콩고, 차드, 상아 해안(코트디부아르), 마다가스카르 등 아프리카만큼 많은 전쟁과 내전이 일어나고 있는 대륙은 없다. 그렇지만 아프리카를 호전적인 대륙으로 생각한다면 그건 오산이다. 어쨌든 50개국의 대다수 국민은 비록 독재 정권의 강압에 의한 것이라 해도 평화롭게 살고 있다. 백성은 굶주리지만 독재자들은 절대 왕정에 버금가는 낭비를 일삼는다. 설사 독재 정권이 무너지더라도 – 차기 정권의 지도자는 대부분 자기도 독재자가 되고 싶은 다른 인물일 뿐이다 – 국민은 별 관심이 없다. 이 지배 계급이 저 지배 계급으로 바뀐 것일 뿐, 국가는 셀프서비스 가게처럼 돌아가고 있다.

❖ — 1994년의 르완다 대학살 당시 희생된 사람들의 이름이 적혀 있는 기념관의 구조물

'냉전' 동안 열강은 아프리카의 권력 엘리트들을 지원했다. 자신의 영향권을 보장받기 위해 무기를 지원하는 일도 마다하지 않았고, 이는 결국 아프리카의 자멸을 재촉하는 결과를 낳았다. 이러한 사실은 1989년의 '전환점'과 냉전의 종식으로 확실해졌다. 서구도 동구도 아프리카 '친구들'의 몰락을 방조했다. 열강의 권력 게임에서 더 이상 그들이 해 줄 수 있는 역할이 없었기 때문이다. "덩치 큰 두 마리 살진 고양이가 떠난 지금 쥐들의 시간이 시작되었다." 소말리아의 작가 누루딘 파라는 당시의 상황을 이렇게 비유했다. 아프리카의 독재 국가들이 카드로 지은 집은 허망하게 무너져 내렸다. 미국과

러시아가 지탱하던 아프리카의 균형이 하룻밤 사이에 흐트러진 것이다. 아프리카는 정치적 혼란에 빠졌고 그 혼란은 급속히 번져 갔다. 부족과 종족들이 다투기 시작했다.

왜 아프리카는 내전의 땅이 되었는가?

아프리카의 50개 나라 가운데 4분의 1이 여전히 위태로운 상황에 처해 있다. 수단 북부의 이슬람 아랍 기병대가 남부의 기독교 주민들을 학살하는 동안 세계는 뒷짐만 진 채 방관했다. 여기서도 종교는 핑계에 불과하다. 학살의 동기는 탐욕과 쾌락이었다.

수단에서 갈등이 시작된 때는 60년 전으로 거슬러 올라간다. 식민지 시대가 끝나고 수단의 서부 다르푸르에서 내전이 발생했다. 이후 북부와 남부, 정부군과 반란군, 기병대와 민간인 사이에 학살과 만행이 되풀이되었다. 지난 60년 동안 이어진 내전으로 150만 명의 수단 국민이 사망했다.

이웃 나라 우간다의 북부도 상황은 다르지 않았다. 매일 밤 4만 명 이상의 아이들이 기병대에 끌려가지 않으려고 마을을 빠져나와 도시로 도망쳤다. 자칭 '신의 저항군LRA, Lord's Resistance Army'이라고 하는 이 무장 단체는 그사이 적어도 2만 명의 어린아이를 납치해서 군인으로 만들었다. 단체의 지도자 조지프 코니는 초자연적인 능력을 갖고 있다고 소문이 나 있고, 스스로를 동정녀 마리아의 후신이라고 주장하고 있다. 이 광신도 집단 때문에 지난 30여 년 동안 약 180만 명 이상이 피난길에 올랐고, 그중 90퍼센트가 우간다 북부 지역 주민이었다. 그들이 얼마나 많은 민간인을 살해했는지는 아무도 모르지만 적어도 10만 명은 넘을 것으로 추정하고 있다.

이상하게 들릴지 몰라도 아프리카가 이렇듯 혼란에 빠진 원인은 수단 남부와 나이지리아의 원전, 앙골라와 시에라리온의 다이아몬드, 라이베리아의 열대 목재, 콩고의 황금과 동·코발트·우라늄·콜탄 등의 풍부한 지하자원이다. '콜탄'은 아프리카에서 흔히 사용하는 줄임말로 광석 컬럼바이트-탄탈라이트를 일컫는데 중앙아프리카, 특히 콩고 동부에서 많이 나는 귀한 천연자원이다. 콜탄이 없었더라면 휴대전화도, 컴퓨터도 없었을 것이다. 검은색의 잘 부스러지는 이 광물에서 탄탈럼을 얻기 때문이다. 탄탈럼은 에너지 밀도가 높고 융해점이 높기 때문에 컴퓨터는 물론 광학 기계용 렌즈를 만드는 데 없어서는 안 될 물질이다.

전 세계적으로 수요가 높은 콜탄을 빼앗아 세계 시장에서 엄청난 수익을 남기기 위해 우간다와 르완다가 콩고 동부에서 약탈 전쟁을 벌이고 있다는 사실을 생각한다면 지금 우리가 쓰고 있는 휴대전화와 컴퓨터에도 피가 묻어 있는 셈이다. 이웃 국가들은 콩고 동부를 체계적으로 약탈하고, 그 엄청난 수익금으로 다시 콩고에서 체계적으로 전쟁을 하고 있다. 이 전쟁으로 그동안 300만 명이 넘는 사람이 목숨을 잃었다. 콩고 민주 공화국에서 민주주의가 제 기능을 다한다면 아마 콩고는 아프리카에서 가장 부유한 나라가 될 것이다.

276

콩고는 콜탄 말고도 석유 매장량이 풍부하고 다이아몬드 채굴량도 엄청나며 우라늄과 황금 등 보석의 산출량도 막대하다. 그러나 민주주의가 없는 부는 - 앞에서 언급한 여러 나라들이 그러하듯 - 콩고에도 저주일 뿐이다.

❖ — '푸른 금'이라고 불리는 콜탄 원석. 희귀 자원인 콜탄을 둘러싼 이권 다툼으로 인해 콩고에서는 전쟁이 끊이지 않고 있다.

대부분 이웃 국가에서 침투해 들어온 다양한 파벌이 지하자원의 채굴권을 두고 싸움을 벌이며, 지하자원을 팔아 거둔 막대한 수익을 다시 무기와 용병을 구하는 데 투자한다. 제가 벌어 제가 먹고사는 전쟁이다. 그들의 자원을 구입하는 서구 기업들 역시 자신도 모르는 사이에 이 여러 '전쟁의 제왕'들을 지원하고 있는 셈이다. '전쟁의 제왕'들이란 자신들이 장악한 지역에 군주국을 세운 지배자들을 말한다. 국가의 위기나 붕괴를 이용하여 자체 무장 조직을 만들어 지역을 통제하고 착취한다. 유럽의 30년 전쟁 시절에도 발렌슈타인 같은 '전쟁의 제왕'이 있었다.

이들은 대부분 가문, 부족, 종족, 민족 등에 미치는 기존의 지배권을 바탕으로 권력을 수립하며 전쟁이 일어날 경우 아주 무모하고 잔인한 모습을 보인다. 따라서 그들 주변에는 인정받기를 원하고 권력과 부를 꿈꾸는 젊은이들이 모여들기 마련이고, 그러니 이들과 강도떼 두목의 경계가 모호한 것이다. 오늘날의 콩고는 서로 경쟁하는 파벌들이 외국의 지원을 등에 업고 최대한 많은 땅과 자원을 장악하기 위해 혈안이 된 너덜너덜한 조각보다.

이들 나라에서는 몇 십 년 동안 내전이 계속된 탓에 더 이상 싸울 남자들이 남아 있지 않고, 때문에 입대 연령이 점점 낮아지고 있다. 히틀러도 마지막에는 아이들까지 전장으로 내몰았다. 왜 그랬을까? 아이들은 가망 없는 상황에서도 맹목적으로 '지도자'를 따른다. 아직 위험이 뭔지 잘 모르고, 자기 보호 본능이 없기 때문에 사지에 들어와 있다는 자각을 하지 못한다. 그런데도 이들 아동 군인을 금지할 국가 질서는 존재하지 않는다. 오히려 정부군마저 아이들을 끌어들이고 있는 실정이다. 전쟁이 장기화될수록 병사의 연령이 낮아진다. 그리고 아동 군인의 3분의 1은 여자아이들이다.

이 아이들은 한 치의 의심도 없이 상사가 시키는 대로 행동한다. 판단력이 흐리기 때문에 최고의 킬러가 될 수 있고 누구보다 악독한 고문관이 될 수도 있다. 그들은 이념을 위해, 정치의 발전을 위해 싸우는 것이 아니다. 그저 시키는 대로 따를 뿐이다. 주인을 위해서라면 무엇이든 하고, 그렇기 때문에 대부분의 반군 대장들이 아동 군인으로 구성된 친위대를 거느리고 다닌다. 그중 여자아이들은 성적인 학대를 당하기도 한다.

아이들에게 가족이나 마을의 지인들까지 죽이고 학대하라는 명령이 떨어지기도 한다. 양심의 가책을 없애기 위해서다. 형제나 아버지를 죽인 사람이 못할 짓이 무엇이겠는가. 술이나 마약을 먹여 아이들의 자제력을 무너뜨리기도 한다. 대부분 아이들에게는 정찰이나 지뢰 매설 등 어른들이 기피하는 위험한 임무들이 맡겨진다. 멋모르는 아이들은 그것이 놀이라고 생각하기 때문에 두려움이 없다.

서구 스타일의 풍족한 생활을 미끼로 아이들을 유인하기도 한다. 나이키 운동화를 신고 스웨터나 셔츠를 입고 레이밴 안경을 쓰고, 쿵푸 윗옷을 걸치고 아이스하키 헬멧을 머리에 쓴 채 아이들은 여가 활동을 하듯 전장으로 뛰어든다. 또 캡틴 불, 어스퀘이크 베이비, 캡틴 코브라, 레벨 킹 등 영화에 나오는 영웅이나 랩 스타의 이름을 따서 아이들을 불러 주기도 한다.

그러나 이들 아동 군인을 무시무시한 킬러로 만든 최고의 일등 공신은 가벼운 자동 총기들이다. 예전에는 총이 너무 무겁고 조작이 어려워서 아이들은 도저히 사용할 수가 없었다. 그런데 반동이 거의 없는 러시아제 AK-47, 미국제 M-16, 독일제 G-3는 무게가 채 3킬로그램도 안 되고 초당 10발이 발사되기 때문에 영양실조에 걸린 열 살짜리 여자아이가 훈련 한 번 받지 않고 손에 쥐어도 치명적인 무기가 된다. 일곱 살짜리 아이가 그런 무기를 들고 있는 광경도 목격되었다. 아이들은 총을 분해했다 다시 조립할 줄도 안다. 장난감처럼 말이다. 게다가 무기의 가격도 그리 높지 않아 전 세계적으로 약 6억 4,000만 정의 총기가 아프리카와 아시아의 오지에 이르기까지 널리 퍼져 있는 것으로 추정된다.

전 세계적으로 18개국에서 약 30만 명의 아동이 전쟁터에 끌려 나와 있다. 그리고 그 수는 날로 늘어나는 추세다. 1990년부터

2000년까지 전 세계적으로 약 200만 명의 아동 군인이 목숨을 잃었고 600만 명이 불구가 되었으며 1,000만 명이 심각한 정신 장애로 고통을 받고 있다.

❖ — 러시아에서 만든 AK-47. 무기가 가벼워지면서 어린이 병사들도 다루기 쉬워졌다.

이처럼 '제3세계'에서 특히 심각한 양상을 보이는 내전은 폭력의 자립화를 낳는다. 서로 대립하는 파벌들의 경계가 완전히 뒤죽박죽이다. 각종 무기가 널려 있는 거대한 국제 무기 시장, 특히나 싸구려 휴대용 화기와 속사 화기의 등장은 내전의 경비를 대폭 줄여 주었다. 보통 내전에선 자동 총기, 로켓포, 지뢰 등 '가벼운 무기'를 많이 사용하기 때문이다. 특히 지뢰의 경우 민간인 희생자를 많이 내며 전쟁이 끝난 후에도 몇 십 년씩 피해자가 생겨난다.

모든 룰이 완전히 사라진 폭력, 테러

유럽인들은 내전을 먼 나라 이야기나 미개한 종족들의 대립쯤으로 생각해 왔다. 대량 학살, 인종 학살은 아프리카, 아시아에서나 일어날 수 있는 일이지 유럽에서는 절대 그런 일이 일어나지 않을 것이라 여겼다. 그러나 유고슬라비아 갈등이 불거지면서 유럽 땅에서도 내전이 일어나자 모두들 놀란 가슴으로 유럽의 평화 역시 얼마나 허약한 것인지 새삼 깨닫게 되었다.

내전과 밀접한 관련이 있는 또 다른 형태의 전쟁 역시 나날이 유럽을 위협하고 있다. 테러리즘이 그것이다. 테러단의 범국제적 활약상을 지켜보며 우리에게도 저런 일이 일어날 수 있다는 불안감이 커지고 있다. 그것이야말로 테러리스트들이 진정으로 노리는 것이다. 이들이 입히는 물질적 피해보다 이들이 퍼뜨리는 공포와 불안이 훨씬 더 사회를 어지럽히기 때문이다.

그러나 테러리즘은 현대의 창작물이 아니다. 특히 종교적 광신주의가 미쳐 날뛰던 시절부터 테러리즘이 횡행했다. 테러리즘은 군사 부문과 민간 부문을 가리지 않는다. 특히 민간인을 목표로 체계적이고 조직적인 공격을 가한다. 국가라고 해서 테러를 저지르지 않는 것은 아니다. 이를 일컬어 '국가 테러리즘'이라고 부른다. 러시아가 체첸 공화국에서 저지르고 있는 만행이 대표적인 사례다.

체첸 공화국은 러시아로부터 완전히 독립하기를 원한다. 양측의 살인 행각은 끝을 모르고, 갈등의 이유는 더 이상 정치가 아니다. 양측의 테러리즘은 민간인들을 목표로 삼고 있다. 러시아는 이 더러운 전쟁을 일으켜 체첸을 처형장과 고문실로 만들어 버렸다. 정상적인 생활은 완전히 불가능해졌고 체첸 사람들의 100년이 넘은 해묵은 증오는 하늘 높은 줄 모르고 치솟고 있다. 아니, 증오란 말로는 부족하다.

그동안 러시아인들이 저지른 만행은 여성들까지 발 벗고 나서서 폭탄을 몸에 두르고 러시아로 돌진하도록 만들었다. '검은 과부들'이라 불리는 이 여성들은 러시아군에게 남편, 아버지, 아이들을 잃었고, 복수를 위해 기꺼이 제 몸을 불사른다. 모스크바 뮤지컬 극장에서 있었던 인질극에도 여성들이 참가했고, 경기장과 버스 정류장, 지하철 폭파 사건에도, 비행기 추락 사고에도, 베슬란 학교 인질 사건에도 여성들이 끼어 있었다.

몇 년 전만 해도 누구도 불가능하리라 믿었던 일들이 현실이 되었다. 체첸뿐 아니라 이라크, 팔레스타인에서도 여성과 아이들, 청소년이 갈등의 제물이 되고 있다. 이들의 희생이 테러 행위의 '성공'을 보장하기 때문이다. 그런 사건들이 불러일으킨 전 세계적인 경악과 위기의식만 보아도 알 수 있는 일이다. 테러리즘은 언제나 끔찍하다. 그러나 어린아이가 위험에 처할 경우 테러리스트들도 공격을 멈추던 시절이 있었다. 그런 '배려'마저 이제는 사라졌다. 폭력이 폭력을 낳고 협박과 위험을 낳는 끝없는 소용돌이 속으로 온 세상이 점점 더 깊이, 점점 더 빨리 빨려 들어가고 있다. 예의와 인간성은 사라지고 남은 것은 공포뿐이다.

체첸 공화국으로 돌아가 보자. 왜 이 나라는 이 지경이 되었을까? 왜 러시아는 독립을 허락하지 않을까? 지도에서 좀처럼 찾기 힘들 만큼 아주 작은 나라인데 말이다. 그 이유는 200년 전 러시아 차르 왕국이 카프카스에 터를 잡고 그곳의 주민들을 지배했던 이유와 동일하다. 이 지역의 풍부한 자원, 특히 석유가 바로 그 이유다.

체첸 공화국에서 하루에 채굴되는 석유의 양은 5,000톤이다. 세

✦ — 2004년 9월 체첸 공화국의 분리를 요구하는 무장 군인들이 베슬란 초등학교를 점거하고 학생과 학부모, 교사 등 1,000명 이상을 인질로 잡은 사건이 일어났다. 당시 386명이 사망하고 700여 명이 다쳤다. 테러리즘에 대한 경각심을 높이기 위해 당시의 현장을 보존하고 있다.

계적으로 보면 많은 양이 아니지만 면적을 생각한다면 상당한 양이다. 석유 채굴에 따른 수입은 러시아 국고로 들어간다. 따라서 체첸 사람들은 자기 땅에서 나는 석유의 혜택을 전혀 누리지 못하고 있다. 게다가 체첸은 아제르바이잔에서 러시아에 이르는 철로와 도로, 카스피 연안의 바쿠에서 러시아 흑해 항구 노보로시스크에 이르는 송유관이 관통하는 중요한 지역이다. 사실 체첸에서 나는 석유의 양이 생각만큼 많지 않다는 소문이 있다. 하지만 마을마다 10~150미터 깊이의 '기름 우물'이 있고, 여기에서 솟아나는 '농축액'을 값싼 천연 벤진 대용품으로 팔거나 집에서 이용할 수 있다는 소리를 들을 때면 그런 소문의 진의가 의심스러워진다.

전쟁을 시작하자마자 러시아군은 개인 채굴을 금지하고 채굴 사업에 개입했다. 현재 채굴 사업은 러시아군이 통제하고 있다. 이 말은 별 장비가 없어도 저 혼자 땅에서 솟아나는 석유가 군 초소를 거쳐 밀반출된다는 뜻이며, 심지어 러시아 장갑차의 보호를 받으며 거래가 이루어지기도 한다. 하루 거래액은 80만 달러다. 이 더러운 전쟁은 정치·군사 마피아의 배를 불리고 있고, 그래서 이들은 전쟁을 끝내고 싶은 마음이 전혀 없다. 심지어 일반 사병들까지 도로 곳곳에 세워 놓은 검문소에서 지나가는 사람들에게 통행료를 요구하여 돈을 벌고 있는 실정이다.

러시아는 체첸을 상대로 한 유혈 전쟁을 계속하고 있고, 덕분에 수많은 러시아인들이 엄청난 수입을 올렸다. 그러나 체첸 사람들은 가혹한 희생을 강요당했다. 총 인구가 100만 명이 채 안 되는 땅에서 지금까지 20만 명이 목숨을 잃었고 그중 아이들이 4만 명이었다. 이 전쟁이 현재 지구상에서 벌어지고 있는 최악의 전쟁으로 손꼽히는 이유도 바로 그 때문이다.

체첸 전쟁은 1994년 말 러시아군이 먼저 시작했다. 체첸 공화국에서 독립을 요구하는 목소리가 높았기 때문이다. 1년 6개월 후인 1996년 여름, 전쟁이 끝나자 남은 건 완전히 폐허가 된 땅뿐이었다. 수도 그로즈니도 심각한 피해를 입었다. 2차 전쟁 역시 체첸 정부가 납치와 인질극을 일삼는다는 이유로 1999년 10월 러시아 측에서 먼저 시작했다. 200명의 '테러리스트'를 제거하기 위해 러시아 대통령 푸틴이 파견한 군인의 수는 무려 10만 명이었다. 러시아는 폭격기와 장갑차까지 동원했다. 그로즈니는 지진이 지나간 자리 같았다.

1차 전쟁으로 러시아군과 경찰에 대한 체첸 반군의 테러 공격은 현저히 증가했다. 그리고 1차 전쟁은 2차 전쟁을 낳았다. 예나 지금이나 체첸 반군은 러시아 점령군을 배후에서 공격하고 원격 조종 지뢰를 폭파하거나 화약을 실은 트럭으로 러시아군의 거점을 공격하고 있다. 또 러시아군과 모스크바 정부에 협력하는 그로즈니 시민들에게도 서슴없이 총질을 해 댔다. 반군은 공화국 남부의 숲이나 산악 지역에 근거지를 두고 있으며 그 수는 약 2,000명으로 추정된다. 러시아 점령군이 체첸 민간인들에게 저지르는 온갖 만행은 반군의 대열을 계속 충원하는 자극제 역할을 한다. 러시아군은 반군이 숨어 있다는 이유를 들어 한밤중에 주거 지역으로 쳐들어가 납치와 고문, 살인을 서슴지 않는다. 그들의 만행은 체첸인의 증오와 복수심을 낳고, 그것은 다시 러시아군의 혹독한 탄압으로 이어진다. 끝을 모르는 악순환이다.

체첸 반군의 테러 범위가 자국에서 러시아로 확대되고 있는 건 오로지 이 전쟁의 잔혹한 – 이성을 완전히 버린 – 논리가 낳은 결과일 뿐이다. 그러나 체첸 전쟁이 러시아에 되돌려 준 건 테러리즘만이 아니다. 돌아온 러시아 병사들은 폭력과 비인간성을 고향 땅으로 데려왔다. 몇 년간의 전쟁은 그들의 기억에서 평화로운 공존의 규칙을 지워 버렸다. 아무도 그들을 영웅으로 대접해 주지 않았다. 그들

✤ — 2차 체첸 전쟁 당시 체첸으로 진군하고 있는 러시아 군대의 장갑차 부대 © Mark H. Milstein

은 더러운 전쟁의 살아 있는 사악한 양심일 뿐이었다. 돌아온 상당 수의 병사들이 가족에게 폭력을 행사하고 범죄의 늪으로 빠져들고 있다. 그리하여 군대의 폭력은 사회 전반으로 확산된다. 또 상당수의 장교들이 퇴역 후 경찰이 되었다. 그래서 러시아 경찰 중에는 과거 체첸 전쟁에 참전했던 사람들이 많다. 그러므로 러시아 경찰의 악명 높은 잔인성 역시 이 전쟁의 결과다. 러시아 사회가 전반적으로 군 국주의화하고 있다는 사실도 동일한 행보의 일부일 것이다. 옛말 그른 게 하나도 없다. 전쟁은 전쟁을 낳는다. 전쟁은 사회라는 신체에 서 전이되는 암과 같다.

테러의 끝은 무엇일까?

 2000년대까지만 해도 독일은 테러로부터 안전했다. 하지만 이제는 독일 역시 테러의 공포로부터 자유로울 수 없게 되었다. 독일뿐만 아니라 수많은 나라가 알카에다와 IS 테러 조직망의 무장 공격으로 큰 혼란을 겪고 있다. 국제 테러단으로부터 안전한 곳은 없다. 극장도, 클럽도, 슈퍼마켓도, 역도, 심지어 학교도 테러의 공격 지점이 될 수 있다. 테러리즘의 새로운 논리는 '위와 아래'를 구분하지 않는다. 남녀노소도, 민간인과 군인도, '신도'와 '이교도'도 구분하지 않았던 9·11 사건 이후 국제 테러단의 무차별적 공격은 날로 도를 더해 가고 있다. 날로 과격해지고 날로 거칠어지며 예측이 불가능하며 잔혹해지고 있다. 그사이 다른 테러 집단들마저 알카에다와 IS의 교리를 받아들였다. 최대한 무자비하게, 최대한 대규모로, 최대한 잔인하게, 최대한 언론의 관심을 끌도록 공격한다!

 오늘날의 테러리즘에서는 모든 것이 허용된다. 죽음을 부르는 그들의 이념은 쉽게 사라질 것 같지 않다. 알카에다의 대장 아이만 알자와히리의 말은 현대 테러의 골자라 할 만하다. "우리는 적과 싸워야 한다. 서구가 이해하는 유일한 언어는 '최대한 많은 인간을 죽여라'이다." 어쩌면 유럽은 가장 취약한 '전장'인지도 모른다. 이렇게 된 데에는 유럽도 일부 책임이 있다. 수십 년 동안 테러의 위험을 무시한 채 아무런 조치를 취하지 않았기 때문이다. 덕분에 서유럽은 지난 몇 년 동안 테러를 지원하는 집단의 거점이 되어 버렸다. 이집트, 요르단, 모로코, 알제리 같은 고향에서 중죄를 지은 적지 않은 수의 테러리스트들이 유럽으로 정치적 망명을 했던 것이다.

이슬람교가 자살을 금기시하는 종교인데도 이슬람 테러리스트들이 자기 몸을 무기로 삼아 자살 폭탄 테러를 감행함으로써 세계를 공포의 도가니로 몰아넣고 있다는 사실은 특기할 만하다. 종교를 앞세운 테러리즘이 종교의 법칙을 따르지 않는다는 사실은 곧 종교는 그저 핑계에 불과하다는 뜻이 된다. 이슬람 테러리스트들은 자신의 공격으로 이슬람교도가 죽는다 해도 상관하지 않는다.

몸에 폭탄을 감아 자기 몸을 무기로 삼고 자신의 생명을 내던짐과 동시에 수많은 사람들을 저승길의 동반자로 삼는다! 그사이 이슬람 테러리스트들은 이런 자살 폭탄 테러를 주 공격 무기로 삼아 각국의 각종 안전 조치를 무용지물로 만들고 있다. 여기에 인질극까지 추가되면 공격당한 국가는 난감한 상황에 빠진다. 테러리스트들은 교환 거래를 요구하지만 국가는 그 거래에 응해서는 안 되기 때문이다. 거래에 응한다는 건 테러리스트들을 동등한 파트너로 인정한다는 뜻이 된다. 따라서 엄청난 상징적 손실을 입게 될 것이며 더불어 다른 테러리스트들에게 납치를 부추기는 꼴이 된다.

모든 국가, 특히 민주주의 국가는 폭력의 독점을 특징으로 한다. 다시 말해 국가 이외에는 그 어떤 주체도 폭력을 사용해서는 안 되는 것이다. 일체의 다른 폭력은 국가의 막강한 폭력으로 제압해야 하며, 그렇지 못할 경우 국가가 국가이기를 포기했다는 의미가 된다. 따라서 어떤 국가도 인질범들에게 굽혀서는 안 된다. 그러나 한편으

✤ — 2016년 크리스마스를 앞둔 베를린의 한 광장에 트럭이 돌진하여 9명이 사망하는 사고가 발생했다. 시민들이 희생자를 추모하기 위해 꽃을 바치는 장면이다.

로 민주주의 국가는 사회 계약에 기반을 두고 있다. 다시 말해 국민이 최대한의 이익을 얻기 위해 자발적인 협약을 맺었다는 뜻이다. 이 모든 것을 감안할 때 인질 사건은 국가를 끔찍한, 다시 말해 비인간적인 딜레마로 몰아넣는다. 국가는 범인들의 협박에 굴해서는 안 되지만, 인질로 잡힌 국민은 인질범들과 협상을 하라고 국가에 요구할 권리가 있는 것이다.

인질범들은 이러한 국가의 딜레마를 너무나 잘 알고 있기에 자신의 목적을 위해 그 난감한 상황을 적극적으로 활용한다. 물론 이경우에도 주목적은 세상의 관심이다. 그렇기 때문에 인질 범죄는 테러 무기 중에서 가장 효과가 뛰어난 무기다. 특히 베슬란의 경우처럼 아이들을 인질로 잡았을 경우 더욱 큰 효과가 나타난다. 국가는 속수무책의 상황에 빠지고, 어떤 결단을 내리든 욕을 먹을 수밖에 없다. 국가의 주권을 지키자고 아이들을 희생시킬 것인가? 그런 결정을 내려야 하는 정부 수반은 이 세상에서 가장 불쌍한 사람이다.

이 정도로 상황은 충분히 심각하다. 그러나 여기서 그치지 않고 상황이 더 악화될 것이라는 조짐이 곳곳에서 터져 나오고 있다. 전문가들은 이미 오래전부터 대량 살상 무기 혹은 적어도 방사능 물질이 테러리스트들의 손에 들어갈 수 있다고 경고해 왔다. 알카에다 같은 테러단이 고농축 우라늄과 플루토늄을 손에 넣었고, 심지어 완성된 핵무기를 보유하고 있을 것이라는 주장에 각국의 정보기관들은 그런 일은 불가능하다고 답하고 있다. 그러나 전문가들은 오사마 빈 라덴의 추종자들이라면 이른바 '더러운 폭탄', 즉 보통 폭약에 방사능 물질을 첨가한 폭탄을 제작할 가능성이 충분하다고 보고 있다. 방사능 물질은 스트론튬 90, 세슘 137, 코발트 60, 플루토늄 239의 형태로 상대적으로 쉽게 얻을 수가 있다. 특히 미국에서는 암 치료에 사용되는 방사능 물질들이 분실되는 사건이 계속 일어나고 있다. 빈 소재 유엔 마약 범죄국UNODC의 조사 결과에 따르면 100개 이상의 테러단이 '더러운 폭탄'의 제조 기술을 확보한 것으로 보인다.

현대의 테러리즘은 – 끔찍한 잔혹성 이외에 – 국제적인 조직망을 갖추었다는 특징이 있다. 알카에다의 조직망은 50개국 이상을 장악했다고 한다. 이런 조직망은 공격의 계획과 실행뿐 아니라 자금 모집에도 영향을 미친다. 극단적으로 말해 테러가 세계 경제의 일부가 되어 버린 것이다. 합법적 경제 활동과 범죄가 뒤엉킨 복잡한 조직 망이다.

테러 조직은 날로 늘어나는 자금 수요를 주로 마약 거래, 무기 거래, 인신 매매 등으로 충당하지만 지극히 정상적인 농업 활동이나 산업 활동, 무역 체인과 은행도 이들의 자금 출처가 된다. 또 불법 다이아몬드 거래를 비롯한 밀무역이 빠질 수 없고, 납치, 불법 복제, 화폐 위조, 신용 카드 및 여권 위조도 큰 몫을 차지하고 있다. 또 하나 빼놓을 수 없는 사실로, 테러리스트들은 지극히 정상적인 기부금도 받고 있다.

이 더러운 돈의 흐름은 사방으로 가지를 뻗치며 테러 활동의 자금을 대고 소말리아 같은 곳의 훈련 캠프를 지원한다. 때문에 현대의 테러리즘은 개별 국가의 정치적·경제적 지원에 목을 맬 필요가 없다. 오래전에 자체적인 경제 기반을 구축했기 때문이다. 냉전 시대에는 사정이 달랐다. 국제 테러단은 보통 국가의 지원과 조종을 받았다. 단 한 사람, 팔레스타인의 지도자 야세르 아라파트만이 1970~80년대에 이미 PLO(팔레스타인 해방 기구) 운영에 필요한 기업 및 재정의 제국을 세웠다. 심지어 팔레스타인 자치국으로 흘러드는 유럽 연합의 지원금 역시 일부는 대이스라엘 테러 활동에 쓰이고 있다는 추측이 나온다.

따라서 반테러리즘 투쟁은 경제 및 재정 분야에도 관심을 기울여야 한다. 그러나 우리의 경제 실정은 정반대의 길을 달리고 있다. 세계 경제는 대기업의 사욕에 좌지우지되고, 이들의 욕심은 도덕

❖ ─ 대테러 훈련을 하고 있는 세르비아의 경찰 기동대. 테러는 사회의 불안과 혼란을 조장한다. 테러리스트들이 목적하는 바가 바로 그것이다.

적·법적 한계를 모른다. 세계 시장의 자금 흐름을 통제할 수단과, 테러 경제에 투쟁할 상급 기관도 없다. 테러 경제가 이미 '정상' 경제와 뒤엉켜 버렸기 때문이다. 전자가 마비되면 후자도 심각한 위기에 빠질 것이다. 게다가 대부분의 국가들이 이 은폐된 형태의 자금을 이용하고 있다. 따라서 아무도 국제적 자금 흐름이 공개되는 것을 원하지 않는다. 순수 기술적으로만 본다면 전자 장치를 이용한 자금 흐름의 추적은 결코 불가능한 일이 아니다. 일종의 재정 부문 '인터폴'이 맡을 수 있는 임무다. 그러나 앞에서도 말했듯 그 누구도 관심이 없다.

그러니 반테러리즘 투쟁은 애당초 전망이 없는 걸까? 물론 그렇지는 않다. 그러나 이런 악몽이 쉽사리 끝날 것 같지는 않다. 반테러리즘 투쟁은 앞으로도 상당 기간 계속될 것이다.

정리해 볼까요? ────────────────

내전과 테러리즘은 우리 시대가 낳은 전쟁이다. 충돌의 주체가 국가로 그치지 않고 국내의 다양한 집단들이 서로 맞붙어 싸우는 것이다. 혹은 테러 집단이 외부에서 국가를 공격하여 국가의 안전성을 위협한다. 이 두 가지 형태의 전쟁은 가장 잔혹하고 역겨운 전쟁이다. 어린아이도 가리지 않고 민간인을 공격 목표로 삼는다. 남은 인간성마저 말살해 버리는, 야만성의 끝을 보는 전쟁이다.

────────────────────────────

8

미래의
전쟁은
어떤 것일까?

테러리즘과 전쟁의 민영화

앞으로도 상당히 오랫동안 테러리즘이 전쟁의 주요 형태가 될 것이다. 특히 이슬람권 테러 단체들과의 대결 역시 지속될 것이다. 이슬람의 테러리즘은 냉전 종식과 더불어 시작된 전 세계적인 질서 개편에 따른 한 가지 현상이다. 새로운 질서를 구축하는 과정에는 무질서가 따르기 마련이다. 이러한 무질서 상태가 수십 년 동안 이어질 수도 있다. 그런 점에서 현재의 무질서는 15~16세기 해적 소탕 전쟁과 유사한 점이 있다. 당시에도 전 세계적으로 근본적인 변혁이 이루어지고 있었다.

전통적인 국가 간의 전쟁이 일어나던 시대는 지나간 듯하다. 국가 간 전쟁을 두고 '대칭 갈등'이라고 부르기도 한다. 따라서 알카에다 같은 조직이 주도하는 테러 전쟁은 비대칭 갈등이라고 부를 수 있을 것이다. 이러한 형태의 테러리즘이 과거 지향적이거나 '중세적'이라고 생각한다면 큰 오산이다. 테러리스트들이 구축한 네트워크는 서구 사회 못지않게 현대적이다. 알카에다, IS를 비롯한 테러 단체들은 세계화의 부산물이다. 구시대의 국가 안전이 무너지고 미국식 색채가 짙은 '민주주의적 자본주의'가 전 세계로 보급되는 과정에서 나온 뜻하지 않은 결과물인 것이다.

자본주의 시장을 통한 세계의 변혁이 민주주의 편에 승리를 안겨 줄 것이며 현대적인, 다시 말해 서구(미국) 지향적인 단일 세계를 낳을 것이라고 믿는다면 그것은 틀린 생각이다. 그렇게 되지는 않을 것이다. 설령 전 세계가 '현대화'된다 해도 그로 인해 사회가 '동일화'되는 일은 일어나지 않을 것이며, 다양한 '현대성'이 존재할 것이다. 그렇다면 각기 다른 형태로 '현대적'인 다양한 정부와 생활 방식들이 평화롭게 공존할 수 있는 방법은 무엇일까? 테러리즘은 싸워 무찔러야 하는 것이지만 군사적인 방법만으로는 결코 테러리즘을 몰아낼 수 없다는 사실도 인정해야 한다. 이런 새로운 형태의 '세계 대전'에서는 어느 편이든 최종적인 승리를 거두기란 불가능하다.

테러의 위험에 노출되어 있는 국가들은 무엇보다 군대의 변화를 통해 테러에 대처하려 노력 중이다. 국가 본연의 임무는 국민을 폭

❖ — 미래의 전쟁은 국가 간의 대규모 전쟁이 아니라 내전이나 테러리즘의 형태로 일어날 것이다. 전쟁의 규모나 형태가 달라짐에 따라 군대도 변화를 겪게 될 것이다.

력으로부터 지키는 것이다. 국민은 국가에 안전을 요구할 권리가 있다. 국가가 국민의 생명을 지켜 주지 못한다면 국민은 국가에 등을 돌릴 것이고, 결국 그 국가는 오래가지 못할 것이다. 실제로 특정 지역에서는 국가 질서가 붕괴되고 있고, 이처럼 불안정한 국가들은 반군과 테러리스트의 공격에 효과적으로 대응하지 못한다. 뿐만 아니라 이들 국가에서는 국가의 지배자가 부패한 탓에 스스로가 국민에게 테러를 가하기도 한다. 아프리카, 아시아, 중앙아메리카의 일부 국가들은 끊이지 않는 내전으로 붕괴했다.

　세계의 탈국가화는 전쟁의 탈국가화와 궤를 같이한다. 『전쟁론』을 쓴 클라우제비츠는 전쟁을 국가의 임무로 보았지만 오늘날의 전쟁은 국가가 붕괴되는 곳에서 일어나고, 적이 국가가 아니라 테러 집단이기 때문에 숨어서 공격하는 지역에서 더욱 기승을 부리고 있다.

미래의 전쟁은 이미 우리 곁에 와 있다. 이스탄불, 마드리드, 런던 등 전 세계에서 일어나는 테러 공격이 이를 증명한다. 국가의 군사 방어 조직도 이에 대응해야 한다. 앞으로는 군대도 경찰과 정보기관의 기능을 분담해야 할 것이다. 기존의 군 이미지를 고수하려는 측의 반대 목소리가 높지만, 이러한 주장은 오래가지 못할 것이다. 은밀하게 활동하는 소규모 테러단에 대응하려면 전쟁에서 적의 대군에 맞서는 방식으로 싸울 수는 없기 때문이다.

따라서 전 세계적으로 군은 변화할 것이고 그 속도도 아주 빠르게 이루어질 것이다. 기존 전쟁을 염두에 두고 고안한 현재의 무기는 대다수가 고철 더미로 전락하고 말 것이다. 민족 국가는 그동안 단호하게 고수해 왔던 폭력의 독점을 포기하게 될 것이다. 국가 정규군의 수는 줄어들고 그 대신 고도로 전문화된 부대가 등장할 것이다. 국민의 병력 의무가 있는 나라에서는 '하이테크 병사들'로 구성된 직업 군인이 그 자리를 대신할 것이다. 군대의 임무 대부분이 사설 보안 업체로 넘어갈 것이다. 냉전이 종식된 뒤 전 세계적으로 국유 기업이 민영화되는 추세가 나타나고 있는데, 군대 역시 이러한 흐름에서 자유롭지 못할 것이다. 유엔이 다음과 같은 광고를 낼 날이 올지도 모른다. '유엔이 중앙아프리카의 폭력 문제를 해결하기 위해 단기 참전 군사 기업을 모집합니다. 지원서는 다음 주소로 제출 요망. 유엔, 유엔플라자 1, 뉴욕.'

물론 이런 변화에는 위험이 따른다. 과거의 용병 제도가 안고 있었던 문제점들이 전쟁 사업의 민영화에서도 되풀이될 것이기 때문이다. 물론 현대의 군사 업체들 – 이른바 민간 군사 기업PMC, Private Military Company – 은 당연히 '용병'이라는 개념을 거부한다. 스스로를 전문 서비스 업체로 생각하고 직접 전투에 개입하는 경우는 거의 없다는 점을 강조한다. 이들이 제공하는 서비스는 주로 물류, 다시 말해 군납품이며 군사 교육, 군 기계와 기지의 설치 및 정비, 전선의 식사 공급, 세탁 업무, 지뢰 찾기 등 '깨끗한' 업무들이다. 그러나 아무리 그래도 용병은 용병이다.

이로써 우리는 다시 인류 역사의 상당 기간 전쟁 업무를 도맡았던 '전사들'에게로 되돌아왔다. 최고의 전사는 제일 돈을 많이 주는 국가의 소속이었다. 바로 이런 이유 때문에 전쟁이 장기화될 위험이 있다. 전쟁 기업들이 돈 되는 장사를 서둘러 끝낼 이유가 어디 있겠는가.

일반인들은 거의 모르고 있었지만 그런 사설 '전쟁 업체들'은 이미 오래전부터 세계 각지의 분쟁 지역으로 직원들을 파견해 왔다. 예를 들어 군사 기업 '빈넬'은 1975년부터 사우디아라비아의 민병대를 양성하고 있다. 공식적으로는 유전을 보호한다는 명분이다. 1990년대 말 남아프리카 군사 기업 '샌드라인'은 시에라리온의 내전에 참전하여 군사력이 약한 국방군의 편에서 싸웠다. 2003년 이스라엘에서 팔레스타인의 공격으로 목숨을 잃은 세 명의 미국인은 텔아비브의 미국 대사관에서 일하고 있던 보안 기업 '다인코프

Dyncorp'의 직원들이었다. 끝날 줄 모르는 콜롬비아의 게릴라전과 마약 전쟁에서도 이미 여러 '용병 기업'들이 활동 중이며, 일부는 석유 회사에서 고용한 기업이고 일부는 미국 국방부의 의뢰를 받은 기업이다. 2003년 12월 영국 민간 군사 기업 '노스브리지 용역'은 라이베리아의 독재자였던 찰스 테일러를 나이지리아에서 데리고 오라는 의뢰를 받았다. 찰스 테일러는 권좌에서 쫓겨난 후 나이지리아에 은신 중이었다.

이런 전쟁의 '민영화'는 한 가지 위험을 안고 있다. 역사를 되돌아보아도 알 수 있듯 용병의 등장은 늘 잔혹한 폭력의 증가를 낳았기 때문이다. 민간 기업이 용병을 통제하기란 쉬운 일이 아니다. 또 이들 전쟁 전문가는 전문 지식과 능력을 갖추었기에 쉽사리 잔악한 병사로 돌변할 수 있다.

❖ ─ 이미 수많은 군사 기업의 용병들이 분쟁 지역에서 활동하고 있다. 이들은 인질 구출과 군수품 보급, 지뢰 제거와 같은 작업을 진행하고 있지만, 차츰 군사 부문이 민영화됨에 따라 직접적으로 전투에 개입하는 일이 빈번해질 것이다. 전쟁이 일종의 사업이 되는 것이다.

내전과 '세계 테러리즘'이 날로 전통적인 국가 간 전쟁의 자리를 대신한다고 해서 앞으로 국가 간 전쟁이 완전히 사라질 수 있다는 뜻은 절대 아니다. 국가 간 전쟁의 위험은 국가가 존재하는 동안에는 계속될 것이다. 심지어 핵전쟁의 형태를 띤 세계 대전의 위험도 냉전의 종식과 더불어 완전히 사라졌다고는 말할 수 없다. 핵무기를 갖춘 국가들이 수두룩한 상황에서 핵전쟁의 가능성은 항시 존재한다. 더욱이 파키스탄이나 인도 같은 핵보유국들의 국내 정치 상황이 극도로 불안하다는 사실을 생각한다면 더더욱 핵전쟁의 우려를 금할 길이 없다.

제2차 세계 대전 이후 시작된 미국과 소련의 핵무기 보유 경쟁이 인류의 멸망으로 이어지지 않았던 것은 순전히 양국의 치열한 적대감과 라이벌 의식에도 불구하고 건강한 이성과 정치적 합리성이 조금이나마 남아 있었기 때문이다. 그러나 최근에 와서 밝혀진 대로 1962년 쿠바 위기 때 세계는 간발의 차이로 핵전쟁을 피할 수 있었다. 당시 핵전쟁의 발발을 막았던 것은 오로지 먼저 핵무기를 날린다 해도 적을 괴멸시킬 수 없고 결국 적의 응사에 자국이 멸망할 수도 있다는 깨달음 때문이었다. 핵미사일을 먼저 발사한다 해도 상대국에 이어 두 번째로 멸망하는 나라가 될 수밖에 없는 것이다.

그러나 자살 공격에 생명을 바치고 있는 현재의 광신적 테러리스트들처럼 핵무기로 무장한 테러 국가가 멸망을 전혀 두려워하지 않는다면? 이런 의문이 떠오른다는 사실만으로도 우리는 21세기의 전쟁이 얼마나 복잡해졌는지 알 수 있다. 국가 간 전쟁, 내전, 테러 전쟁이 혼합되고 따라서 해결은 더욱 어렵다. 다양한 형태의 전쟁이 만나고 다양한 전쟁의 경계가 모호하다. 테러리즘과 대테러전은 국가 간 전쟁이자 비국가 간 전쟁이다. 이라크에서는 국제법을 어긴 미국의 이라크 공격이 언제라도 내전으로 비화할 수 있는 테러전을 불러왔다. 아프가니스탄과 체첸 공화국의 사정도 크게 다르지 않다.

다양한 형태의 전쟁이 격돌하고 뒤섞이는 상황에서 현대의 군사 기술 역시 적절한 대응책을 찾고 있는 중이다. 적군은 물론이고 소집단의 게릴라나 테러단에도 신속 대응할 수 있는 적응력 뛰어난 부대가 필요한 상황이다. 또 목표 지점을 정확히 찾아내는 지능적인 무기의 수요도 늘고 있다. 그러나 컴퓨터로 원격 조종되는 무기를 갖추었다고 해서 반드시 전쟁에서 승리할 수 있는 건 아니다.

미래의 군인은 최첨단 전투 기계

현대 군사 전문가들의 관심이 대형 무기보다는 병사들에게 쏠리고 있다. 예나 지금이나 병사들의 전투력이 승패를 좌우한다. '미래의 보병'이 없다면 전쟁은 불가능하다. 다만 미래의 병사들에게는 훨씬 수준 높은 훈련이 필요할 것이기에 훈련 기간도 지금보다 훨씬 길어질 것이다. 이미 공상 과학 영화에서 보아 왔듯 미래의 군인은 '인간 전투 기계이자 정보 기계'일 것이다. 이미 현대의 군은 정보 기술의 창고이고, 이런 추세는 앞으로 더해 갈 것이다. 인터넷이나 항법 장치를 매일 이용하면서도 대부분의 사람들은 이런 기술들이 미국 군사 기술의 연구 결과라는 사실을 까맣게 모른다. 정보는 미래 전쟁의 빼놓을 수 없는 요인이다.

과거에는 전투 상황 보고가 신속하지 못했기 때문에 전쟁의 결과도 한참 후에야 전달되었다. 그러나 미래에는 전투 상황이 병사들 개개인에게 실시간으로 전달될 것이다. 말 한마디, 소리 하나 없어도

✤ ― 미군은 이미 드론과 컴퓨터 장비 등을 활용하여 작전을 수행하고 있다.

고성능 노트북의 미니 액정 표시 장치에 문자로 보고가 될 것이다. 호주머니만 한 크기로 군복 상의 주머니에 넣고 다닐 수 있는 '항법판Navipad'이 아군 전우들의 위치를 계속해서 정확하게 알려 줄 것이다. 손가락이나 작은 플라스틱 막대기로 클릭만 하면 디지털 카메라나 야간 투시 장치의 영상을 작동할 수 있다. 아군과 적군의 위치를 언제라도 알 수 있으니 병사들의 전투력 향상은 물론 신체 보호에도 탁월한 기술이다. 또 레이저 광 모듈로 찾아낸 적을 눈치 채지 못하게 표시할 수도 있고, 방사선량계Dosimeter로 적의 화학 무기 사용 여부도 간파할 수 있다. 이 모두 특수 부대에서는 이미 사용하고 있는 장비들로, 머지않아 일반 병사들에게까지 지급될 것이다.

미래의 전쟁은 전자 전쟁이며, 따라서 가상전의 성격이 짙을 것이다. 하이테크 전사들의 네트워크화는 '디지털 전장'이 구축되는 것을 가능케 한다. 지휘관은 컴퓨터 게임을 하듯 모니터로 선두 현장을 따라갈 수 있고, 원거리에서 전투를 지휘할 수 있을 것이다. 언젠가는 육·해·공 모든 부대가 서로 네트워크로 연결되어 실시간으로 데이터를 교환하게 될 것이다. 이를 두고 '네트워크 중심 전쟁Network Centric Warfare'이라 부른다. 미래의 병사들이 제 몸을, 더 정확하게 말해 자신의 뇌를 전극으로 컴퓨터 네트워크와 연결할 가능성도 있을 것이고, 나아가 전투기나 장갑차의 전자 회로와 연결하는 방법도 예상할 수 있다. 다만 적敵도 같은 기술을 보유할 경우 쉽게 승패가 나지 않을 우려가 높다.

당연히 군인들의 외형도 달라질 것이다. 전자 네트워크 덕분에 팔이 길어져 원격 조종하는 전자 전투 기계 같아질 것이며 군복이 병사의 얼굴을 가려 구분이 불가능해질 것이다. 이미 이런 살아 있는 전투 로봇의 원형이 선을 보인 상태다. 방탄 기능에, 몸에 착 달라붙지만 두께가 몇 밀리미터에 불과한 물질로 머리에서 발끝까지 둘둘 말아 놓은 모습이다. 전투복은 총알이 닿는 순간 단단해지기 때문에 방탄 효과가 있다. 이 '지능' 전투복의 안쪽엔 센서가 달려 있어 병사의 생명 기능을 계속해서 체크한다. 동시에 신진대사를 화학 물질로 변화시켜 주기 때문에 병사는 한 주 동안 잠을 자지 않고도 버틸 수가 있다. 전투복은 부위별로 역동성을 키운다. 다시 말해 인공 근육이 장착되어 있어 병사의 힘을 몇 배로 키워 준다. 따라서 훨씬 빨리 달릴 수 있고 몇 미터 높이의 장애물쯤은 눈 감고도 뛰어넘을 수 있다. 무엇보다 무거운 배낭을 메고 다닐 필요가 없으니 몸이 더욱 가벼울 것이다. 병사들은 거인이 되고, 우리도 알다시피 거인들은 신들에게 도전장을 던졌다.

병사가 하이테크 전투 기계가 된다면, 전투 로봇을 당장 전장에 투입하지 않을 이유가 없다. 인간은 아무리 컴퓨터와 연결하여 네트워크화한다 해도 허약한 존재다. 아무리 세월이 흘러도 병사는 전쟁 시나리오의 가장 취약한 부분으로 남을 것이다. 병사가 인간이기 때문에, 다시 말해 실수를 저지르기 때문이다. 그런데 로봇은 아무리 고도의 기술로 만든다 해도

❖ — 미래의 군인은 신체 기능을 강화시켜 주는 군복을 착용하고 각종 첨단 장비를 갖추게 될 것이다.

행동의 유연성이 너무 떨어진다. 그럼에도 현대군은 '부분 자립적 로봇 전사'의 개발에 박차를 가할 것이다.

가장 큰 문제는 다양한 모듈 – 예를 들어 환경을 파악하거나 진로 계획을 세우는 등 – 을 연결하는 최적의 방법을 찾는 것이다. 그러나 하늘을 나는 전투용 로봇은 이미 오래전에 개발을 마치고 사용 중이다. 알아서 목표를 찾아 파괴하는 소형 저공 정찰기 '드론drone'이 바로 그것이다. 사고력이 있어 혼자서 조종을 할 수 있는 곤충만한 크기의 미니 전투기 개발에도 박차를 가하고 있는 중이다. 이들 인공 잠자리나 인공 땅벌은 화학 무기나 생물학적 무기에 민감한 센

서를 장착하여 적의 공격을 감지할 수 있다. 이것들이 병사들의 뇌로 직접 경보를 보낼 수가 있는 것이다.

물론 이 모든 시나리오는 아직 현실이 아니다. 그러나 분명히 향후 수십 년 안에 현실이 될 것이다. '시간의 차이는 있겠지만 만들 수 있는 건 뭐든 만든다.' 이것이 기술의 철칙이기 때문이다. 있는 힘을 다해서!

치명적이지 않은 무기란 없다

무기 시스템 역시 몇 십 년 안에 근본적인 변화를 맞을 것이다. 변화의 주류는 군사 용어로 '미니 폭탄'이라고 부르는 무기들이다. 조준이 정확한 핵무기 '미니 벙커 버스터Bunker Buster'와 '미니-누크(Mini-nuke, 전술 핵폭탄)'가 그것으로, '미니'라는 말에 속아 이 무기들의 위력을 과소평가해서는 안 된다. 미니-누크는 TNT 5,000톤 이하의 폭발력을 갖춘 핵폭탄으로, 크기가 히로시마에 투하한 폭탄의 3분의 1도 안 된다. (TNT는 기존의 폭발물인 트리니트로톨루엔의 준말이다.)

기존의 핵무기와 수소 폭탄이 투하한 지역 전체의 인명을 살상할 수 있기에 냉전 시대의 위협용이었다면, '미니 폭탄'은 제한적 핵전쟁을 수행할 실용적 목적으로 개발되었다. 원칙적으로 따지면 40년 전부터 이미 열강들의 무기고에 보관 중인 중성자탄 역시 이런 '미니 핵무기'의 일종이다. 중성자탄이란 폭발력은 '작지만' 중성자

방사선의 투과력이 극도로 높은 소형 수소 폭탄을 말한다. 중성자는 전기를 띠지 않는 원자핵의 미립자로 유기체 조직의 분자 구조를 완전히 파괴한다. 반경 약 1,500미터 내의 모든 생명체를 죽이지만 건물과 도로, 무기에는 전혀 해를 입히지 않는다.

중성자탄의 효과를 거꾸로 뒤집어 생명체는 보호하지만 플라스틱, 금속, 아스팔트, 시멘트 같은 모든 종류의 물질은 파괴하는 무기를 개발하자는 아이디어 역시 오래전에 나왔다. 생물학 무기 개발 실험실들에서는 시멘트와 금속을 파괴하여 적의 무기를 완전히 잡아먹는 미생물을 열심히 찾고 있는 중이다. 또 연료를 젤리로 만들어 버리는 생물학 무기도 개발 중이다. 그러나 생물학 무기는 인간을 공격하건 물질을 공격하건 미생물을 지나치게 퍼뜨려 1972년에 체결된 생물학 무기 협정에 위배될 위험이 있다. 하긴 어차피 이 협정은 위반을 한다 해도 통제와 제재 규정이 없기 때문에 '종이호랑이'에 불과하지만 말이다.

미국에서는 사이버 전쟁의 방법도 집중 연구 중이다. 적의 컴퓨터 네트워크를 공격하여 레이더 시스템, 전기, 전화망을 마비시킨다. 원자력 발전소와 병원, 공항 등지에서 컴퓨터가 맡고 있는 감시 및 조종 역할을 생각한다면 그런 공격이 일반 국민에게 어떤 영향을 미칠지 우려스럽기 그지없다.

적을 살상하지 않고 전투 능력만 떨어뜨리는 무기도 주목을 받고 있다. 이를 두고 '비치명적 무기non lethal weapon'라 부른다. '정식' 전쟁의 문턱을 넘어서지 않은 갈등, 예를 들어 시위 현장에서 성난 군중과 거리를 유지한 채 이들을 해산할 때 이런 무기를 사용할 수 있을 것이다. 소위 초저주파 음향 무기가 대표적인 실례다. 초저주파 음은 심각한 균형 감각 장애를 일으킨다. 적을 일시적으로 무력화하는 자극 가스는 이미 경찰에서 사용 중이다.

적을 놀라게 하고 통증과 구토를 유발하거나 적의 신체를 마비시키는 기술 혁신 제품은 이미 개발되었다. 바리케이드 역할을 하고, 차량을 바닥에 붙여 버리거나 적을 꼼짝 못하게 묶어 버리는 거품, 접착망, 접착제가 있는가 하면, 압력파, 광선, 마이크로파로 적을 골탕 먹이는 기계, 적의 이성을 잃게 하고 공포를 일으키는 화학 무기 등이 대표적인 사례다. 반대파에서는 이와 같은 신무기를 개발하는 이를 두고 '흰 가운을 입은 고문관'이라 부르며 인체에 무해하다는 이들 무기도 알고 보면 위장된 킬러라는 점을 강조한다. 너무 조심해서 쓰면 효과가 없고 너무 남용하면 재난의 위험이 있기 때문이다.

2002년 10월 모스크바 뮤지컬 극장에서 인질극이 벌어졌다. 이 사건은 권력가들이 그런 무기를 쓸 때는 늘 '안전한 상황'으로 간다는 사실을 극명하게 보여 주었다. 푸틴 대통령은 극장 안으로 위험한 가스 혼합물을 살포하라고 허락했다. 주성분이 카르펜타닐로, 동물원 코끼리도 마비시키는 물질이었다. 그뿐만 아니라 엄청난 고농도의 마취 가스까지 발사하라고 허락했다. 결국 체첸 반군들은 몇 초도 못 버티고 항복하고 말았다. '부드러운' 화학 무기는 폭탄만큼이나 치명적이었다.

불에 덴 듯한 통증 때문에 즉각 도망칠 수밖에 없는 신종 마이크로파 무기 역시 마찬가지다. 노출 시간이 너무 길거나 노출 강도가 너무 셀 경우 심각한 신체 훼손의 위험이 있고 심할 경우 사망에 이르기도 한다. 이런 무기를 'Active Denial Technology'라 부르는데, '적극적 거부 기술' 혹은 '적극적 접근 차단물'로 해석할 수 있다. 전자레인지와 원리가 동일한 '비치명적' 무기로, 전자레인지와 다른 점이 있다면 위험한 전자기 에너지를 오븐 속에 가두어 두지 않고 광선에다 집어넣어 최고 1,000미터까지 멀리 발사할 수 있다는 것이다. 효과는 다음과 같다.

"한 대 세게 얻어맞은 것 같은 통증이 덮친다. 통증의 출처가 어딘지 보이지도 않고, 원인이 무엇인지 알 수도 없다. 처음에는 자신의 느낌마저 정확히 파악이 안 된다. 그저 참을 수 없다는 느낌뿐이다. 지독한 통증 때문에 입에서 비명이 튀어나오기도 전에 벌써 줄행랑을 치고 있다. 자기도 모르는 사이에 말이다. 숨도 쉬기 전에 공포와 통증으로 의지가 무너진다. 움칠 놀라 걸음아 날 살려라 도망을 치다가 바닥에 뻗어 버린다. 서서히 몸 어딘가가 불에 덴 것 같은 기억이 어슴푸레 돌아온다. 놀라 살펴보지만 피부에 덴 자국은 없다. 그러나 통증은 뇌리에 깊이 박혔다."

물론 피를 부르지 않는 무기가 사람을 죽이는 무기보다 낫다고 말할 수 있을 것이다. 그러나 그 말은 옳기도 하고 그르기도 하다. '치명적' 무기와 '비치명적' 무기의 경계가 명확하지 않을뿐더러 '비치명적' 무기는 치명적 무기의 대안이 아니라 보완물로 개발된 것이다. 치명적 무기와 함께 써서 둘의 효과를 높이자는 의도다. ADT 무기는 시위대한테나 발사하자고 만든 전자 물대포가 아니다. 시위대를 해산하자고 수십 년 동안 그렇게 많은 연구비를 투자할 턱이 없다. 이런 무기를 쓰면 적군이 참호를 뛰쳐나올 수밖에 없기 때문에 마음 놓고 총을 쏘아 댈 수 있다. 전쟁이란 그런 것이다. 막바지에 이르면 실탄을 쏘지 그물 같은 건 안 던진다. 화학 그물도 마찬가지다.

앞에서 설명한 '비치명적 무기'는 주로 산업 국가들의 무기 품목 다양화에 기여할 것이다. 이 값비싼 무기를 개발하려면 국가가 돈이 많아야 하니까 말이다. 특히 미국에서 미래 전쟁 기술 연구가 한창이다. 단독 열강의 자리를 지키기 위함이다. 미국의 계획은 '완벽한' 전쟁이다. 다시 말해 군인들과 자국 국민은 최대한 희생시키지 않는 전쟁이다. 그러나 아마 미래에도 대부분의 전쟁은 지금과 다르지 않은 양상을 띨 것이다. 전쟁은 너무 가난하여 무기 개발 따위는 엄두도 낼 수 없는 국가들에서 일어날 것이기 때문이다. 아프리카의 위기 지역에서는 세월이 아무리 흘러도 나무 몽둥이와 칼, 가벼운 소총을 들고 맨발이 아니면 겨우 고무장화를 신은 병사들이 맞붙어 싸울 것이다. 그리고 그 전쟁은 내전일 것이다.

핵전쟁의 위협은 계속된다

멋진 신무기 이야기를 듣고 있으려니 이런 신무기들이 개발되면

❖ — 1962년의 쿠바 미사일 위기 당시에 미사일 기지 건설에 필요한 부품을 싣고서 쿠바로 향하는 소련의 배와 이를 감시하는 미군 비행기

옛날 무기들은 깡그리 사라져 버릴 것 같은 생각이 든다. 그러나 그렇지 않다. 최근 다시 핵무기가 논란의 대상으로 떠오르고 있다. 공식적인 핵보유국은 미국, 러시아, 프랑스, 영국, 중국 등 5개국이다. 1970년 핵무기 확산 금지 조약에서 핵보유국 인정을 받은 국가들이다. 당시 이들은 최대한 빠른 시간 안에 핵무기를 완전 철폐하겠다는 약속을 했다. 나머지 국가들도 조약에 서명한 경우 핵무기를 보유할 수 없었다.

그러나 지구상의 모든 국가가 그 조약에 서명한 것이 아니어서 그 후 이스라엘, 인도, 파키스탄이 핵무기를 장만했다. 그럼에도 오늘날 그 조약은 성공적이었다고 평가받고 있다. 조약이 없었더라면 8개국에서 멈추지 않고 30~40개국의 핵무기 보유국이 나왔을 테니까 말이다. 핵무기를 갖고자 했던 아홉 번째 국가인 북한은 현재 이 문제를 놓고 미국과 협상 중이다.

전 세계적으로 이미 존재하고 있는 핵폭탄의 수는 가히 충격적이다. 인류를 몇 번이고 멸망시킬 수 있는 양이다. 러시아만 하더라도 약 1만 6,800기의 핵무기가 있고 미국의 보유량은 약 1만 기다. 중국은 410기, 프랑스는 350기, 영국은 200기, 이스라엘은 약 100기, 인도는 약 70기, 파키스탄은 약 44기라고 한다. 문제는 엄청난 수로 그치지 않는다. 파키스탄, 북한, 이란 등 국내 정세가 불안하고 호전적인 국가들이 핵무기를 보유하고 있거나 만들기 위해 노력 중이라는 사실이 더 우려스럽다. 게다가 공식적인 보유국들도 군축의 길에서 다시 멀어지고 있는 것 같다. 미국은 신종 미니 핵폭탄을 개발하고 있다. 테러단의 지휘 본부나 대량 살상 무기를 보관하고 있는 지하 벙커 등 지하 깊숙이 숨어 있는 목표물을 파괴하기 위해서다.

미니 핵폭탄에 반대하는 사람들은 이 무기가 다시 핵전쟁을 유발할 수 있고 핵전쟁의 가능성을 높인다고 우려한다. 더구나 이 무기의 개발은 미국, 러시아, 중국 등 핵 열강들의 군비 경쟁에 다시 불을 붙일 수 있다. 실제로 러시아는 미국의 연구 계획에 당장 반응을 보여 현재 신종 핵무기를 개발 중이다. 열강이 서로를 얼마나 불신하고 있는지 여실히 느낄 수 있는 대목이다.

따라서 핵무기가 없는 세상은 먼 미래의 꿈이다. 아직 한참 동안은 핵전쟁의 위험과 더불어 살아야 할 것만 같다. 그러나 핵전쟁의 위험에 아무리 길이 들었다고 해도 핵전쟁의 위험이 덜해졌다는 뜻은 아니다.

정리해 볼까요?

미래의 전쟁은 오래전에 시작되었다. 우리에게 다가올 미래는 극도로 위험한 미래다. 미국을 필두로 산업 국가들이 보다 효과적인 신무기를 개발하기 위해 엄청난 노력을 기울이고 있다. 그로 인해 무기의 성능은 날로 '지능화'되어 목표물을 혼자 알아서 찾아갈 정도다. 먼 미래에는 로봇들이 전쟁을 할 수도 있을 것 같다. 그러나 결국 피해자는 지금이나 그때나 인간일 것이다.

정말 평화로운
미래가
올 수 있을까?

평화를 사랑하는 마음

이 마지막 장의 내용이 부실할까 봐 걱정스럽다. 산업 국가들이 신무기를 개발하는 데 투자하는 돈에 비하면 평화 연구에 투자되는 돈은 새 발의 피에 불과하다. 평화를 연구하는 일에서는 이익이 나지 않기 때문이다. 반면에 전쟁은 막대한 이윤을 남길 수 있다. 거의 모든 전쟁의 배후에는 경제적 이해관계가 숨어 있기에 전쟁은 '밥그릇 싸움'이라고 할 수 있다. 땅과 지하자원, 시장이 걸린 중요한 사업인 것이다.

물론 다른 이유로 발발한 전쟁도 있다. 그러나 물질적인 자산이 원인이 되지 않은 경우는 극히 드물다. 이러한 사실은 전쟁이 끝난 뒤에 체결하는 평화 협정에서도 잘 드러난다. 패자는 배상금을 물거나 땅을 내놓든지 무역 제재를 받게 된다.

전쟁의 미래가 어떠할지는 확실해 보인다. 이 말은 평화의 미래가 어떨지에 대한 답이 된다. 한마디로 전망이 좋지 않다. 물론 세계 전체가 그렇다는 말은 아니다. 지구의 대부분 지역에서는 평화가 유지되고 있다. 위태로운 지역은 아프리카와 아시아다. 발칸반도에서는 유엔 평화 유지군이 주둔하며 치안에 힘쓰고 있다. 이런 경우 군인들은 전쟁을 수행하는 것이 아니라 평화가 보장되도록, 적어도 휴전 상태가 이어지도록 만들어 준다.

바로 이것이 미래 군인의 주요 업무가 되어야 할 것이다. 외교가 제 기능을 하지 못하는 곳에서 군인들이 평화를 보장하고 평화를 만들어 내야 한다. 물론 이 말이 정치가들이 쓸모없는 존재라는 뜻은 아니다. 엄격하게 말해서 발칸반도에는 평화가 찾아온 것이 아니다. 그저 잠시 폭력이 멈추어 있을 뿐이다. 이러한 상황에서 군대가 정치를 할 수는 없다. 군대는 군사적 임무만을 수행해야 한다.

군대를 폐지하는 것이 세계 평화를 앞당길 거라는 생각은 그릇된 것이다. 모순적으로 들리겠지만 군대 없이는 평화를 유지할 수 없다. 평화에 대해서는 아주 냉철하게, 일체의 환상을 품지 말고 생각해야 한다. 평화를 유지하기 위해서는 최소한의 폭력적 수단이 필요한 법이다. 독일의 경우에는 독일 연방군이 적의 위협에 즉각 반

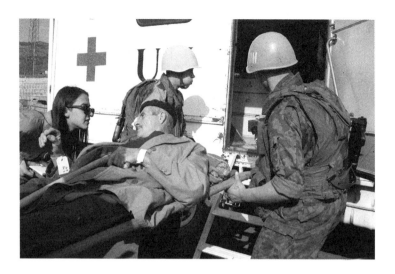

✧ ─ 발칸반도의 보스니아 헤르체고비나에서 활동하는 유엔 평화 유지군. 이들은 주둔한 지역의 치안 유지와 구호 활동 등을 하며 무력이 발생하는 것을 억제하고 있다.

응할 수 있어야 한다. 그리고 단순한 국토방위의 차원을 넘어 세계 평화를 유지하는 데 힘써야 할 것이다. 그러자면 군대가 소수 정예의, 기동력이 뛰어난 직업 군인들로 재편되어야 할 것이다. 국민의 병역 의무는 '냉전 시대'의 잔재물이다. 동독의 침공이 있을 때 대량의 군인을 동원하여 최대한 시간을 벌겠다는 목적이었다. 그러나 이제는 그럴 필요가 없어졌다. 앞으로는 국토방위 임무를 수행할 곳이 외국밖에는 없을 것이므로 향후 10년 안에 기존 연방군은 외국에 투입할 수 있는 전투력 있는 부대로 재편될 것이다.

평화주의만으로는 평화가 유지될 수 없다. 평화를 사랑하는 국가는 평화를 원치 않는 국가에 영락을 맡기는 꼴이 된다. 그런 이유로 인류 역사상 단 한 번도 평화주의 국가는 존재하지 않았다. "세계의 나머지가 평화를 사랑하는 순간에는 나도 평화주의자다." 독일 사민당 정치가이자 평화 연구가인 에곤 바르의 이 말도 그린 뜻이었다.

전쟁과 폭력이 공격에 사용된다면 그것은 거부해야 마땅하다. 그러나 폭력을 통한 자기 방어는 정당하며, 평화를 보장할 의무는 군사적인 수단을 용인한다. 물론 이라크 전쟁이 보여 주듯 군사적인 수단으로 모든 것을 다 이룰 수는 없다. 이라크 전쟁처럼 평화를 보장한다는 명분으로 국제법을 위반한 침략 전쟁을 앞세운다면 점령당한 국가의 정치적 안정과 사회 안전도 쉽지 않을 것이다.

언제라도 내전과 국가 간 전쟁으로 치달을 수 있는 갈등과 위기의 세계를 보고 있노라면 인류가 과연 지속적인 세계 평화를 달성할 수 있을지 의문이 든다. 솔직히 영원한 평화의 비전은 너무 천진난만한 것 같다. 수많은 석학들이 '영원한' 평화의 유토피아를 꿈꾸었지만 지금까지 아무도 그 꿈을 실현하지 못했다.

철학자 이마누엘 칸트가 자신의 책 『영원한 평화를 위하여』를 높이 평가하지 않았다는 사실은 인상적이다. '영원한 평화'는 죽음을 의미한다는 것을 칸트도 잘 알고 있었기 때문이다. 그럼에도 칸트는 도덕적 자유에 바탕을 둔 정치는 반드시 평화를 추구하게 되어 있다고 확신했다. 그런 평화적인 국가 정책은 모든 실천 이성의 절정이라고 말이다. 평화는 모든 실천 이성의 절대 계명이기 때문이다. 정치적 실천 이성은 평화로운 민주주의 질서를 바탕으로 해야만 가능하다. 민주주의는 전쟁 방지의 가장 강력한 기반이다. 거꾸로 독재는

❖ ― 미국 뉴욕에 있는 유엔 본부. 유엔은 독일 철학자 이마누엘 칸트가 역설한 '영구 평화론' 또는 '세계 평화론'의 이상이 실현된 기구다.

평화 저지의 가장 강력한 기반이다. 한마디로 독재는 곧 전쟁이라고 말할 수 있다.

물론 민주적 질서가 지배하면 자동적으로 평화가 찾아온다는 뜻은 아니다. 민주주의가 자국 국민을 억압하지 않는 것은 맞는 말이지만 최근 미국이 그러하듯 국제 시스템 속에서 독재보다 못한 태도를 보일 수도 있는 것이다. 민주주의의 싹을 심기 위해 다른 국가(이라크)에 전쟁을 선포하는 건 그 자체가 모순이다. 민주주의는 전쟁이 아닌 평화를 가져와야 하기 때문이다.

평화가 유지되려면 평화를 사랑하는 국민이 필요하다. 결국 평화도 국민이 그것을 인정하고 열광해야 가능하기 때문이다. 사람들이 전쟁을 원치 않는다면 자연히 전쟁도 사라질 것이다. 그러나 이런 평화를 향한 민주적 의지를 심기 위해서는 교육이 필요하다. 평화는 하늘에서 그저 떨어지는 선물이 아니기에 민주적 제도, 가족, 학교, 교회, 정당, 기업, 문화 단체 등이 나서서 평화 교육에 앞장서야 할 것이다.

그렇게 본다면 프로이센의 비밀경찰이 칸트의 『영원한 평화를 위하여』를 판매 금지한 이유가 충분히 납득이 간다. 프로이센은 한 철학자로 인해 국민의 전쟁 에너지가 약화되는 것을 원치 않았다. 군사력에 기반을 둔 전제 군주는 평화에 관심이 없었다. 그로서는 국민이 전쟁의 의욕을 잃어버리는 것보다 무서운 일이 없었을 것이다. 프로이센의 군사 국가는 칸트의 무조건적인 평화 사랑과 군국주의에 대한 거부감도 싫었지만 세계 시민주의에 대한 그의 열렬한 지지 또한 의심스러웠을 것이다. 세계 시민주의란 곧 민족주의와 공격적인 호전적 애국심에 반대하는 사상이었으니 말이다. 당연히 칸트는 모든 식민주의에 반대했다. 또 계몽주의자로서 기독교와도 거리를 취했다. 기독교가 예전부터 입으로는 지상의 평화를 설교하면서도 실상은 전쟁과 밀접한 관계를 유지했다는 이유에서였다.

총보다 더 무서운 것들

칸트가 '영원한 평화'를 외친 지 벌써 200년이 지났다. 그리고 그 유명한 이성 철학이 인류의 영원한 비이성과 영원한 증오에 부딪혀 실패하고 만 것은 아닌가 하는 의문이 든다. 그래도 어쨌든 세계는 제1차 세계 대전을 끝낸 뒤 국제 연맹을 만들었고, 그것은 칸트의 이념 가운데 하나였다. 그러나 국제 연맹도 제2차 세계 대전을 막지는 못했다. 1945년 이후 유엔이 창설되었지만 그 역시 한국, 베트남, 아프가니스탄의 참혹한 전쟁을 막을 수는 없었다.

그럼에도 칸트의 유토피아가 완전히 실패로 돌아갔다고 생각해서는 안 된다. 오히려 칸트의 이념을 더욱 깊이 생각하고 고민해야 한다. 칸트는 세계 시민주의를 요구했지만 시민 개개인의 권리에는 눈을 감았다. 유엔의 자화상도 근본적으로는 이와 다르지 않다. 유엔은 스스로를 국가 공동체로 생각할 뿐 세계 시민권을 가진 세계 시민들의 공동체라고 생각하지 않는다. 국제법도 아직은 국가들의 법일 뿐 국민 개개인의 법은 아니다. 지금은 '세계 내 정치'가 필요한 때다. 설사 한 국가의 주권이 훼손당할 위험이 있다 해도 국가 공동체는 억압받고 박해받는 사람들을 도우러 달려가야 한다는 도덕적 의무감을 느껴야 한다. 이런 '세계 내 정치'는 필연적으로 '세계 경찰'을 낳을 것이고, 세계 경찰은 모든 국가가 자기 문제에 급급한 지금보다 훨씬 효과적으로 국제 테러리즘에 대응할 수 있을 것이다.

❖ ― 한국 전쟁 당시 미 공군에 의해 북한의 신의주 다리가 폭파되는 장면. 제2차 세계 대전 이후 세계는 평화를 원했지만, 1950년에 한국에서 전쟁이 일어나는 것을 막지 못했다.

물론 아직까지는 이론에 불과하다. 그래서 세계 평화는 유토피아로 남아 있다. 가장 아름다운 유토피아로. '영원한 평화'의 유토피아 뒤에는 인류의 단일 조직을 만들려는 노력이 숨어 있다. 두루 미치는 권력만이, 민주적인 세계 정부만이 국가와 국민의 평화를 보장할 수 있다. 아직 그런 세계 정부는 요원하다. 유럽적 차원의 정부를 만드는 작업만도 충분히 힘들고 어려운 상황이니 말이다.

그러니 앞으로도 세계 곳곳에서는 전쟁이 '정상 상태'일 것이다. 전쟁의 원인을 파악하려는 연구는 왜 전쟁이 일어났는지 그 이유를 묻는다. 그러면서 '전쟁'과 '갈등'을 엄격하게 구분한다. 전쟁은 갈등을 해결하는 특수한 형태다. 전쟁은 정치의 세계에서 가장 잔인한 의지 표명, 달리 말해 정치의 파산 선고다. 각 집단이 자신의 목적과 이해관계를 조직화된 무력으로 관철하려 하기 때문이다. 그러므로 대부분의 전쟁은 갈등을 전제로 한다. 그러나 꼭 그런 것만은 아니다. 전쟁은 갈등이 없어도 터질 수 있다. 제2차 세계 대전의 원인은 단 한 가지였다. 히틀러가 원했고 계획했고 일으킨 전쟁이었다.

전쟁의 원인은 헤아릴 수 없이 많다. 그 모두를 파악하고 이해하고 체계화하여 전쟁 발발의 일반 법칙을 만들어 내기에는 아직 우리의 연구 수준이 미치지 못한다. 각 전쟁의 원인조차 연구가들 사이에 합의를 이끌어 내지 못한 경우가 적지 않다. 제1차 세계 대전이 대표적인 실례다.

그러나 한 가지만은 분명하다. 전쟁은 전염병처럼 그냥 발발하는 것이 아니다. 권력자들이나 사회 집단이 의도적으로 부추기고 일으키는 것이다. 전쟁에 끌려 들어가 전장에서 고통을 받아야 하는 개인들은 왜 싸워야 하는지 이유도 목적도 모른다. 병사들이 전쟁을 통해 개인적인 이익을 구하는 경우는 극히 드물다. 때문에 병사들을 전장으로 끌어가기 위해서는 최고 훈장이나 약속들이 필요하다. 영웅적 죽음으로 바로 천국에 이를 수 있다는 허황된 약속에 이르기까지 온갖 달콤한 유혹이 난무하는 것이다.

그러나 1945년 이후 발발한 전쟁들을 살펴보면 가장 눈에 띄는 것이 이 가운데 93퍼센트가 '제3세계'를 무대로 하고 있다는 사실이다. 그리고 대부분이 내전이었다. 그런 자료를 통해 우리는 정치 상황이 불안할수록 전쟁의 위험이 높고, 국민은 더욱 가난하다는 결론을 내릴 수 있다. 전쟁은 빈곤과 폭정이 지배하는 불모의 땅에서 가장 번성한다.

물론 잘사는 나라가 폭력을 덜 휘두른다는 뜻은 절대 아니다. 1945년 이후 전쟁에 가장 많이 참전한 나라의 순위를 살펴보면 놀랍게도 영국이 1순위를 차지하고 있다. 이는 영국이 거대한 식민지를 거느렸고, 식민지 해체가 전쟁을 동반했기 때문이다. 지난 40년 동안만 살펴보면 미국이 단연 선두 자리를 지키고 있다. 가난한 지역에 군사적으로 개입하여 자신의 세력권을 확보하려는 의도가 느껴진다.

이 자리를 빌려 다시 한 번 강조해야겠다. 전쟁은 천연자원이 매장되어 있는 땅에서만 자라는 열매라는 사실을. 따라서 세계의 영원한 화약고는 대부분 값진 천연자원이 풍부하게 매장된 지역이다. 서

아시아가 그렇고 아프리카의 자원이 풍부한 나라들이 그렇고, 특히 카스피해 주변 지역이 그렇다. 인종 간·민족 간 경제적 이해관계가 엄청난 폭발력의 화합물을 만든다.

이 화합물의 폭발력을 더욱 키우는 것은 서구 산업 국가들 - 최근에는 중국까지도 - 의 생활 방식이 온통 석유에 맞추어져 있다는 사실이다. 예를 들어 미국은 엄청난 수의 자동차들에 연료를 공급하자면 사우디아라비아 같은 독재 산유국에 의존할 수밖에 없다. 두 차례에 걸친 이라크 전쟁 역시 진짜 이유는 미국과 유럽으로 석유를 자유롭게 수송하자는 목적이었다. 미국 정부는 모든 유전의 '최대한 착취' 정책을 옹호한다. 특히 서아시아의 유전들이 목표다.

그러면서도 자원 절약이나 대체 에너지 개발에는 큰 관심이 없다. 어쩔 수 없이 석유와 폭력의 위험한 관계가 발생하고, 이는 앞으로 점점 더 첨예한 대립을 낳을 것이다. 재생이 불가능한 천연 석유는 서서히 바닥을 드러낼 것이고, 그에 반해 수요는 - 중국 같은 거대 국가까지 동참하여 - 천정부지로 치솟을 테니 말이다.

그럼에도 천연자원과 산업 국가들의 이해관계만으로 1945년 이후에 발발한 모든 전쟁을 설명할 수는 없다. 또 다른 이유는 서구의 부자 나라들이 '제3세계'에 현대화의 압력을 행사하고 급진적 변혁을 강요하기 때문이다. 서구는 상품을 수출하는 데 그치지 않고 '제3세계'에 자신들의 경제 형태, 사회 질서, 가치관, 이상을 강요한다. 그로 인해 적지 않은 수의 '제3세계' 국가들이 붕괴 위험에 처해 있다. 특히 낡은 것은 이미 파괴되었지만 새로운 것이 아직 제 기능을 발

❖ ── 초미세먼지로 뒤덮인 중국의 청두. 환경 문제가 이웃한 국가 간의 분쟁으로 비화될 가능성이 얼마든지 있다.

휘하지 못해 서구식 개혁과 전통의 마찰이 극심한 지역에서 내전이 자주 발발한다. 물론 이런 상황이 자동적으로 전쟁을 점화하는 건 아니다. 평화를 유지하는 가난한 나라들도 얼마든지 있다. 그러므로 상황이 위태로워지려면 인종 갈등이나 종교 갈등 같은 뭔가 다른 것이 추가되어야 한다. 그래야 상황이 위기로 치달아 갑자기 전쟁으로 비화할 수 있는 것이고, 또 그 전쟁이 인종 학살로 이어질 수 있는 것이다.

전쟁의 원인을 연구하는 학자들은 환경, 더 정확하게 말해 급속도로 악화되고 있는 환경 조건도 전쟁의 원인이 될 수 있다고 주장한다. 예를 들어 물 부족 현상이 심각한 경우 무력을 사용해서라도 생존을 위해 전쟁을 할 수밖에 없다. 특히 강 상류에 있는 국가가 많은 양의 물을 채수하거나 강물을 오염시키면 하류의 국가들이 큰 피해를 입게 되고, 결국 갈등이 초래되는 것이다. 유프라테스강(터키, 시리아, 이라크), 요르단강(시리아, 레바논, 이스라엘, 요르단, 팔레스타인), 나일강(에티오피아, 수단, 이집트) 연안은 물론 과거 소련 연방국이었던 중앙아시아 몇 개국에서 향후 이런 갈등이 발생할 가능성이 높다.

기후 역시 급속도로 악화될 조짐이 강하고, 이런 기후 변화 또한 전쟁의 원인이 될 수 있다. 미국의 국방부조차 예상하고 있는 상황이다. 기후 변화가 국제 테러보다 더 위험한 진쟁 원인이라는 연구 결과도 있다. "급격한 기후 변화는 세계를 무정부주의 상태에 가깝게 몰아갈 수 있다. 해당 국가들이 핵무기를 사용해서라도 부족한 식량, 물, 에너지 비축분을 지키려 할 것이기 때문이다." 유럽과 미국은 환경이 파괴된 나라들에서 몰려올 수백만의 사람들을 막기 위해 요새를 지어야 할지도 모른다. 재앙 수준의 에너지 부족과 물 부족이 몇 십 년 안에 전 세계를 전쟁의 도가니로 몰아넣을 수도 있는 것이다.

그런 암울한 전망을 들으며 이제 우리는 어떤 결론을 내려야 할까? 해결책은 아주 간단하다. 건강한 환경이 평화의 비옥한 배양토다. 황폐한 땅은 인간의 뿌리를 박탈하여 생존 투쟁의 전장으로 몰아넣을 것이다. 2004년 노벨 평화상을 수상한 아프리카의 환경 운동가 왕가리 마타이 역시 같은 의견이다. "나무를 심으며 평화의 씨

❖ ─ 빈곤을 퇴치하는 것도 평화를 이룩하는 한 가지 방법이다. 빈곤이 테러를 낳고 테러는 다시 가난을 부른다. 못사는 지역의 사람들에게 희망을 심어 줌으로써 전쟁을 억제할 수 있다.

앗을 뿌린다." 그녀는 그렇게 말했다. 케냐에서 시작된 그녀의 '그린 벨트 운동'에 동참한 사람들은 지난 1977년 이후 아프리카 우림이 파괴되는 것을 막기 위해 3,000만 그루의 나무를 심었다. 케냐와 에티오피아, 우간다에서 땅 때문에 생기는 갈등이 날로 증가하고 있다는 사실을 보면 그녀의 판단이 얼마나 옳은지 알 수 있다. 수단과 콩고의 참혹한 내전 역시 물과 농경지, 초지 등 날로 부족해지는 생활 기반이 중요한 원인이다.

2004년 가을 유엔이 마련한 세계 공동체를 위한 최초의 포괄적 안전 전략 역시 이런 전쟁 원인에 대한 인식을 반영했다. 분석의 출발점은 위협에 대한 새로운 정의다. 국제 안전을 위협하는 요인은 호전적인 국가들만이 아니다. 날로 심해지는 빈곤과 에이즈 같은 전염병, 방금 언급한 환경 파괴, 대량 살상 무기의 보급, 조직적인 국제 범죄 집단 등이 훨씬 더 위협적이다. 또 유엔 역사상 최초로 '테러리즘'에 대한 보편타당한 정의도 내렸다. 테러리즘은 '국가를 협박하고 국민들에게 겁을 주기 위해 민간인을 겨냥한 폭력'이라고 정의했다. 따라서 팔레스타인의 대이스라엘 무장 투쟁도 앞으로는 점령군에 대한 저항이 아니라 테러리즘으로 분류될 것이다. '약한 위험(빈곤)'과 '강한 위험(테러)'의 구분도 없앴다. 둘은 서로 밀접한 관련이 있기 때문이다. 가난은 테러를 낳을 수 있고 테러는 전 지역을 가난으로 몰아넣을 수 있다. "가난은 대량 살상 무기만큼이나 위험하다." 보고서에는 이런 구절이 들어 있다.

평화에도 연습이 필요하다

자신의 이해관계를 관철하는 것이 목적이라면 전쟁은 크게 바람직한 수단이 아니다. 공격자의 승리로 끝난 전쟁의 비율은 20퍼센트에 불과하다. 그리고 3분의 2가 전쟁이 끝나도 전쟁 전의 상황과 달라진 것이 없었다. 한마디로 말해 전쟁은 바람직하지 않다. 그러나 이성에 어긋나는 바람직하지 않은 일을 굳이 저지르는 것이 또 인간의 본성이다. 이런 '인간의 어리석음'은 시간과 국경을 초월하여 다툼과 투쟁, 전쟁, 만행을 일삼고 싶은 원시인의 욕망을 충실히 따른다.

인류 역사를 돌이켜보건대 전쟁은 언제 어디서나 있었다. 그리고 슬픈 일이지만 언제나 반복될 수 있다. 우리가 살고 있는 이 땅에서는 절대 전쟁이 일어나지 않으리라 확신할 수 있는 사람은 없다. 그 무엇도 평화를 보장해 주지 못한다. 불가능이란 없다. 인간이 예측 불허의 존재이기에 역사 역시 예측할 수가 없다. 민족과 국가의 공존은 결국 정치 상황에 달려 있다. 나치는 문명화된 국가가 얼마나 급속도로 살인자의 국가로 전락할 수 있는지를 확실히 보여 주었다. "한 번 문명은 영원한 문명!"이란 모토 아래 영속을 주장할 수 있는 문명은 없다. 문명은 유약하기 짝이 없는 자산이다.

최근까지도 유럽인들은 유럽에서는 절대 야만적 만행이 있을 수 없다고 믿었다. 그러나 발칸반도에서 내전이 터졌고 문명 유럽의 환상은 산산조각이 나 버렸다. 어쨌든 유럽의 통합은 전쟁의 위험을 현저히 줄여 주었다. 전쟁 극복은 국경의 극복을 통해서만 가능한 것이기 때문이다. 적어도 이제 유럽에서는 정치적 형태로서의 국경은 사라졌다. 물론 다양한 민족이 서로에게 무기를 겨누고 있는 발칸반도는 아직 예외라서 최악의 사태를 방지하자면 다시 국경을 그을 수밖에 없는 상황이다.

이런 비슷한 사례들을 보면서 무기를 무조건 나쁜 물건으로 치부해 버릴 것만은 아니라는 생각을 하게 된다. 무기는 전쟁의 수단이지만 거꾸로 무기는 전쟁을 종식시키고 방지하는 데에도 큰 도움이 된다. 인간 공동체의 모든 질서와 문명, 법과 품위는 무기를 기반으로 삼는다. 자유 민주주의 국가에서도 경찰은 무장을 하고, 또 그 것이 옳다. 무기는 사람들의 눈에 띄지 않을 때, 절대로 사용되지 않을 때가 가장 제 역할을 한다. 그러나 무기가 사람들의 눈에 띄지 않도록 만들 수 있으려면 무기가 존재해야 한다. 무장 경찰이 없는 나라를 상상해 보라. 법보다 주먹이 앞설 것이고 국민 누구도 생명의 안전을 보장받지 못할 것이다.

똑똑한 괴테는 나이가 들면서 '인간의 야만성'은 시대를 막론하고 계속될 것이라는 깨달음을 얻었다. 폭력은 카인과 아벨 이후 인간이 물려받은 부담스러운 유산이다. 다툼과 투쟁, 전쟁이 인간의 본성이라는 주장은 너무 진부하다. 그리스 철학자 플라톤부터도 이미지속적 평화는 '돼지 국가'에서나 가능하다고 말했다. 그렇다. 우리인간들은 정말 사랑하는 동물들에게서 배워야 할 점이 한두 가지가아니다. 돼지뿐 아니라 모든 동물은 아주 단순한 욕구만 충족되면만족한다. 유독 인간만이 가진 것보다 더 많은 것을 원하고, 남이 나보다 더 많이 가진 꼴을 눈 뜨고 보지 못한다.

뇌는 크지만 인간은 과거 – 얼마 전의 과거조차 – 의 실패에서 교훈을 얻기 힘들다. 역사를 통해 배울 수 있는 것은, 여러 민족들이 역사로부터 아무것도 배우는 바가 없다는 사실뿐이라고 철학자 헤겔 Georg Wilhelm Friedrich Hegel, 1770~1831은 말했다. 역사의 기본 모델, 전쟁과 평화의 영원한 교대는 끝없이 반복된다.

이는 인간의 본성이 근본적으로 변하지 않는다는 사실과도 관련이 있다. 인간은 지금의 모습을 버리지 못하도록 저주를 받은 것 같다. 선과 악 사이를 방황하는 존재, 그 모습을 말이다. 악은 세상과 더불어 탄생했다고 모든 종교가 말한다. 악은 선과 마찬가지로 우리 모두의 마음에 숨어 있다. 그러므로 악을 버리지 못하듯 전쟁도 없애지 못할지 모른다. 인류의 역사는 전쟁으로 점철되었다. 그 이유는 과거의 부당함을 갚아 주겠다는 복수심과 보상 심리가 인간의 내면에 강하게 자리 잡고 있기 때문이다. 복수는 인간 본성의 기본 요건이다. 문명은 무엇보다도 그 폭력과 복수의 본성을 억제하려는 노력이다. 그러나 그 노력이 완벽한 성공을 거둔 예는 없었다. 칸트의 말대로 인간은 똑바로 펼 수 없는 '휘어진 나무'이기 때문이다.

그럼에도 대부분의 사람들은 마음 깊은 곳에서 평화를 동경한다. 그리고 전쟁을 두려워한다. 전쟁을 획책하는 자는 전쟁을 통해서 이익을 보는 자들이다. 따라서 전쟁을 막을 수 있는 가장 좋은 방법은 그들의 획책에 면역성을 키우는 것이다. 그러자면 일상생활에서 평화를 연습해야 한다. 이는 다시 명석한 정신과 이성, 즉 넓은 의미의 계몽을 전제로 한다. 여성이 이런 점에서도 남성보다 훨씬 앞서가기에 여성들의 적극적 참여가 절실하다. 아리스토파네스의 희극에 등장하는 리시스트라타를 모델로 삼아 보는 것도 좋겠다. 그녀는 남자들의 전쟁을 중단시키기 위해 여성들에게 성 파업을 외친 인물이다.

평화를 위한 우리 모두의 일상적 노력이 필요한 때다. 민주주의 교육, 다시 말해 타협의 교육이 필요한 때다. 자기 입장이 절대적으로 옳다고 생각하는 사람은 폭력을 써서라도 자기 입장을 관철하고자 한다. 자신이 세계사에 꼭 필요한 사명을 받았노라고, 그것도 신이 직접 내리신 사명이라고 생각하는 자는 다른 이에게 자신의 입장을 강요할 공산이 크다. 성전聖戰이라 주장한다 해서 전쟁이 아닌 것이 아니다. 성전이라고 외친다고 해서 전쟁의 품격이 더 높아지는 것도 아니다. '성스럽다'라는 말은 '평화'라는 단어와 함께 있어야 한다. '성스러운 평화'는 너무나 쉽게 도달할 수 있는 목표다. 타인이 나와 다르다는 사실을 인정하는 곳, 그런 곳이면 어디에나 '성스러운 평화'가 있다.

평화를 위해
우리는 무엇을 해야 할까?

　세계 유일의 분단국가에 살고 있는 우리는 자의든 타의든 항상 전쟁을 염두에 두고 살아야 한다. "저 북쪽 땅에 몸도 마음도 시뻘건 뿔 난 도깨비들이 살고 있는데 평화로운 우리 남쪽 땅을 시기하여 호시탐탐 침략의 기회를 노린다." 이와 같은 협박으로 모든 저항과 반대를 막았던 1980년대 중반까지의 암흑기는 말할 필요가 없다. 세상 많이 좋아져서 그런 식의 단순무식한 협박이 통하지 않는 이른바 민주화 시대에도 전쟁은 늘 까꿍 놀이를 하는 아기 엄마처럼 심심하면 그 흉악한 얼굴을 들이밀어 가슴을 졸이게 했다. 북한의 핵 실험 사실이 알려지면서 온 국민이 전쟁이 터질지 모른다는 두려움에 떨었던 것이 불과 얼마 전이며, 그 원인인 핵문제는 아직도 해결의 실마리가 잡힐 듯 말 듯하다.

　그러니 지구상 그 누구보다 평화를 향한 우리의 염원과 바람이 간절한 건 당연한 결과다. 냉전은 끝이 났어도 세계 곳곳에서 전쟁은 끝날 줄을 모르고, 실시간으로 안방까지 전달되는 전쟁의 참상은 더더욱 평화의 소망을 재촉한다. 하지만 우리 역시 전쟁을 겪어 본 바 없다. 전쟁이라는 꼬리표를 평생 매달고 살았어도 한국 전쟁을 직접 겪은 지금의 할아버지, 할머니 세대를 제외하면 대부분의 국민은 실제로 전쟁을 경험해 본 적이 없다. 그렇기 때문에 전쟁에 대한 우리의 관념과 생각도 상당 부분 추상적일 수밖에 없다.

그런 의미에서 이 책은 독자들에게 전쟁의 구체적 실상을 전달해 줄 수 있는 귀한 자료가 될 것이다. 비록 우리가 살고 있는 이 땅에서 치러진 전쟁 이야기는 아니지만 세계사에 큰 획을 그은 두 차례의 세계 대전과 백인 중심의 세계사를 낳은 시발점이 되었던 식민지 전쟁의 실상과 참상은 우리에게도 시사하는 바가 적지 않다.

16세기 유럽인들은 버젓이 주인이 있는 땅을 최초로 '발견'했다고 우기며 원주민들을 죽이고 약탈을 일삼았다. 제1차 세계 대전의 참전국 국민은 전선의 참호가 얼마나 비참한 환경인지, 날아온 폭탄에 몸뚱이가 날아간 전우의 시체 위에서 밥을 먹는 기분이 어떤지 내 알 바 아니라는 그 잘난 황제와 왕과 사령관들에게 사랑하는 남편과 아들의 생명을 맡겨야 했다. 1933년에는 문화국이라는 자부심 하나로 살아 온 독일 국민이 하루아침에 미치광이 히틀러에게 국가와 세계의 존망을 넘겨 버렸다.

어떻게 그런 말도 안 되는 일이 백주대낮에 일어날 수 있었을까? 그 수많은 목숨들은 무엇을 위해 죽었고 무엇을 위해 희생되었을까? 전쟁의 참상을 읽으면 누구든 그런 의문을 품게 될 것이다.

책의 전반부는 그런 의문에 답을 주려 했다. 인류는 이 세상에 태어난 이후 지금까지 열심히 전쟁을 해 왔다. 온갖 그럴싸한 이유와 핑계를 내세우지만 결국 사촌이 땅을 사면 배가 아프고 남의 떡이 더 커 보이기 때문이다. 한마디로 전쟁이 돈을 벌어 주고 이익을 남겨 주기 때문이다. 그렇기에 전쟁은 유사 이래 아무 상관도 없는 놀이와 예술에까지 흔적을 남겼고, 학문과 기술의 일부로 승격되기도 했다. 심지어 사랑과 평화를 역설하는 종교까지 전쟁을 막기 위해 노력하기는커녕 전쟁의 방편과 대의가 되어 왔다. 이 책에서는 이렇듯 생활 곳곳에 스며든 전쟁의 영향력을 선사 시대부터 현대까지 종으로 훑고, 동과 서의 비교를 통해 횡으로도 살펴본다.

그리고 묻는다. 그렇다면 전쟁은 인간의 본성인가? 지금까지 그래왔기에 앞으로도 그럴 수밖에 없는가? 돈이 되는 곳이라면 지옥이라도 불사하는 인간의 탐욕이 과연 전쟁의 경제적 이익에 눈감을 수 있을 것인가? 물론 대답은 희망적이다. 화마가 삼키고 간 산기슭에도 봄이 오면 새싹이 고개를 내밀듯 평화를 사랑하는 수많은 사람들의 마음과 노력이 전쟁의 폐허에 건물을 세우고 삶의 새 터전을 마련할 수 있을 것이라 답한다. 그 대답을 믿고 싶은 마음은, 이 땅에 사는 우리가 세상 그 누구보다 간절할 것이다.

그렇기에 우리는 책을 덮으며 묻는다. 평화로운 세상을 원한다면 너와 나는 무엇을 할 수 있는가? 또 무엇을 해야 하는가?

장혜경